테니스를 읽는 시간

테니스를 읽는 시간

키키홀릭이 들려주는
테니스에 관한 거의 모든 이야기

김기범
지음

kikiholic's
Tennis Class

소우주

들어가는 글

이 책은 '테니스에 관한 거의 모든 이야기'를 담고 있습니다. 테니스에 관심 있는 사람이면 누구나 재미있게 읽을 수 있으며, 완독 후에는 테니스에 대한 교양과 실력이 한층 높아져 테니스를 더욱 사랑하게 될 것입니다.

테니스를 한 번도 해본 적 없는 사람도 쉽게 읽고 이해할 수 있도록 썼습니다. 반대로 테니스에 대해 상당한 지식을 갖고 있거나 운동 경력이 풍부한 독자라면 새로운 정보와 영감을 얻을 수 있을 것입니다. 이 책은 테니스라는 '클래스^{class}'에 입문한 여러분이 한 차원 높은 수준의 '클래스'로 도약할 수 있도록 설계되어 있습니다.

서울의 한 중학교 1학년 학생이 우연한 기회에 친구의 손에 이끌려 아파트 놀이터 옆 테니스 코트에서 처음 라켓을 잡았습니다. 석 달 정도 포핸드, 백핸드, 발리를 배웠습니다. 어릴 적 몸으로 익힌 테니스에 관한 기억이 희미해질 무렵, 대학 새내기가 된 이 남학생은 미녀 테니스 스타 마르티나 힝기스가 등장한 동아리 홍보 포스터를 보고 무작정 테니스 동아리에 가입합니다. 졸업 후 스포츠 기자라는 직업을 갖게 된 이 사회 초년병은, 대학 시절 테니스 동아리 출신이라는 이유 하나만으로 테니스 담당 기자가 되어 전국과 세계 방방곡곡에서 열리는 굵직한 테니스 대회를 취재하는 행운을 누리게 됩니다.

『테니스를 읽는 시간』은 한 테니스 마니아가 거의 40년 동안 코트 안팎에서 경험하고 느낀 것을 한 권의 책으로 엮은 결과물입니다. 테니스 초보자들이 동네 테니스 레슨장에서 배우는 포핸드와 백핸드 기술부터, 세계 최정상 프로선수들이 그랜드슬램 무대에서 펼치는 명승부의 현장, 그리고 150년에 이르는 현대 테니스 역사를 빛낸 전설들의 이야기를 담았습니다. 그러니까 이 책은 테니스의 기술과 역사, 산업 등을 아우르는 입문서이자, 테니스를 진심으로 사랑하는 동호인이 쓴 에세이입니다.

1장은 테니스의 기술을 소개합니다. 레슨장에서 가장 먼저 배우는 포핸드부터, 동호인은 물론 프로 선수들도 어려워하는 서브까지, 테크닉의 기본을 동호인 중급자의 시각으로 알기 쉽게 설명하고자 했습니다. 2장에서는 레슨장의 고된 훈련을 마치고 실전 경기를 할 수 있는 테니스 코트로 이동합니다. 사각의 테니스 코트에서만 볼 수 있는 독특한 규정과 점수 체계, 판정 방식과 시상식까지, 다채로운 테니스 시합장의 세계를 담았습니다. 3장은 이러한 테니스 경기가 펼쳐지는 웅장한 토너먼트 대회로 발길을 옮깁니다. 1877년 가장 먼저 출발한 전통과 권위의 윔블던부터 데이비스컵, 올림픽까지 주요 대회의 역사와 배경을 소개합니다. 마지막 4장은 동호인들의 우상이자 이상향인 최고 선수들의 일생을 조명합니다. 현대 테니스가 낳은 최초의 슈퍼스타 로드 레이버부터 메이저 대회 최다 우승 기록을 세운 노박 조코비치까지, 역대 최고의 테니스 전설 13명의 이야기를 담았습니다.

    이 책의 출판이 가능하도록 지원해 주신 관훈클럽에 깊이 감사드립니다. 또 부족한 제가 테니스 서적 번역과 출판이라는 새로운 길에 도전할 수 있도록 격려해 주신 소우주 출판사 김성현 대표님께도 감사를 전합니다. 무엇보다, 제게 테니스란 무엇인가를 가르쳐주신 수많은 테니스 동호인 고수분들, 그리고 대한테니스협회 관계자분들의 도움이 없었다면 『테니스를 읽는 시간』은 세상에 나오지 못했을 것입니다.

2025년 봄, 서울의 한 북카페에서
김기범

Contents

4   들어가는 글

기술 Technique

13   포핸드 Forehand
29   백핸드 Backhand
43   발리 Volley
55   서브 Serve
68   리턴 Return
83   멘털 Mental
97   단식 Singles
108   복식 Doubles

경기 Match

- 121 　러브 Love
- 130 　라켓 Racket
- 139 　잔디, 클레이, 하드 Grass, Clay, Hard
- 147 　라코스테와 프레드 페리 Lacoste & Fred Perry
- 158 　브레이크 포인트 Break Point
- 167 　타이브레이크 Tiebreak
- 177 　호크아이 Hawk-Eye
- 186 　시상식 Ceremony

대회 Event

- 197 　윔블던 1877 Wimbledon 1877
- 208 　US오픈 1881 US Open 1881
- 222 　프랑스오픈 1891 French Open 1891
- 237 　호주오픈 1905 Australian Open 1905
- 248 　데이비스컵 1900 Davis Cup 1900
- 260 　올림픽 1988 Olympics 1988

스타 Star

271 　로드 레이버 Rod Laver
279 　빌리 진 킹 Billie Jean King
285 　존 매켄로 John McEnroe
291 　마르티나 나브라틸로바 Martina Navratilova
298 　이반 렌들 Ivan Lendl
305 　슈테피 그라프 Steffi Graf
313 　피트 샘프러스 Pete Sampras
321 　마르티나 힝기스 Martina Hingis
327 　로저 페더러 Roger Federer
335 　세리나 윌리엄스 Serena Williams
344 　라파엘 나달 Rafael Nadal
351 　마리아 샤라포바 Maria Sharapova
359 　노박 조코비치 Novak Djokovic

기술
Technique

포핸드
Forehand

테니스에서 가장 쉬우면서도 어려운 것은 포핸드다. 이게 무슨 말도 안 되는 소리냐고? 모순 형용에 가까운 이 말은 그러나 진리에 가깝다. 테니스 라켓을 처음 잡아본 사람이 가장 먼저 배우는 것이 포핸드이지만, 라켓을 놓는 마지막 순간까지 해결하지 못하는 것이 또한 포핸드이기 때문이다.

    나의 개인적인 경험에 따르면 이 명제는 무조건 참에 가깝다. 이 글을 쓰고 있는 나는 약 30년 전, 처음 포핸드를 배웠다. 1990년대 초반, 여의도 미성 아파트 단지에 있는 두 면짜리 테니스 코트에서 비교적 훌륭한 스승을 만나 포핸드의 기본기를 제대로 익혔던 것 같다. 이스턴 그립으로 라켓을 잡고 공이 아닌 허공을 향해 섀도 스윙만 하루 200회씩, 약 일주일에 걸쳐 타협 없이 엄격하게 수련한 끝에 코치님이 넘겨주는 공을 하나-둘-셋 팍! 하고 때리면서 비교적 그럴듯한 포핸드 자세를 확립할 수 있었으니까.

 분명 테니스에 처음 입문할 때만 해도 포핸드는 큰 고민거리가 아니었다. 그보다 훨씬 어려운 기술들, 예컨대 몸을 정반대 방향으로 불편하게 비틀어서 팔을 길게 뻗은 채 때려야 하는 백핸드, 공을 하늘을 향해 일정한 높이로 토스한 뒤 한 치 오차 없는 타이밍에 때려 네트 건너편의 좁은 사각형 안에 넣어야 하는 서브에 비한다면 포핸드는 참 쉬워 보였다.

 그런데 아뿔싸 포핸드는 그렇게 간단한 게 아니었다. 구력이 쌓이고 시합에 참가하는 기회가 많아지면서 나의 포핸드는 점점 벽에 부딪혔고, 약점투성이였음이 드러났다. 오히려 처음 배울 때는 임팩트가 두꺼우면서 라켓 한가운데 잘 맞았고, 비록 회전은 많지 않았지만 공도 빠르고 묵직하게 넘어갔던 반면, 시간이 지날수록 나의 포핸드는 점점 임팩트가 얇아지고 어설프게 걸린 톱스핀 탓에 공의 힘과 속도가 오히려 떨어지는 현상이 나타나곤 했다. 결론적으로, 1990년대에 배운 포핸드가 2020년대에 이르기까지의 30년 동안, 현대 테니스의 변화된 포핸드 기술 요소들이 무질서하게 뒤섞이며 어정쩡한 형태로 변해버렸다는 자기 진단을 내리게 되었다

 포핸드가 쉽고도 어려운 이유는 무엇일까. 나는 그 주된 원인으로 포핸드라는 기술의 특질 가운데 하나인 '자유도'에 주목한

다. 자율성이 부여되는 정도. 즉 포핸드는 백핸드나 서브와 달리 정형화된 자세에 구속되기보다 폼의 자율적 변형이 상대적으로 더 용이하다는 뜻이다.

포핸드의 자유도를 표현해 주는 두 가지 기술적 요소가 있다. 하나는 라켓 손잡이를 잡는 방식인 그립grip이고, 또 하나는 공을 칠 때 두 발의 위치를 결정하는 스탠스stance다. 이 두 요소는 포핸드에서 특히 다양한 형태로 변주된다.

서브와 백핸드만 하더라도 그립 선택의 폭은 제한적이다. 서브는 대부분의 아마추어 동호인부터 프로 선수까지 라켓 손잡이의 정중앙을 바지런히 쥐는, 중립적인 컨티넨털 그립을 사용한다. 간혹 캐나다의 강서버 밀로스 라오니치처럼 힘과 속도를 배가하기 위해 라켓을 조금 더 왼쪽으로 돌려 잡는 이스턴 그립을 선택하는 이들도 있지만, 열에 아홉은 컨티넨털 그립 하나면 해결된다. 물론 완전 초보자 중에는 컨티넨털 그립 자체를 배우지 않아, 포핸드 그립으로 서브를 넣는 엉성한 자세를 보이기도 한다.

초보자에게 가장 어려운 기술 중 하나인 백핸드도 메커니즘 자체는 비교적 단순한 편이다. 한 손으로 치는 원핸드 백핸드one-handed backhand의 경우 그립을 왼쪽으로 깊숙이 돌려 잡는 이스턴 백핸드 그립으로 사실상 통일되어 있고, 투핸드 백핸드two-handed backhand도 변형 그립이 그다지 많지 않다. 즉, 서브와 백핸드 모두 레슨장에서 코치가 알려준 대로, 선택의 여지를 별로 두지 않은 채, 묵묵히 연습에 연습을 거듭하면 언젠가 일정한 수준의 목표 도달점에 이를 수 있는 기술인 것이다.

그런데 그놈의 포핸드는 다르다. 상금이 걸려 있는 프로 투어에 출전하는 최고 수준의 선수들도 웨스턴과 세미웨스턴, 이스턴 그립을 각기 다르게 활용한다. 라켓을 오른쪽으로 확 틀어 쥐고 공의 밑면을 긁듯 쳐서 강한 톱스핀을 만드는 웨스턴 그립 계열의 선수들이 있는가 하면, 로저 페더러처럼 악수하듯 라켓을 쥐고 팔을 쭉 뻗은 채 채찍처럼 휘두르는 이스턴 그립 사용자들도 있다. 이처럼 서로 다른 스타일이 공존하는 기술이 바로 포핸드이다. 그리고 이들 사이에 명확한 우열도 없다. 웨스턴 그립의 노박 조코비치나 라파엘 나달이 이스턴 그립의 로저 페더러보다 더 우수하거나 진보된 포핸드를 구사한다고 단정할 수 있을까? 적어도 지금까지 이 문제에 정답은 없다.

공을 치기 전 두 발의 자세인 스탠스 역시 포핸드가 백핸드보다 약간 더 복잡하다. 1990년대 초반 내가 처음 라켓을 잡았을 때만 해도 (오른손잡이 기준) 왼발을 앞으로 내딛고 상체를 살짝 비틀어 무릎 앞에서 공을 맞히는 '중립 스탠스'가 교육의 정석이었다. 하지만 2000년대 초반 윌리엄스 자매가 여자 테니스계를 호령하면서 급속도로 오픈 스탠스, 즉 왼발을 오른발과 거의 평행하게 두고 때리는 방식이 유행처럼 번졌다. 지금은 중립과 오픈, 세미 오픈 스탠스가 상황에 따라 다양하게 활용되고, 체코의 강타자 토마스 베르디흐처럼 중립 스탠스를 주무기로 삼는 선수가 있는가 하면, 브라질의 유망주 주앙 폰세카처럼 대부분의 샷을 오픈 스탠스로 처리하는 선수도 있다. 결국 포핸드의 스탠스에서도 정답이라 할 만한 교과서적 형태는 존재하지 않는다.

테니스를 취미로 즐기는 동호인이라면 한 번쯤 이런 경험을 해봤을 것이다. 석 달 정도 테니스를 쉬다가 다시 코트에 나왔을 때, 백핸드는 예전 감각이 어느 정도 살아 있는데, 포핸드는 형편없이 망가져 있다는 사실을. 도대체 어느 위치에서 어떤 자세로 포핸드를 쳐야 하는지 기억이 나지 않는 일종의 기술 치매 현상. 나는 동호인들을 괴롭히는 이런 현상의 배후에 포핸드의 자유도가 있다고 믿는다.

포핸드는 그러니까 형식에 얽매여 있지 않기 때문에, 오히려 쉽게 무너지기도 한다. 백핸드는 배울 때 어렵고 지켜야 할 원칙이 까다롭지만, 그 원칙만 잘 지키면 시간이 지나도 예전에 몸에 기억된 동작을 비교적 쉽게 재현할 수 있다

그래서 포핸드는 어려운 것 같다. 시간이 흐르면 당연히 실력이 늘어야 정상이거늘, 포핸드의 완성도는 시간의 흐름을 반드

시 따라가지 않는다. 나의 경우, 포핸드는 어느 날 갑자기 실력이 일취월장하기도 하지만, 새로운 기술적 요소, 예를 들면 톱스핀을 공에 더 싣기 위해 라켓 스윙 각도를 바꾸는 등을 시도하다 보면 본전도 못 건질 때가 많았다. 하도 답답해서 그립까지 바꾸기도 했다. 세미웨스턴 그립을 십수년간 사용하다 초창기 레슨 때 입문했던 이스턴 그립으로 바꿨다가 복식 파트너에게 민폐만 잔뜩 끼치고 원대 복귀했고, 가장 최근에는 중립 스탠스를 과감히 버리고 오픈 스탠스로 모든 포핸드를 소화하는 방식으로 변화를 주었는데, 경기력이 미세하게 나아진 듯한 느낌도 받았다. 그런데 이 스탠스 변형 효과가 얼마 안 가 다시 역효과로 나타나지 않는다는 장담을 나는 못 하겠다. 참으로 배우면 배울수록 어렵고 까다로운 것이 포핸드다.

그렇더라도 좋은 포핸드를 치기 위해 반드시 필요한 기술적 핵심, 에센스는 분명 존재한다. 테니스 코트에 처음 발을 내디딘 초보자부터 그랜드슬램에서 40억 원의 우승 상금을 움켜쥐는 특급 프로 선수까지 모두에게 통용되는 원칙이 있다. 유럽과 미국의 저명한 테니스 서적에서도, 또 검색창에 '포핸드'라는 단어를 치기만 해도 수없이 쏟아지는 유튜브 교육 영상에서도, 포핸드의 정수, 핵심은 일정하게 나타난다.

무엇보다 첫손 꼽히는 포핸드의 정석, 그것은 동호인들이 그

중요성을 과소평가하고 있는 유닛 턴$^{unit\ turn}$이다. 이것은 테니스 강사들이 입버릇처럼 말하는 "팔로 치지 말고 몸으로 치셔야 합니다"와 일맥상통하는 원리다. 기본적으로 우리는 손으로 라켓을 잡은 뒤, 팔을 휘둘러 공을 친다. 하지만 이렇게 치면 일관성과 안정성이 떨어질 뿐 아니라, 어느 정도 레벨이 올라갔을 때 힘이 실리지 않아 한계를 드러내게 된다. 포핸드로 때린 공이 일정하게 자신이 겨냥한 방향으로 향하고 거기에 속도와 무게감까지 실으려면 팔뿐 아니라 몸통의 회전력을 라켓에 실어서 때려야 하는데, 이를 위한 핵심 동작이 바로 유닛 턴이다.

    유닛 턴이란, 간단히 말해 포핸드를 치기 위해 몸통 전체를 하나의 단위(유닛)로 함께 돌리는(턴) 동작이다. 스트로크 전에는 드라이버로 나사를 조이듯 몸통을 비틀고, 공을 칠 때는 그 조임을 풀듯 라켓을 휘두르는 것이다. 당연히 그냥 팔만 휘둘러 치는 것보다 몸통의 회전력이 실려 파워가 배가될 수밖에 없다. 레슨 초보들은 이 동작을 확실하게 인식해 수행하지만, 시간이 흐를수록 이 기본 중의 기본을 소홀히 하면서 자신도 모르는 사이에 슬럼프에 빠지게 된다. 공이 잘 맞지 않을 때는 자신의 스윙 동작을 냉정히 점검해 보길 권한다. 초보 시절 몸에 익혔던 유닛 턴 동작이 제대로 안 나오고 있을 것이 틀림없다. 웬만큼 빠른 공이 날아와도 중급 이상의 실력자들은 '이 공은 여유 있게 칠 수 있어'라는 생각에 몸을 충분히 회전하지 않고 상체를 열어둔 상태에서 팔에 의존한 스윙을 하는 경우를 많이 볼 수 있는데, 이 유닛 턴이야말로 포핸드를 칠 때 항상 머릿속에 되새겨야 할 원칙이다.

　포핸드 샷의 또 다른 일반 준칙은 힘을 빼고 쳐야 힘 있게 들어간다는 것이다. 또 하나의 모순 형용 같은 이 표현은 포핸드뿐 아니라 모든 그라운드 스트로크에 두루 통용되는 불문율이기도 하다. 우리는 아르헨티나의 거인 후안 마르틴 델 포트로의 대포알 같은 포핸드를 볼 때나, 무지막지한 양의 톱스핀을 싣기 위해 라켓을 사정없이 아래에서 위로 끌어올리는 라파엘 나달의 포핸드를 접하면서 이 '힘 빼고 포핸드 치기'의 원칙을 망각하는 경향이 있다.

　하지만 델 포트로나 라파엘 나달조차도 기본적인 포핸드 스윙 원칙은 철저히 따른다. 라켓을 너무 꽉 쥐지 않고, 손에 적당히 힘을 뺀 상태에서 유연하게 휘두르는 것이다. 라켓을 가볍게 쥐는 가장 중요한 이유는 손목의 유연성을 확보하기 위해서다. 라켓 면에 공이 정면으로 맞았을 때 공이 빠르고 묵직하게 나가는 이유는, 팔이나 어깨에 힘을 잔뜩 실어서가 아니라, 임팩트 순간 손목을 빠르게 움직여 라켓의 헤드 부분을 더 빠르게 휘두르기 때문이다. 이때 나오는 속도를 '라켓 헤드 스피드'라고 부른다. 결국 빠르고 강한 포핸드를 구사하기 위해서는 팔과 팔꿈치에 무리하게 힘을 싣는 대신 라켓 스윙 속도를 높여야 하는데, 이를 위해 손목의 유연성은 필수다. 즉, 손에 힘을 빼야만 라켓이 '획' 소리가 날 정도로 빠르게 휘둘러지고, 그 결과 강한 포핸드가 완성된다.

그러나 '힘을 빼야 힘을 얻을 수 있다'는 오묘한 진리를 깨닫기까지 끈질긴 노력이 필요하고, 수많은 시행 착오가 반복되는 것도 숨길 수 없는 사실이다. 이미지 트레이닝으로 설명하자면 다음과 같다. 눈앞의 찬스볼이 왔을 때 우리는 무의식적으로 강하게 때리려는 욕심에 몸에 힘을 주기 마련이다. 그렇게 해서 공을 '쾅' 하고 세게 치면 실제로 어느 정도의 파워는 실릴 수 있다. 하지만 그보다는 라켓을 잡은 손과 손목의 힘을 살짝 뺀 상태에서, 허공에 뜬 공을 강하게 친다는 생각을 버리고 라켓을 가볍고 빠르게 휘둘러보자. 마치 채찍을 휘두르는 것처럼. 이것을 전문 용어로 '휘핑whipping'이라고 부르는데, 현대 테니스 포핸드의 핵심적인 개념 중 하나다. 명심하라. 힘을 빼야 힘을 얻을 수 있음을.

그리고 마지막 세 번째 원칙은, 포핸드와 백핸드뿐 아니라 모든 그라운드 스트로크, 발리, 심지어 서브에까지 적용되는 원칙이며, 나아가 테니스를 넘어 골프와 야구, 탁구, 배드민턴 등 대부분의 구기 종목에서도 통용되는 절대적인 원칙이다. 바로 공을 끝까지, 제대로 보라는 것이다.

보통 우리는 포핸드를 칠 때 공을 본다고 생각한다. 하지만 실상은 그렇지 않다. 프로가 아닌 아마추어 동호인 중 상당수는 공을 끝까지 보지 않고, 네트 건너편 상대나 공을 보낼 방향을 주시한 채 스윙한다. 대체로 상대가 공을 보냈을 때, 내가 칠 지점을 확인한 후 공에 대한 시선을 끝까지 유지하지 않은 채 시선을 미리 상대 코트로 옮겨버린다. 하지만 이렇게 되면 임팩트 직후 라켓을 끝까지 밀어주지 못하기 때문에 스트로크의 위력이 반감되는 약점이 있다. 또 공이 아닌 네트 건너편에 시선이 집중되면, 유닛 턴을 통해 닫혀 있어야 할 상체가 너무 일찍 열리는 부작용도 자주 나타난다. 몸이 먼저 열리면, 포핸드로 친 공의 궤적이 의도와 어긋나기 쉬워, 스트로크의 질이 현저히 떨어지게 된다.

나는 어느 날 포핸드가 잘 맞지 않는다고 느껴질 때, 위 세 가지 원칙을 다시 한번 점검하는 데 집중한다. 특히 세 번째 원칙, 즉 공을 끝까지 바라보고 때리는 데 집중하면, 스스로도 놀랄 만큼 범실이 줄어들고 볼 스피드가 살아나며 코스 공략이 날카로워지는 것을 체감하곤 한다.

조금 과장하자면, 테니스는 결국 누가 포핸드를 더 잘 치느냐의 싸움이다. 동네 테니스 코트에 가거나, 동호인 대회에 나가서 처음 만나는 상대와 겨룰 때, 우리는 어떤 기준으로 상대의 실력을 가늠하는가. 십중팔구 연습 난타에서 보여주는 그 사람의 포핸드 구질을 보고 판단할 것이다. 상대가 포핸드를 그럴듯한 자세로, 묵직한 힘과 속도를 공에 실어 '펑' 하고 때리는 모습을 확인하면, 그 순간부터 긴장감과 경계심이 급상승하고 '오늘 쉽지 않겠는데'라는 생각이 머릿속을 맴돌기 시작한다. 물론 그 후 형편없는 폼의 백핸드가 나온다면, 바로 결심하게 된다. '오늘 승부처는 상대 백핸드 집중 공략이다'라고.

프로들의 세계에서 일반적으로 포핸드를 창, 백핸드를 방패라고 부른다. 그만큼 포핸드와 백핸드 간의 격차가 뚜렷하다는 뜻이다. 전투에서 승리하려면 상대를 공략해서 쓰러뜨려야 한다. 물론 방패로 잘 막는 것도 중요하지만, 결국 챔피언의 자리에 오르기 위해선 창으로 상대의 견고한 방패를 뚫어야 하는 것이 숙명이다.

그래서 테니스 챔피언은 결국 포핸드를 가장 잘 치는 선수라고 해도 과언이 아니다. 위대한 챔피언들을 떠올려보자. 로저 페더러, 라파엘 나달, 노박 조코비치는 모두 각자의 방식으로 포핸드의 역사를 새로 쓴 전설들이다. 그들 이전과 이후, 10년 단위로 시대를 주름잡은 강자들의 면면을 살펴봐도, 거의 예외 없이 포핸드의 달인이었음을 알 수 있다. 1980년대의 이반 렌들, 1990년대의 피트 샘프러스와 안드레 애거시, 그리고 가장 최근 세계 랭킹 1위에 오른 선수들인 야닉 시너와 카를로스 알카라스까지, 모두 당대 최고의 포핸드 소유자들이라 해도 손색이 없다.

그러나 테니스가 처음부터 포핸드 최강자들의 전유물이었던 것은 아니다. 19세기 말 영국에서 근대 테니스가 시작되어 20세기 후반에 이르기까지, 포핸드는 경기의 승패를 가르는 절대기술은 아니었다. 당시에는 나무 라켓을 사용하고 잔디 코트에서 경기를 했기 때문에, 득점의 열쇠는 포핸드나 백핸드와 같은 그라운드 스트로크가 아니라, 공중에 뜬 볼을 빠른 템포로 끊어내는 발리였다.

그런 의미에서, 현대 테니스를 '포핸드 전쟁'으로 전환시킨 일등공신은 누가 뭐래도 이반 렌들일 것이다. 1980년대 전반기가 존 매켄로의 시대였다면, 그 나머지 절반은 렌들의 시대였다. 특히 1985년부터 1990년까지, 렌들은 테니스의 패러다임을 기교 중심의 서브앤발리에서 힘을 강조한 그라운드 스트로크로 바꿔 놓은 시대의 선구자였다. 물론 렌들은 체코슬로바키아 국적의 동유럽 출신 선수로, '터미네이터'라는 별명이 보여주듯 무뚝뚝한 테니스 머신처럼 경기를 하는 바람에 큰 인기를 얻지는 못했지만, 지금 우리가 TV를 통해 보는 베이스라인에서의 파워풀한 스트로크 대결은 이반 렌들의 유산이라고 해도 결코 과언이 아니다. 유튜브에 남아 있는 1980년대 이반 렌들의 포핸드 영상은, 지금 기준으로 보아도 전혀 손색이 없을 만큼, 당시의 경쟁자들과는 차원이 다른 수준을 보여준다.

이렇게 렌들이 1차로 완성한 포핸드의 기준점은 1990년대에 들어서 미국의 젊은 선수들에 의해 한 차원 더 진화했다. 90년대를 양분한 피트 샘프러스와 안드레 애거시, 그리고 이들 사이에서 호주오픈과 프랑스오픈을 제패한 짐 쿠리어, 이 세 명이 그 주역이다. 사실 샘프러스는 포핸드보다는 서브와 발리에 더 특화된 선수에 가까웠지만, 그가 코트 끝까지 전속력으로 달려가며 반대편으로 날카롭게 때리는 러닝 포핸드는 이전 세대에서는 보기 힘들었던 놀라운 기술적 진보였다. 애거시의 포핸드는 그보다 더 전천후였다. 그는 코트 어디에서든 빠르고 정교한 포핸드로 위너를 만들어낼 수 있었다. 그리고 현재는 호주오픈 장내 아나운서로 더 잘 알려진 짐 쿠리어는, 약점인 백핸드를 감추기 위해, 백핸드로 오는 공을 빠르게 돌아 움직여 포핸드로 치는 '인사이드 아웃 포핸드'의 창시자로 평가된다.

렌들과 비슷한 시기, 여자 테니스에서도 포핸드가 새로운 게임 체인저로 부각되었는데, 이 흐름을 주도한 인물은 단연 슈테피 그라프였다. 그라프는 한국 팬들에게 여러모로 특별한 존재다. 1988년 서울올림픽에서 정식 종목으로 부활한 테니스에서 금메달을 획득한 첫 주인공이자, 그보다 더 상징적인 업적은 4대 그랜드슬램과 올림픽 금메달을 단일 연도에 모두 달성한 '캘린더 골든 슬램'의 유일한 주인공이라는 점이다. 그라프가 테니스 코트 위에서 마치 춤을 추듯 현란한 발놀림과 함께 코트 구석구석으로 때려 넣는 포핸드는 그 자체가 하나의 예술 작품이었다. 특히 그라프의 포핸드가 조금 더 놀라웠던 이유는, 거의 컨티넨털 그립에 가까운 방식으로 라켓을 쥐었음에도 당대 어느 누구보다 빠른 플랫 포핸드를 코트 구석에 찔러 넣었다는 점이다.

테니스 포핸드는 시간이 흐를수록 더 강해지는 경향이 뚜렷하다. 2020년대 세계 랭킹 50위권 선수 대부분은 아마도 20년 전 톱10 선수들보다 더 강한 포핸드를 구사할 것이다. 이는 테니스가 순수하게 인체 능력만으로 이루어지는 스포츠가 아니라, 라켓이라는 장비를 사용하는 종목이기 때문이다. 라켓의 소재가 변화하고, 촘촘하게 배치된 스트링 재질의 발전 덕분에, 현대 테니스에서는 점점 더 강력한 포핸드가 등장하고 있다.

그런 측면에서 2009년 US오픈 결승에서 20세의 나이로 로저 페더러를 꺾고 처음이자 마지막 메이저 타이틀을 거머쥔 후안 마르틴 델 포트로는, 포핸드만 놓고 보면 역대 최강이라는 수식어를 붙이기에 손색이 없는 유력 후보라 할 수 있다. 델 포트로가 198cm의 큰 키에도 불구하고 두 다리를 훌쩍 허공으로 띄운 채, 이스턴 그립을 쥐고 강하게 날린 포핸드는 시속 180km라는, 웬만한 선수들의 첫 서브에 해당하는 가공할 속도를 자랑했다. 실제로 그와 함께 경쟁했던 선수들에게 '현대 테니스에서 가장 위협적인 샷이 무엇인가'라고 물었을 때, 그들은 입을 모아 "델 포트로의 인사이드-아웃 포핸드"라고 대답하곤 했다.

물론 순수한 파워와 속도만 따진다면 델 포트로나 칠레의 페르난도 곤잘레스 등을 첫손에 꼽을 수 있겠지만 포핸드는 그렇게 단편적인 기술이 아니다. 앞서 언급한 '자유도'라는 특성에 비추어보면, 포핸드는 단지 속도와 힘으로만 평가할 수 있는 기술이 아니다. 포핸드 장인을 규정하는 또 하나의 척도는 공에 실리는 회전량, 즉 톱스핀이다. 이 분야에서라면 분당 3,500회 이상의 어마어마한 회전량을 자랑하는 라파엘 나달의 왼손 톱스핀 포핸드를 으뜸으로 추켜세울 수 있겠다. 톱스핀으로 승부해 프랑스오픈에서 전대미문의 14회 우승을 달성한 나달처럼, 여자 테니스에서는 이와 유사한 메커니즘의 톱스핀 포핸드로 20살의 나이에 첫 프랑스오픈 트로피를 들어 올린 폴란드의 이가 시비옹테크를 언급할 수 있다.

그런데 사실 이 장의 처음에서 언급했듯이, 포핸드는 본질적으로 자유로운 기술이다. 그리고 '최고'라는 수식어를 붙일 기준 자체가 매우 다양하고 개인적이기에, 누가 포핸드를 가장 잘 치느냐를 따지는 것은 마치 노래를 제일 잘 부르는 팝스타는 누구인가를 묻는 것처럼 우문일 수 있다. 그러나 한 가지는 분명하다. "리바운드를 지배하는 자가 경기를 지배한다"는 슬램덩크의 안

선생님 말씀처럼, 포핸드를 정복한 자가 승부를 지배하고, 궁극적으로 승자의 영광을 거머쥘 수 있다는 사실이다.

백핸드
Backhand

테니스 백핸드는 수학이다. 배우기 어렵고 지켜야 할 공식이 분명해 초심자들이 까다로워한다. 오른팔로 왼쪽에 있는 공을 쳐야 하니 불편하고 어렵다. 그렇지만 어느 정도 경지에 오르면 백핸드 숙제를 푸는 건 그렇게 난해한 것만은 아니다. 복잡한 수학 문제를 거뜬히 푸는 이과 학생이 의대에 입학하는 것처럼, 테니스 세계에서 백핸드를 잘 치면 어디서든 상당한 대접을 받는다.

나는 영문학과 사회학을 전공한 뼛속까지 문과생이고, 학창 시절 한때 '수포자'를 선언할 만큼 수학을 싫어했지만, 놀랍게도 테니스에서는 이과생 취급을 받는다. 엉망인 포핸드에 비해 백핸드는 상당히 견실하다는 평가를 동네 동호인들뿐 아니라 이형택, 권순우 등 대한민국을 대표하는 테니스 선수들에게 듣기도 했다. 몇 해 전 권순우와의 대화를 재구성하면 다음과 같다.

"김기범 기자님, 백핸드 슬라이스는 정말 잘 치세요."

"고마워요. 그럼, 포핸드는?"

"아, 포핸드요? 포핸드는 좀....하하하"

고3 수험생으로 비유하자면, 나는 수학은 잘하지만, 그보다 더 학문의 기본이라고 할 수 있는 언어영역, 국어가 엉망인 경우라고 하겠다. 앞 장에 서술한 것처럼, 포핸드는 자유도가 크다. 어떤 포핸드 자세를 '정답'이라고 단정 짓기 어렵다. 페더러처럼 공을 타격한 뒤 라켓을 허리 뒤편으로 가지런히 넘기는 전통적인 팔로우 스루 follow through 를 구사할 수도 있고, 그와 정반대로 나달처럼 공을 아래에서 위로 강하게 쓸어올린 뒤 라켓을 머리 위로 휘감듯 마무리하는 리버스 팔로우 스루 reverse follow through 도 가능하다. 말하자면 포핸드는 한 가지 정답이 아닌, 열린 결말을 지닌 문학 소설에 가까운 장르다. 소설가 김훈이나 알베르 카뮈의 간결한 단문체와, 염상섭이나 이문열처럼 한 페이지 전체가 거의 한 개의 문장으로 이어지는 만연체가 공존하는 세계, 그게 바로 포핸드의 영역이다.

하지만 백핸드는 테크닉적인 측면에서 정답에 가까운 명확한 해법이 존재하는 영역이다. 우선 한 손으로 치는 원핸드 백핸드를 머릿속에 떠올려보자. 오른손잡이를 기준으로, 준비 자세에서 몸을 왼쪽으로 돌려 유닛 턴을 한다. 오른발을 45도 각도로 내디디고, 동시에 라켓을 허리 뒤로 보내며 백스윙을 한다. 그런 다음, 내디딘 오른 무릎 바로 앞에서 공을 타격하고, 임팩트 이후에는 라켓을 그대로 머리 위 45도 방향으로 뿌려주며 팔로우 스루 한다.

이 글을 읽는 원핸드 백핸드 고수들에게 묻고 싶다. 이와 다른 방식으로 백핸드를 칠 수 있는가? 오른발을 사선으로 내딛지 않고 칠 수 있나? 나달의 포핸드처럼 팔로우 스루를 머리 위로 걸치듯 마무리하는 백핸드가 가능한가?

결정적으로, 백핸드는 포핸드와 달리 스탠스의 자유도가 현저히 떨어진다. 90% 이상의 백핸드 타구는 오른발을 내딛는 닫힌 스탠스 closed stance 에서 이루어진다. 한 손이 아닌 투핸드 백핸드에서는 조금 양상이 달라지긴 하지만, 오픈 스탠스 백핸드라는 건 적어도 이론적으로 권장할 만한 테크닉이 결코 아니다. 상대의 공이 너무 빠르고 강해서 닫힌 스탠스를 취할 시간적 여유가 없을 때, 울며 겨자 먹기로 오픈 스탠스를 강요받을 수는 있지만, 포핸드와 달리 백핸드는 정해진 형식에 따라 치는 것이 원칙이다. 마치 수학 공식처럼 말이다.

여기서 잠시, 물리학의 법칙을 살짝 벗어나 신의 경지에 이른 백핸드의 달인을 언급해야겠다. 노박 조코비치는 가끔, 아니 상당히 자주 오픈 스탠스 백핸드를 구사하며 감탄을 자아낸다. 물론 이 역시 예외적인 상황에 국한된다. 상대의 빠른 공격에 급히 대처해야 할 때 발레리노처럼 두 다리를 쫙 찢어 거의 일자에 가깝게 만든 상태에서 강력한 백핸드 크로스 샷을 만들어낸다. 2022년 윔블던 준결승전에서 조코비치는, 당시 떠오르던 젊은 피 야닉 시너를 상대로 '수학 법칙을 거스르는' 오픈 스탠스 백핸드를 작렬한 뒤, 잔디에 미끄러지며 넘어지면서 마치 슈퍼맨처럼 날아가는 자세를 취해 사진작가들의 뜨거운 사랑을 받았다.

수학의 미적분을 처음 배울 때 진도가 쉽게 나가지 않는 것처럼, 백핸드 역시 실력을 쌓으려면 상당한 시간을 연습에 할애해야 한다. 포핸드는 배운 지 얼마 안 되는 초보자도 어느 정도 연습하면 그럭저럭 진도를 뺄 수 있는 반면에, 백핸드는 기초부터 차근차근 단계를 밟아가야 실력이 향상된다.

하지만 이차방정식이나 삼차함수의 원리를 근본적으로 이해하고 거기서 파생되는 여러 공식을 머릿속에 집어넣었다면, 어떤 응용문제가 나오더라도 자신 있게 풀 수 있듯이, 테니스 백핸드도 마찬가지다. 코치의 가이드라인대로 충실히 학습하면 백핸드를 일정 수준까지 만들 수 있다. 그리고 백핸드 공식을 몸에 익혀두면 경기 당일 컨디션이 좋지 않거나 상당한 공백기를 가진 뒤 코트에 돌아온 상태라 하더라도, 비교적 안정적으로 백핸드를 구사할 수 있다. 공식에 대입하기만 하면 되니까 말이다.

아마도 백핸드를 잘 치기 위한 근본, 밑바탕이 되는 기초 공식은 공을 맞히는 '타점의 일관성'일 것이다. 이 부분은 포핸드보다 백핸드에서 훨씬 더 중요하다. 포핸드는 타점이 앞에서 형성되지 않더라도, 스윙 방식의 변화와 손목의 유연성으로 어느 정도 보완이 가능하다. 하지만 백핸드는 타점이 앞에서 형성되지 못하면 기회가 없다. 특히 원핸드 백핸드에서는 타점이 뒤로 밀리면 좋은 공이 결코 나올 수 없다. 따라서 유닛 턴부터 디딤발을 내딛는 동작까지 신속하게 해야 하며, 공은 반드시 디딤 다리의 무릎 앞에서 맞혀야 원하는 방향으로 힘 있는 공을 보낼 수 있다.

   사실 동호인 수준에서 백핸드가 포핸드에 비해 실력이 더디게 느는 이유는 또 있다. '용불용설'. 자주 사용하지 않으면 퇴화하기 때문이다. 외국과 달리, 우리나라 동호인은 십중팔구 복식을 선호한다. 아니, 선호한다기보다 환경이 그렇게 만든 측면이 더 강할 것이다. 테니스를 치고 싶은 사람은 많지만 코트가 부족하기 때문에, 한꺼번에 4명이 코트를 사용할 수 있는 복식이 자연스럽게 대세가 된 것이다. 그런데 복식은 한 명이 코트의 절반만 커버하면 된다. 이러다 보니 백핸드 쪽으로 오는 공도 조금만 부지런히 움직이면 돌아서 포핸드로 처리할 수 있다. 게다가 두 사람 사이, 가운데로 오는 공은 거의 언제나 왼쪽에 선 사람이 포핸드로 처리하는 암묵적 합의가 존재한다. 이렇게 백핸드를 거의 쓰지 않게 되면, 당연히 실력이 늘 수 있는 기회도 줄 수밖에 없다.

사실 내가 포핸드에 비해 백핸드가 좀 더 낫다는 소리를 들을 수 있는 배경이 여기에 있다. 나는 페더러와 나달의 윔블던 2008년 결승전 클래식을 감상한 직후, 강렬한 영감을 받아 단식 마니아로 전환했다. 특히 그 경기 4세트 타이브레이크에서, 패배 일보 직전의 챔피언십 포인트 위기에 몰린 페더러가 나달의 포핸드 공격을 다급하지만 맵시 있게 백핸드 다운더라인으로 되받아 카운터를 날리는 모습에 반했던 것이다.

2008년 이후 약 10년 동안 나는 복식을 거의 하지 않고 단식에 매달렸다. 그때 나의 백핸드는 비약적인 향상을 맛볼 수 있었다. 당시 나보다 열 살 많은 대학 선배인 지욱이 형과 일주일에 두세 번씩 단식 대결을 했는데, 그 형은 정말 처절하고 집요하게 내 백핸드만 공략했다. 때린 데 또 때리듯이 백핸드로만 지겹도록 공이 몰려왔고, 나는 그 펀치 세례를 견디고 이겨내면서 서서히 맷집이 생기기 시작했다. 가장 짜릿했던 순간은, 지욱이 형이 날카로운 포핸드를 내 백핸드 쪽으로 때리고 네트 앞으로 자신만만하게 돌진했을 때였다. 나는 페더러가 나달에게 했던 것처럼 반대 방향으로 회심의 백핸드 패싱샷을 날렸다. 그때 지욱이 형의 일그러진 표정을 지켜볼 때의 기분은 윔블던 우승과 맞바꿀 만했다.

백핸드가 포핸드보다 더 뛰어나 두각을 나타내는 프로 선수들도 있다. 대한민국의 정현이 바로 그런 사례다. 2018년 호주오픈에서 정현은 한국 테니스 역사상 최초로 메이저 대회 4강에 진출했다. 조금 과장하자면, 정현은 백핸드 하나로 4강까지 올라갔다. 물론 정현에게도 기술적 약점은 있었다. 서브는 세계 톱클래스 수준과 거리가 있었고, 포핸드는 공격을 득점으로 연결하는 능력이 부족했다. 그러나 정현에게는 월드클래스 수준의 백핸드가 있었다. 특히 최고 빅매치로 회자되고 있는 16강전 조코비치와의 대결에서, 정현은 조코비치 못지않은 정확하고 강력한 백핸드로 누구도 예상하지 못했던 승리를 거뒀다.

정현과 비슷한 또래인 러시아의 다닐 메드베데프 역시 '국어보다 수학을 더 잘해 그랜드슬램 챔피언에 오른' 희귀한 유형의 선수다. 손발이 유난히 길고 키가 커 '문어'라는 별명으로 불리는 메드베데프는, 챔피언의 기준에 다소 모자라는 포핸드의 소유자임에도 불구하고 기계처럼 실수 없는 정확한 투핸드 백핸드를 앞세워 어떤 선수와의 베이스라인 랠리에서도 밀리지 않았다.

과거에는 이런 유형의 선수가 드물었다. 대부분의 선수는 포핸드를 주무기로 삼고, 백핸드는 상대 공격을 실수 없이 받아내는 방패 정도의 역할에 머무는 경우가 많았다. 그라운드 스트로크보다 네트 앞 발리가 중시되던 1960~70년대의 선수들은 말할 것도 없고, 비교적 최근인 1990년대까지만 해도 백핸드를 포핸드보다 잘 친다는 소리를 듣는 선수는 극히 드물었다. 이러한 흐름은 한 손이 아닌 두 손으로 백핸드를 치는 '투핸드 백핸드'가 대세로 자리 잡으며 서서히 바뀌기 시작했는데, 많은 전문가들은 현대 테니스에서 투핸드 백핸드를 앞세워 시대를 장악한 선구자적 인물로 지미 코너스를 꼽는다.

    남자 테니스 역사상 가장 많은 투어 우승 기록을 보유한 지미 코너스는, 마흔 살까지 끄떡없이 현역으로 활약한 '노장의 상징'이자, 현대 테니스에서 투핸드 백핸드의 기술적 진화를 제대로 구현한 인물로 평가받는다. 왼손잡이였던 코너스는 두 팔을 거의 일직선으로 쭉 펴고 라켓 면을 위로 열어준 뒤, 회전이 많지 않은 플랫성 타구를 온몸의 힘을 가득 실어 네트 건너편으로 보냈다. 코너스의 투핸드 백핸드가 걸출한 기술로 평가받은 이유는, 그의 전성기였던 1970년대 중반이 전체 선수의 80% 이상이 한 손으로 백핸드를 치던 시기였기 때문이다. 또한 당시는 그라운드 스트로크보다 서브앤발리가 더 각광받던 공격 방식이었기 때문에, 코너스처럼 베이스라인을 지키는 유형의 선수 자체가 드물었다. 코너스가 베이스라인 랠리에서 우세를 점할 수 있었던 원동력은 투핸드 백핸드였고, 반면 그의 밋밋한 포핸드는 종종 약점으로 지적되었다.

    흥미로운 사실은, 여자 테니스에서 투핸드 백핸드의 '창시자'에 가까운 존재가 바로 코너스의 여자 친구로도 잘 알려졌던 크리스 에버트였다는 점이다. 지금이야 여자 테니스 선수 가운데 투핸드를 치지 않는 선수를 찾기 어려울 정도지만, 에버트가 혜성처럼 등장한 1970년대 초반만 해도 투핸드가 무주공산이었다. 그 이전 시대를 대표했던 챔피언들인 빌리 진 킹과 마가렛 코트, 이본 굴라공 등은 모두 한 손으로 백핸드를 쳤고, 에버트 이후 등장한 천재들인 마르티나 나브라틸로바와 슈테피 그라프도 원핸더였다. 에버트는 빈틈없는 투핸드 백핸드로 그라운드 스트로크에서 강점을 보이며, 프랑스오픈에서 가장 많은 7회 우승을 차지했다.

코너스의 여자 친구에 이어, 세계 테니스계에 투핸드 백핸드를 유행처럼 퍼뜨린 전도사는 코너스의 후계자로 불리는 비외른 보리였다. 그는 1970년대 말부터 1980년대 초까지 프랑스오픈과 윔블던이라는 성격이 전혀 다른 두 대회를 한 해에 동시에 제패한 이례적인 기록을 세 번이나 달성한 선수다. 코트 표면을 가로지르는 공의 속도가 느린 클레이 코트에서 열리는 프랑스오픈에서는 무려 여섯 차례나 우승했는데, 이 역시 그의 투핸드 백핸드 덕분이었다. 보리는 두 손으로 공을 타격한 뒤 팔로우 스루는 한 손으로 마무리하는 독특한 타법으로 당시로서는 획기적인 지평을 열었다.

프랑스오픈에 특히 강했던 비외른 보리와 크리스 에버트의 사례에서 우리는 투핸드 백핸드의 장점을 한 가지 유추할 수 있다. 한 손으로 치는 것보다 두 손으로 치는 것이 그라운드 스트로크 랠리에서 한결 유리하다는 가정이다. 무엇보다 안정성 측면에서 두드러진 장점을 지녀, 쉴 새 없이 날아오는 빠른 공을 조금 더 쉽게 처리할 수 있는 게 투핸드 백핸드의 강점이다. 따라서 최근 서브와 발리보다 그라운드 스트로크가 더 중시되는 추세에서, 자연스럽게 투핸드 백핸드가 각광받게 되었고, 적자생존의 원리에 따라 대다수 선수가 투핸드 백핸드를 선택하게 된 것이다.

1990년대, 투핸드 백핸드로 메이저 대회 8회 우승을 거둔 안드레 애거시는 코너스와 에버트, 보리가 뿌려놓은 씨앗을 바탕으로 풍성한 열매를 거둔 주인공이다. 애거시 이후에도 내로라하는 투핸드 백핸드의 대가들이 연이어 등장했는데, 이 기술의 정점을 찍은 인물은 단연코 현대 테니스에서 가장 완벽한 기술을 바탕으로 그랜드슬램 최다 우승 기록을 세운 노박 조코비치라 할 수 있다. 조코비치는 물샐틈없는 탄탄한 백핸드로 절대 뚫리지 않는 견고한 수비벽을 구축했을 뿐 아니라, 백핸드 크로스는 물론 다운더라인까지 자유자재로 방향 전환을 구사하며, 적극적인 공격형 백핸드를 테니스 전술의 새로운 기준점으로 제시했다.

점점 속도전으로 발전하는 현대 테니스에서 투핸드 백핸드가 각광받는 건 자연스러운 흐름이다. 그러나 때로 기술의 진화가 마음 한편에서 아쉬움으로 느껴질 때가 있다. 음악 스트리밍 시대에 옛 CD에 대한 향수를 잊지 못하는 로맨티시스트라고 해야 할까. 원핸드 백핸드는 점점 진열장의 CD 신세가 되어가고 있다. 그런데 여기서 조금만 더 회귀주의자로서 고집을 부려보자. CD를 아주 근사한 장소에서 뛰어난 성능의 오디오 기기로 재생하면 더 특별한 사운드를 즐길 수 있듯, 소멸해 가는 원핸드 백핸드도 장인들이 제대로 활용한다면 투핸드 백핸드에 당당히 맞설 수 있는 막강한 병기가 될 수 있지 않을까. 이걸 실제로 구현해 낸 위대한 선수들이 바로 로저 페더러, 스탄 바브린카, 그리고 벨기에의 여자 테니스 스타 쥐스틴 에넹이다.

    로저 페더러와 쥐스틴 에넹은 한 손 백핸드로 세계 랭킹 1위에 오른 마지막 남녀 선수다. 페더러는 2018년 당시 최고령 세계 1위에 오른 바 있으며, 에넹은 2006년 세계 1위에 오른 이후 은퇴하면서 여자 테니스는 그 대체자를 찾지 못하고 있다. 바브린카는 막강한 투핸드 백핸드의 달인들이 즐비하던 2010년대에, 코트 구석구석을 시원하게 찔러대는 화려한 공격형 원핸드 백핸드로 세 차례 그랜드슬램 정상에 올랐다.

    이처럼 원핸드 백핸드도 장인들이 능숙하게 구사하면 세계 정상에 오를 수 있는 강력한 도구가 된다. 투핸드 백핸드로는 구현하기 어려운 몇 가지 장점을 분명히 지니고 있기 때문이다. 비록 한 손으로 치지만, 오히려 톱스핀을 더 많이 실을 수 있는 점에서는 유리하다. 투핸드 백핸드는 기본적으로 라켓 면을 열어주는 플랫 샷에 적합한 메커니즘을 갖고 있지만, 원핸드 백핸드는 면을 닫은 채 스윙 궤적을 더 크게 그려내면서 회전을 잔뜩 실을 수 있기 때문이다. 준비 자세가 제대로 구현되기만 한다면, 더 강하고 빠를 뿐 아니라, 더 깊은 각도의 샷을 만들어내는 데에도 유리하다. 다른 무엇보다, 원핸드 백핸드는 역회전을 거는 슬라이스를 구사할 때 투핸드보다 훨씬 자연스럽고 효과적이기 때문에, 구질의 다양성 측면에서도 탁월한 장점을 지닌다.

그러나 이 모든 장점은 힘과 속도가 지배하는 현대 테니스에서 상대적으로 무력해진다. 과거처럼 네트 앞으로 나가서 펼치는 플레이 비중이 줄어들고, 베이스라인에서 힘 대 힘의 스트로크 대결로 승패가 갈리는 현재의 경기 방식에서는 원핸드 백핸드가 투핸드 백핸드를 감당하기에 버겁다. 특히 점점 더 강하고 빠르고 묵직해지는 서브를 리턴할 때, 원핸드 백핸드의 한계는 뚜렷하다. 로저 페더러가 라파엘 나달과 노박 조코비치의 거센 추격을 끝내 뿌리치지 못하고 수차례 그랜드슬램 결승전에서 패한 가장 큰 원인 가운데 하나도 바로 이 원핸드 백핸드였다.

다만 나는 대부분의 프로 선수들이 천편일률적으로 투핸드 백핸드를 선택하는 이 추세가 썩 탐탁지 않다. 테니스를 지켜보는 묘미가 떨어진다는 생각이 들기 때문이다. 테니스에서 가장 화려한 기술 한 가지만 고르라고 하면 나는 주저 없이 페더러나 리샤르 가스케가 펼치는 선 굵은 원핸드 백핸드를 꼽을 것이다. 백스윙할 때 잔뜩 웅크리고 있다가 두 팔을 서로 반대쪽으로 최대한 길게 내뻗으면서 스트로크를 마무리하는 프로들의 힘찬 원핸드 백핸드를 보고 있노라면 공작새의 화려한 날갯짓이 연상된다. 공작새의 날개에서 레이저빔처럼 뿜어나온 노란색 테니스공이 총알 같은 속도로 코트 구석을 찌르는 장면은, 테니스가 TV 시청자와 현장 직관을 하는 관중들에게 줄 수 있는 최고의 선물일 것이다.

무엇보다 원핸드 백핸드는 아슬아슬한 스릴이 넘친다. 두 손이 아닌 한 손으로 공을 쳐내야 하기에, 외줄타기 광대처럼 관객들에게 묘한 긴장감을 안기는데, '실수하지 않을까' 하는 조마조마한 순간에 호쾌한 스트로크 위너가 이어지면 카타르시스의 절정을 맛볼 수 있다.

국내 동호인으로 시선을 돌려보면 백핸드는 세대 구분의 지표가 되기도 한다. 원핸드 백핸드를 치는 사람들은 중장년층 이상이고, 젊은 세대들은 시작부터 투핸드 백핸드를 선택한다. 현명한 선택이기도 하다. 한 손 백핸드로 2020년 US오픈을 제패한 도미니크 팀은 이렇게 말했다. "만약 내 자식에게 백핸드를 가르친다면 나는 투핸드 백핸드를 배우라고 조언할 것이다."

그래도 나는 타임머신을 타고 20년 전으로 간다고 해도 여전히 원핸드 백핸드를 선택하련다. 왜냐고? 멋 부리기 좋기 때문이다. 끝으로 로저 페더러의 아버지가 2017년 호주오픈 결승전 나달과의 대결을 앞둔 아들에게 건넨 조언을, 지금도 테니스장 곳곳에서 '수포자'가 되어가고 있는 동호인들에게 들려주는 것으로 마무리한다.

"그냥 그놈의 백핸드 때려버리라고, 젠장!Hit the backhand, Damn it!".

발리
Volley

이탈리아 축구의 전설적인 공격수 필리포 인자기는, 만약 테니스를 업으로 삼았다면 틀림없이 위대한 발리 플레이어가 됐을 것이다. 인자기는 축구에서 흔히 '주워 먹기'의 달인으로 통한다. 골 냄새를 귀신같이 맡아 득점할 수 있는 곳에 자리 잡은 후 찬스가 오면 놓치지 않는다. 인자기의 골 결정력은, 골잡이의 자질 가운데 하나인 위치 선정 능력에 기인한다. 슛을 때릴 수 있는 곳을 잘 찾아내 그곳에 먼저 자리를 잡고서, 적절한 순간을 노려 상대의 골문을 공략한다.

    인자기의 위치 선정 능력이야말로 테니스 발리의 핵심이다. 발리는 테니스공이 바닥에 닿기 전에 공중에서 처리하는 모든 행위를 아우른다. 네트에서 약 10m 떨어진 베이스라인에서 공을 바닥에 튀기지 않고 바로 때려 넘긴다면 그것도 발리로 부를 수 있다. 하지만 우리는 테니스에서 흔히 발리를 잘한다고 하면, 네트 앞에서 어슬렁거리고 있다가 공이 넘어올 때 재빨리 다가가 라켓 면을 접촉하는 유형의 플레이로 이해한다. 즉, 네트 앞에서 얼마나 잘 자리를 잡고, 넘어오는 공을 유효적절하게 공략하느냐가 곧 발리 실력의 척도다.

동네 테니스장에도 '인자기형' 동호인들이 제법 있다. 공을 감각적으로 다루는 현란한 드리블이나 100m를 10초대에 주파하는 폭발적 스피드가 없어도 이탈리아 프로축구 세리에 A에서 수백 번이나 골네트를 뒤흔든 인자기처럼, 포핸드와 백핸드 실력은 변변치 않지만, 네트 앞에서 다람쥐처럼 요리조리 빠르게 움직여 발리로 득점해 승부를 뒤집어버리는 테니스 인자기들이 있고, 사실 이런 유형의 복식 선수들이 동호인의 세계에서는 더 대접받는 경우가 많다.

우리가 테니스 레슨을 받을 때 발리는 포핸드, 백핸드에 이어 세 번째로 배우는 기술이다. 나는 아파트 레슨장에서 발리까지 배우고 교습을 중단했다. 그때가 약 넉 달째로 접어드는 시기였는데, 발리까지만 배우면 당장 테니스 코트로 나가 비록 어설플지언정 그럭저럭 게임을 할 수 있는 최소한의 자격 요건을 갖추기 때문이다. 물론 서브까지 배우면 금상첨화겠지만 서브는 참으로 어렵고 시간의 세례를 충분히 받아야 하는 최상급의 기술인 동시에, 레슨으로만 익히기보다는 실전 경기를 통해 자연스럽게

습득하는 과정이 더 중요하다.

그리고 나는 발리를 배우면서 테니스의 가장 중요한 기초이자 모든 응용의 열쇠가 되는 첫걸음을 내디뎠다. 만병통치약으로 불러 마땅한 컨티넨털 그립이다. 컨티넨털 그립은 라켓 손잡이의 중심을 잡는 기분으로, 검지의 뿌리 부분을 손잡이의 오른쪽 사면에 위치시키는 방식이다. 이 그립을 익히지 못하면 테니스에서 상급자로 올라가기 어렵다. 발리는 물론 서브와 스매시(오버헤드), 드롭샷, 슬라이스까지 다양한 기술 샷을 모두 이 하나의 그립으로 구사할 수 있기 때문이다.

그런데 왜 '컨티넨털'이라는 이름이 붙었을까? 19세기 유럽 대륙에서 근대 테니스가 태동했을 당시, 잔디 코트에서 빠르고 낮게 깔리는 공을 처리하기에 가장 적합한 그립이 바로 이 방식이었고, 유럽 대륙에서 널리 쓰였다는 이유로 컨티넨털continental(대륙을 의미) 그립이라는 명칭이 붙었다는 설이 가장 유력하다. 비유하자면, 우리가 유럽 여행 중 흔히 접하는 컨티넨털 조식이 빵과 달걀, 커피 등 간단하면서도 기본을 이루는 구성이라면, 테니스의 컨티넨털 그립도 기본 중의 기본이자 가장 다양하게 활용되는 기술적 출발점이라고 볼 수 있다.

발리를 컨티넨털 그립으로 구사하는 가장 큰 이유는 신속성에 있다. 컨티넨털 그립은 보통 오른쪽으로 돌려 잡는 포핸드와 왼쪽으로 돌려 잡는 백핸드 양쪽 그립의 정중앙을 고수하는 방식이기 때문에, 좌우 어느 방향을 막론하고 그립을 바꿀 필요 없이 대응할 수 있다. 생각해 보라. 정신없이 빠르게 공이 날아다니는데 언제 그립을 바꿀 여유가 있겠는가. 빠른 대처가 핵심인 발리에서는 하나의 그립으로 모든 상황에 대응할 수 있는 컨티넨털 그립이 최선의 선택일 수밖에 없다.

여기에 인체공학적 분석까지 곁들어보자면, 발리는 라켓 면의 각도를 확보하는 게 무엇보다 중요하기 때문에 컨티넨털 그립이 더욱 적합하다. 이 그립을 쥐면 손바닥이 향하는 방향과 라켓 면이 정확히 일치하게 된다. 빠른 속도로 다가오는 공을 손바닥으로 블로킹하듯 신속하게 처리할 수 있고, 백핸드 쪽으로 날아오는 공 역시 손목을 비틀거나 꺾는 추가 동작 없이 빠르게 대응할 수 있다. 결론은 명확하다. 테니스의 다른 기술들은 다양한 그립의 선택지가 존재하지만, 발리만큼은 예외 없이 컨티넨털 그립이 정답이다. 타협은 없다.

나는 개인적으로 발리를 성공시켰을 때 가장 짜릿함을 느낀다. 이건 꽤 현실적인 고백이다. 왜냐하면 우리 같은 동호인의 테니스 인생에서 발리 외에 다른 기술로 시원스럽게 득점을 만들어내는 건 참으로 어렵기 때문이다. 프로처럼 시속 200km 넘는 강서브를 구사할 힘도 없고, 그들처럼 총알 같은 백핸드 다운더라인 위너를 터트릴 수도 없다. 게다가 우리는 복식 인생 아닌가. 포핸드를 제아무리 힘껏 때려봐도 네트 건너편에는 그 어떤 공이라도 일단 받아넘기겠다는 의지로 충만한 두 명의 또 다른 동호인들이 철벽처럼 버티고 있다. 이런 상황에서 깨끗한 위너가 나올 구멍은 네트 앞에서 한 템포 빠르게 끊어버리는 발리밖에 없다.

    6게임을 따야 끝나는 한 세트를 곰곰이 복기해 봤을 때, 포핸드나 백핸드로 빈구석을 찔러 득점을 내는 경우는 거의 없다는 걸 깨닫게 되면서 나는 발리에 더 노력을 쏟게 됐다. 복식은 곧 발리라는 생각으로 임해야, 즉 그라운드 스트로크의 교환을 최소화하고, 어떻게든 네트 앞으로 치고 나가 발리 포지션을 선점하는 데 초점을 맞추자 비로소 복식 경기의 참맛을 알게 됐고 승률도 덩달아 올라갈 수 있었다.

    발리는 포핸드나 백핸드와 전혀 다르며 심지어 정반대 속성까지 갖고 있다. 그라운드 스트로크에서 권장하는 기술적 메커니즘을 발리에서는 절대 적용하면 안 되는 경우가 있다. 대표적인 것이 라켓을 뒤로 빼는 백스윙 동작이다. 스트로크에서는 충분한 파워를 내기 위해 라켓을 크게 뒤로 빼는 백스윙이 필수적이지만, 발리에서는 백스윙을 최소화하는 것이 미덕이다. 빠르고 간결하게, 힘보다는 타이밍과 각도로 승부를 봐야 하는 기술이기 때문이다.

스트로크와 발리를 구별 짓는 또 하나 차이는 바로 '몸통 회전'이다. 스트로크에서는 백스윙과 함께 몸을 코일처럼 비틀어두고, 임팩트 순간 그 비틀림을 풀면서 강한 회전을 실어준다. 하지만 발리에서는 몸통 회전을 풀어주면 큰일 난다. 포핸드 발리든 백핸드 발리든 타격 직후까지 몸통은 '닫힌' 상태를 유지해야 하며, 스윙은 철저히 팔로만 진행된다. 스트로크에서는 "팔로 치면 안 돼"지만, 발리에서는 "팔로 쳐야 한다"라는 것이 정석이다.

그러면 발리는 정말 몸이 아닌 팔로만 치는 기술일까? 이에 대한 명쾌한 답은 '절대 아니다'이다. 발리야말로 팔과 다리의 유기적인 조합이 확실하게 이뤄져야 비로소 좋은 샷이 나온다. 발리에서 다리의 역할은 스트로크에서와 마찬가지로, 샷에 힘을 불어넣는 것이다. 나무에 비유하자면, 스트로크에서 다리의 기능은 뿌리이고, 발리에서는 나뭇가지라고 해야 할까. 포핸드나 백핸드를 칠 때 다리가 몸의 밸런스를 단단히 고정해 지면에서 뿜어나오는 힘을, 몸통을 거쳐 팔에 전달하는 뿌리와 같은 역할이라면, 발리를 구사할 때 다리는 몸의 운동 에너지를 증가시켜 샷에 활력을 불어넣는다.

여기서 발리의 첫손 꼽히는 중대 원칙이 등장한다. 앞으로, 앞으로! 즉, 포워드 모멘텀^{forward momentum}이다. 이는 초급자와 중급자를 가르는 대표적인 특징이기도 하다. 발리를 배웠지만 실전 경험이 많지 않은 초급자들은 날아오는 공을 향해 앞으로 나가며 발리하지 못한다. 중급 이상 경험이 풍부한 동호인들은 공을 마중 나가며 발리하는 동작에 어느 정도 훈련되어 있다.

나 역시 훌륭한 스승을 만나 발리의 제1원칙이라고 할 수 있는 포워드 모멘텀을 제대로 배울 수 있었다. 당시 코치 선생님이 설명할 때 사용한 단어는 지금까지도 내가 코트 위에 서서 발리를 준비할 때 늘 가슴속에 되뇌는 다짐이다. '테니스공을 마중 나갈 것.' 기다리지 말고 먼저 앞으로 나가 공을 정성스레 모시듯, 마중 나가라는 미성아파트 테니스 코치님의 그 표현은 지금 생각해 봐도 교과서에 실려야 할 적확한 어휘였다.

공을 마중 나가 발리하는 동작을 조금 더 전문적인 용어로 묘사하면 다음과 같다. 두 발을 지면에서 박차 올리는 스플릿 스텝을 밟는다. 날아오는 공의 궤적을 두 눈으로 확인하고 포핸드 혹은 백핸드 발리 자세를 취한다. 공의 방향에 맞춰 몸통을 돌린다. 공이 타격 지점에 도달하면 왼발 혹은 오른발을 앞으로 내디디며 발리한다. 오른손잡이 기준 포핸드 쪽으로 날아오면 왼발을 내디디면서, 백핸드 쪽으로 공이 오면 오른발을 사선으로 내디디며 타격한다.

초심자들이 이 동작을 어려워하는 건 당연하다. 일단 공이 어느 쪽으로 향하는지 파악부터가 용이하지 않다. 설사 방향을 읽었다 하더라도 스플릿 스텝을 취한 뒤, 거의 즉각적으로 몸통을 회전시킴과 동시에 한쪽 발을 내디디며 팔꿈치를 뻗어 공을 맞혀야 하는데, 현실적으로 이는 단기간에 해결되지 않는 테크닉이다.

　　여기에 초급자들을 좌절하게 만드는 또 하나의 걸림돌이 있다. 바로 인간의 본성, 공포심이다. 네트 앞에 서 있으면 공이 훨씬 빠르게, 그리고 위협적으로 다가온다. 때로는 눈앞에 아찔하게 다가오는 무시무시한 테니스공을 상대로, 용감하게 앞으로 나가며 '돌격 앞으로!'를 외치는 건 어지간히 단련된 병사들 아니면 불가능하다. 사실 이런 이유로 초보자들은 네트 앞에 더 바짝 붙어야 함에도, 빠른 공에 대한 두려움에 사로잡혀 네트 앞으로 다가서는 걸 주저한다. 그러나 당신이 초급자라면 파트너에게 똑같은 조언을 수없이 들었을 것이다. 네트 앞으로 바짝 붙으라고.

　　발리에 능숙하지 않은 초급자일수록 네트 앞에 있는 편이 낫다. 네트 뒤편에서, 즉 서비스 라인 근처에 있는 초급자들은 상대 스트로크의 먹잇감이 되기 쉽다. 무엇보다 좌우 공간이 더 넓게 벌어지면서 공략당할 지점이 많아지는 것은 물론이고, 뒤에서 서툰 발리를 해서 네트에 걸릴 확률이 더 높아지기 때문이다. 발리에 능하지 않은 선수가 최전방에 배치받을 때 드는 느낌은 '총알받이가 되라는 건가'라는 서러움이지만, 현실은 그 반대다. 앞으로 나가야 살아남는다.

발리는 또한 '45도의 미학'이라 할 수 있다. 곰곰이 생각해 보면 우리의 일상에서 45도는 이상적 각도로 자주 등장한다. 칫솔질할 때도, 채혈할 때 주사를 놓는 각도도 45도가 정석이다. 스마트폰으로 셀카를 찍을 때, 이른바 '얼짱 각'을 잡는 최적의 각도 역시 45도다. 테니스에서의 발리는 이러한 45도 예술의 결정체라 할 만하다. 기술 수행의 핵심 키워드들이 대부분 이 각도에서 설명 가능하기 때문이다.

가장 먼저, 디딤발을 내딛는 각도가 바로 이 45도 원칙에 해당한다. 그러나 더 중요한 건, 발리 시 백스윙 동작에서의 팔꿈치 기울기다. 포핸드와 백핸드 발리 모두에 적용되는 이 각도는, 준비 자세에서 몸통을 회전하면서 동시에 팔꿈치를 45도 기울여 라켓을 위치시키고 타격에 들어가는 것이다. 수평과 수직의 정중앙을 가로지르는 이 이상적인 팔꿈치 각도를 유지한 채, 공을 스윗 스팟 sweet spot에 정확히 맞히고, 그대로 절도 있게 스윙을 끌고 가 공을 네트 건너편으로 날카롭게 보낼 수 있다면, 바로 그 순간이야말로 테니스 동호인들이 실전 경기에서 얻을 수 있는 궁극의 쾌감이 아닐까. 그렇다. 이 맛에 복식을 치는 것이다.

이렇듯 동호인 세계에서 으뜸가는 기술로 대접받는 발리는, 최근 테니스 프로 무대에서는 그리 환영받지 못하는 존재가 되었다. 이는 아이러니가 아닐 수 없다. 모름지기 세상만사는 끊임없이 변하고, 그 변화의 기저에는 과거보다 더 나아지는 진보의 개념이 스며있다. 인류 문명은 분명 어제보다 오늘, 그리고 내일 더 진보한다고 우리는 믿는다. 테니스 또한 과거보다 포핸드와 백핸드, 서브 등의 기술은 점점 파워가 세지고 컨트롤이 세밀해지는 등 개선되고 있다. 하지만 유감스럽게도, 발리는 이러한 진보의 흐름에서 비켜나 있다.

21세기에 접어들면서 발리는 최고 선수들의 경연장인 단식 무대에서 확연히 사용 빈도가 줄었다. 여기에는 '기술 진보의 역설'이 담겨 있다. 라켓과 스트링 등 테니스 장비가 비약적으로 발전하면서 그라운드 스트로크의 파워와 속도가 향상되었기 때문이다. 네트에서 한참 뒤인 베이스라인에서 공을 강하게 때려도 시속 150km가 넘는 강속구 투수의 속구처럼 빠른 속도로 코트 구석을 공략할 수 있는 세상이 되면서, 네트 앞으로 달려가 발리로 포인트를 마무리할 유인이 급격히 줄어든 것이다.

1968년, 윔블던과 프랑스오픈 등 메이저 대회가 프로와 아마추어 모두에게 문호를 개방한 이후 약 20년간은 단식에서도 발리가 스트로크보다 한발 앞선 공격 기술로 대접받았다. 이 시기 테니스 역사책을 장식한 인물들의 면면을 보면 십중팔구 발리의 달인들이다. 로드 레이버, 마가렛 코트, 빌리 진 킹, 켄 로즈웰 등

1960~70년대 잔디 코트를 지배한 이들은 완벽에 가까운 발리 능력의 소유자다. 감각적인 터치 발리의 대명사 존 매켄로와, 네트 앞으로 치고 들어간 뒤 절도 있는 백핸드 발리로 포인트를 마무리하는 루틴을 즐긴 마르티나 나브라틸로바는 80년대까지 테니스 코트를 발리로 평정했다. 1990년대 보리스 베커, 스테판 에드베리, 피트 샘프러스, 패트릭 라프터 등 강한 서브를 앞세운 남자 선수들이 그 명맥을 이었지만, 여자 테니스에서는 1996년 윔블던에서 우승한 체코의 야나 노보트나를 마지막으로 사실상 계보가 끊기고 만다.

2000년대 중반 이후, 게임의 양태는 완연히 베이스라인 중심의 플레이로 옮겨갔다. 이런 흐름에 거의 유일한 반기를 든 존재가 로저 페더러 정도라고 할 수 있겠지만, 그 역시 발리를 주요 무기가 아닌 플레이의 다양성을 위한 보조 수단 정도로 활용했다. 서브를 넣자마자 네트로 전진해 발리로 포인트를 마무리하는 서브앤발리는 올드팬들의 향수를 자극하는, 과거의 유물에 가까운 희귀 아이템이 되어 버렸다. 나는 이것이 테니스라는 종목의 건강한 다양성을 해치는 아쉬운 현상이라고 생각한다. 발리가 없는 단식 경기는, 베이스라인에서 팔씨름하듯 강타만 주고받는 단조롭고 지루한 경기로 전락할 위험이 있기 때문이다.

그래도 2020년대 중반을 넘어서면서 다시금 톱 레벨의 프로 선수들 사이에서 발리의 활용도가 미세하지만, 유의미하게 증가하고 있다는 점은 고무적이다. 2024년, 각각 두 개의 메이저 대회를 나눠 우승한 이탈리아의 야닉 시너와 스페인의 카를로스 알카라스는 한없이 파워풀한 그라운드 스트로크의 일인자이지만, 플레이의 단조로움과 예측 가능성을 피하고자 발리를 적절히 자신들의 공격 레퍼토리로 추가하면서 올라운드 플레이어로의 면모를 보여주고 있다. 그들보다 앞선 세대인 다닐 메드베데프, 알렉산더 즈베레프, 스테파노스 치치파스 등이 큰 키와 빠른 서브, 부지런한 풋워크 등을 앞세워 베이스라인 플레이에 머문 한계를 극복한 것이다.

서브
Serve

서브는 테니스에서 가장 난도가 높은 기술이다. 배우기 어려운 것을 물론이고, 한 번 배우고 끝나는 것이 아니라 테니스를 그만두는 순간까지 끊임없이 연습하고 발전시켜야 하는 기술이다. 이 명제는 아마추어는 물론 프로 선수에게도 똑같이 적용된다. 심지어 세계 최상위권에 있는 프로 선수들조차 은퇴할 때까지 서브를 개선하기 위해 훈련을 계속한다.

    가끔 동네 테니스장에서 친선 경기를 하다 서브를 넣을 차례가 되면, 나는 거인으로 변신하는 상상을 한다. 거인이라고 해도 『걸리버 여행기』의 걸리버나 괴수 영화에 나오는 고질라 킹콩 같은 거대한 존재는 아니고, 일본 애니메이션 〈진격의 거인〉에 등장하는 키 약 3m 정도 되는 소형 거인이다. 3m 키에 라켓을 들면 대략 4m가 넘는 높은 위치에서 서브를 넣을 수 있을 것이다. 그 정도 높이라면 네트 건너편 서비스 박스의 직사각형 형태가 한눈에 들어올 것이고, 상대가 받기 어려운 곳을 겨냥해 라켓 중심에 공을 정확히 맞히기만 하면, 매우 빠른 속도로 바닥에 꽂히는 강력한 서브가 될 것이다. 아마도 3m짜리 테니스 선수가 실제로 존재한다면, 서브 연습은 필요 없을지도 모른다.

서브가 어려운 진짜 이유는, 현실의 인간은 그처럼 크지 않기 때문이다. 어느 누구도 (내가 아는 한) 3m 이상의 신장을 가지지 못한다. 대자연의 연약한 존재인 인간은 기린이나 코끼리처럼 거대하지 않기 때문에, 위에서 언급한 거인과는 다르게 서브를 넣는 방법을 찾아야 했다. 남자 성인을 기준으로 170cm에서 200cm 사이의 평균 키를 갖고 있는 사람은, 거인처럼 서브를 넣으면 땅바닥에 패대기쳐지거나, 기껏해야 네트에 걸릴 뿐이다. 그래서 근대 테니스의 초창기 선구자들은 공을 위에서 아래로 내려치는 것이 아닌, 정반대 방법을 고안해 냈다. 그것이 바로 아래에서 위로 라켓을 뿌려주는 상향 스윙 upward swing 패턴이다.

나는 중학생 때 처음 라켓을 잡았지만, 서브는 대학에 가서야 처음 시도했다. 테니스 동아리 선배는 서브 왕초보에게 선문답 같은 가르침을 줬다.

"기범아, 서브는 위에서 아래로 때리는 게 아니라, 공을 이렇게 아래에서 위로 문지르듯이 쳐야 한다."

"네, 알겠습니다. 형 (실제 내면의 목소리: '뭔 헛소리야')."

하지만 나중에 알게 됐다. 그 선배는 사실 테니스의 정석을 가르친 것이었다. 서브는 일반 상식과 달리, 아래에서 위로 치는 상향 스윙을 기본 메커니즘으로 한다. 왜 그럴까? 앞선 거인의 예에서 한 걸음 더 들어가 보자. 테니스에서 서브는 서비스 박스에 공을 강하게 집어넣는 목적도 있지만, 그것보다 선행되는 목표가 존재한다. 바로 네트를 넘기는 것이다. 우리가 테니스를 게임, 시합의 형태로 만들면서 제1 규칙으로 삼은 것이 네트라는 장애물을 넘겨야 한다는 것임을 상기한다면, 이것이야말로 서브의 제1 목적으로 규정할 수 있다. 네트를 안정적으로 넘겨서 인플레이를 할 수 있게 만드는 것이 서브의 취지이자 역할인 것이다.

'서브serve'라는 단어의 어원을 살펴보면, 원래는 상대방이 공을 칠 수 있도록 배려하는 행위에 가깝다. 상대에게 '서비스해 준다'는 의미다. 초창기 테니스는 이 개념에 충실하게, 네트 위로 공을 쉽게 넘기고 또 쉽게 받을 수 있도록 '언더암 서브'로 시작됐다. 그러던 것이 시간이 흐르면서 점점 상대가 받기 어렵게 강한 서브를 넣는 방식으로 변모했다. 초급 단계를 넘어선 동호인이라면 누구나 머리 위로 공을 던진 뒤 라켓으로 힘껏 타격하는 '오버헤드 서브'를 구사한다.

오버헤드 서브를 넣을 때, 네트를 안정적으로 넘기기 위해서는 위에서 아래로 찍어 누르는 스윙은 확률이 떨어진다. 타점이 충분히 높지 않은 것이 첫째 이유, 그리고 두 번째는 중력의 법칙 때문이다. 공중에 뜬 볼은 지면을 향해 내려오는 자연적 속성에서 벗어날 수 없다. 만유인력의 법칙을 극복하면서, 즉 공이 바닥을 향하는 본질적인 성질을 억제하는 동시에 빠른 속도를 불어넣기 위해서는 상향 스윙이 가미되어야 한다.

이것을 전문 용어로 표현하면 '네트 위 마진margin'을 확보하는 것이라 할 수 있다. 동호인들이 많이 어려워하는 킥서브에서 특히 이 원리가 강조된다. 킥서브는 아예 대놓고 공의 밑면을 타격하면서 라켓의 스윙 궤적을 하늘 위로 올려, 거대한 포물선을 그리며 상대 서비스 박스에 공이 떨어지도록 만든다. 네트를 넉넉히 넘어가는 킥서브가 '절대 실수하면 안 되는 세컨 서브'로 각광받는 가장 큰 이유다.

현대 테니스에서 상향 스윙이 기본이 된 또 하나의 이유는 서브의 파워와도 연관이 있다. 즉, 라켓의 운동 에너지를 극대화해 공의 속도를 높이기 위해서다. 서브의 속도를 좌우하는 핵심 요소는 임팩트 시점에 라켓을 얼마나 빠르게 휘두르느냐다. 라켓 헤드가 빠르게 움직일수록 공에 전달되는 운동 에너지도 커지는데, 이를 위해서는 라켓 스윙을 위한 충분한 공간이 필요하다. 공을 토스한 뒤 라켓을 밑에서 위로 끌어올리는 동작을 통해 임팩트 순간 응축된 에너지를 폭발할 수 있게 된다. 또 이런 방식으로

스윙하게 되면 단순히 공의 수직적 움직임 외에 직진성이 가미되면서 비로소 균형 잡힌 서브가 완성될 수 있다. 요약하자면, 바닥에 내리꽂는 공격을 위한 수직성과, 네트를 넘기면서 약 15m의 거리를 횡단하는 직진성의 조화를 추구하는 것이 현대 테니스 서브의 핵심이다. 이렇게 간단치 않은 속성을 지니기에 서브는 참 어렵다.

그런데 더 어렵고 이해하기 어려운 부분은, 실제로 서브를 넣는 세부 동작이다. 우선 발리와 마찬가지로 컨티넨털 그립을 '잡아야' 한다. 이것은 선택이 아닌 의무다. 컨티넨털 그립을 잡아야만 상향 스윙의 메커니즘 속에서 팔꿈치와 손목을 활용한 다양한 서브 구질을 터득할 수 있기 때문이다. 코치에게 배우지 않고 독학으로 익힌 사람들이 흔히 범하는 오류가 컨티넨털 그립을 잡지 않는 것이다. 그들은 서브를 넣을 때 포핸드 그립을 잡고 라켓 면이 하늘을 향하는 이른바 '웨이터가 쟁반 나르는 자세'를 취하게 되는데, 이를 지켜보는 수많은 중급자 이상 고수들은 '레슨 좀 받으시지….'라며 혀를 찬다.

이론적으로 포핸드 그립을 잡고 서브를 넣는 게 불가능한 건 아니다. 다만 컨티넨털 그립을 쥐지 않은 사람은 서브의 한계가 명확하다. 스탠스를 취한 상태에서 무릎을 굽히고 몸통을 회전해 어깨와 팔꿈치와 손목으로 이어지는 인체공학적 특성을 전혀 접목하지 못한 채, 그냥 팔로만 스윙하는 밋밋한 서브에 그칠 수밖에 없고 이마저도 성공 확률이 현저히 떨어지는 비극의 주인공이 되는 것이다.

서브를 넣을 때 컨티넨털 그립을 잡는 가장 큰 이유는 팔꿈치와 손목을 자유롭게 활용하기 위해서라고 해도 과언이 아니다. 이쯤 되면 마침내 테니스에서 가장 난해한 개념, 궁극의 용어가 등장한다. 바로 '손목 내전pronation'이다. 단순화해 용어를 풀이하자면, 손바닥을 뒤집는 행위다. 잠시 책을 내려놓고 오른손을 들어보자. 손가락을 모두 편 상태에서 손바닥은 왼쪽을, 손등은 오른쪽을 향하도록 한다. 이제 손목을 시계방향으로 돌려 손바닥이 정면을 향하게 해보자. 이 동작이 바로 '내전'이다.

테니스 서브에서 내전이 발생하는 가장 큰 이유는 컨티넨털 그립 때문이다. 이 그립을 잡으면 라켓의 모서리가 토스한 공을 향하게 되는데, 임팩트 직전에 손목을 내전해 라켓의 평평한 면으로 공을 맞히는 것이다. 즉, 라켓의 모서리가 공을 향하게 두었다가 내전 동작을 통해 '손바닥으로' 때리듯 바꾸는 셈이다. 팔꿈치부터 시작해 손목으로 이어지는 빠른 회전 동작으로 라켓의 정면이 공을 때리게 되며, 이러한 과정을 통해 서브의 위력은 극대화된다. 내전은 서브를 더 강하게 만드는 핵심 테크닉인 것이다.

그런데 상당수 동호인들이 어렵다고 느끼는 내전은, 사실상

'결과'이지 '원인'은 아니다. 웬만큼 서브를 넣는 사람들은 의도하건 의도하지 않았건 이미 내전을 하고 있다. 지금 당장 여러분의 서브 동작을 스마트폰 초고속 영상으로 촬영해 보자. 믿을 수 없게도 팔꿈치가 안에서 밖으로 돌아가는 내전 현상이 나타나는 기적을 목격하게 될 것이다. 로저 페더러나 노박 조코비치처럼 팔꿈치가 마른 수건 쥐어짜듯 확실하게 돌아가지는 않더라도 말이다. 컨티넨털 그립을 잡고 서브를 시도했는데, 형편없는 궤적으로 이상하게 날아가지 않는다면, 당신은 이미 내전을 하고 있다고 판단해도 좋다. 그립만 올바르게 잡으면 내전은 자연스럽게 발생하는 현상이라는 뜻이다. 다만 최상위권 프로 선수들은 이 내전을 보다 확실히 수행하기 때문에 서브의 위력이 아마추어와는 차원이 다르다.

    테니스 서브는 종종 야구에서 투수들의 투구 동작과 비교되곤 한다. 두 종목의 태동기를 비교해 보면, 서브와 투구에는 기가 막힌 유사점 한가지가 나타난다. 시작은 미약했지만, 시간이 흐르면서 막강한 무기로 변한 것이다. 서브와 마찬가지로 투수들의 초창기 투구는 타자들이 치기 좋게 던져줬다. 지금의 소프트볼처럼 그때 투수들은 아래에서 위로 느린 공을 던져줬다. 하지만 지금 메이저리그의 투수들은 시속 160km를 넘나드는 강속구를 뿌린다. 과거에는 투구가 수비였고 타격이 공격인 관점이 명확했다면, 지금의 프로야구에서 투수가 뿌리는 강속구는 공격인지 수비인지 헷갈릴 때가 있다. 테니스 서브 역시 마찬가지다. 과거에는 단순히 공을 인플레이하는 역할이었지만, 지금은 테니스의 모든 테크닉을 통틀어 가장 공격적인 무기로 자리 잡았다.

야구와의 동일 선상 비교는 여기서 그치지 않는다. 서브의 구질 역시 투수의 구종과 닮았다. 야구 구종이 크게 보면 속구와 변화구 두 가지인 근본 개념부터 판박이다. 테니스 서브는 별다른 회전 없이 라켓으로 공의 정면을 강하게 타격하는 플랫 서브와, 공의 측면을 깎아 쳐 회전을 싣는 스핀 서브로 구성된다. 야구의 변화구가 구질에 따라 슬라이더, 체인지업, 커브볼 등으로 세분화된 것처럼 테니스의 스핀 서브 역시 공의 측면을 깎아 치는 슬라이스와, 밑면에서 윗면으로 감아 때리는 킥서브로 분화된다.

따라서 서브의 구종은 크게 플랫, 슬라이스, 킥서브 세 가지로 나뉜다. 이 구종들을 프로 서버들은 서비스 박스의 직사각형 그 어느 곳에도 두루두루 넣을 수 있도록 단련한다. T존으로 불리는 서비스 박스의 가운데 꼭짓점을 겨냥하는 T존 서브와 그 반대편의 모서리 지점을 노리는 와이드 서브, 그리고 리턴을 받는 상대 선수 몸쪽으로 넣는 바디 서브 등 세 가지 옵션이 가능하다. 즉, 세 가지 서브 구종으로 세 곳의 목표 지점을 공략할 수 있다는 말인데, 구종 3 X 방향 3 = 9가지의 조합이 가능하다는 뜻이다.

최근에는 베이스라인 멀찌감치 떨어져 리턴을 하는 트렌드에 대한 대응으로, 제4의 옵션인 언더암 서브까지 부활하면서 서브 방정식은 한층 복잡해졌다.

이처럼 '9차방정식' 이상으로 확장된 서브는 배우기도 어렵고, 받기는 그보다 더 어렵다. 무엇보다 서브는 테니스 경기에서 상대의 샷이나 반응에 관계없이, 오직 본인의 의지대로 구사할 수 있는 유일한 기술이라는 점을 잊지 말아야 한다. 간단히 말해, 서브는 전적으로 자기 하기 나름이다. 서브의 숙련도가 높아질수록 프로는 성적이 향상되고, 아마추어는 승률이 높아진다.

프로 테니스에서 서브는 거의 유일하게 통계와 기록이 축적되는 영역이라고 말할 수 있다. 공식 경기에서 선수들이 때리는 모든 서브의 속도가 실시간으로 측정된다. 역사상 가장 빠른 서브의 속도는 얼마일까? 기네스북에 따르면, 호주의 샘 그로스가 세운 시속 263km가 최고 기록인데, 흥미롭게도 이 기록은 2012년 대한민국 부산에서 열린 부산오픈 챌린저 대회에서 세워졌다. 여자 선수가 기록한 최고 속도는 시속 220km로 알려져 있다. 이 기록의 주인공은 2018년 헝가리 오픈에서 있는 힘껏 서브를 시도한 스페인의 조지나 가르시아 페레스인데, 안타깝게도 이 기록은 여자프로테니스협회[WTA]의 공인을 받지 못했다. 공인받은 최고 속도는 2014년 독일의 사비네 리시키가 세운 210.8km이다.

그렇다면 테니스 역사상 가장 빠르고 강한 서브를 오랫동안 꾸준히 구사한 '공포의 서버'는 누구일까? 현대 테니스 150년 역사에서 공포의 서버는 3명 정도로 압축할 수 있다. 미국의 존 이스너는 2m 7cm의 신장에서 나오는 플랫 서브는 물론, 세컨 서브도 시속 200km에 육박할 정도로 폭발적인 위력을 자랑하는 최고의 강서버다. 이스너는 2010년 윔블던에서 니콜라스 마훗과 2박 3일에 걸쳐 이어진 1회전 경기에서 서브 에이스만 113개를 터트렸다. 서브 하나로 최고 랭킹 8위까지 오른 이스너는 2023년 38세의 나이로 은퇴할 때까지 1만 4470개의 서브 에이스를 터트려 이 부문 올타임 넘버원을 달리고 있다.

존 이스너와 쌍벽을 이루는 '꺽다리 광서버'인 크로아티아 출신 이보 카를로비치 역시 서브 하나로 프로 선수들을 벌벌 떨게 만든 존재다. 2m 11cm로 남자 테니스 역사상 최장신인 그가, 프로농구 선수로도 손색없는 큰 키에서 내리꽂는 플랫 서브는 리턴의 달인이라 불리는 선수들조차 막을 도리가 없었다. 심지어 2015년 최전성기의 노박 조코비치조차 도하 오픈에서 카를로비치의 미사일 같은 서브를 감당하지 못하고 패배를 맛봐야 했다.

세 번째 강서버의 대명사는 윔블던 역사상 처음이자 마지막 '와일드카드 우승자'인 크로아티아 국적의 고란 이바니세비치를 꼽고 싶다. 193cm의 이바니세비치는 이스너와 카를로비치보다는 작지만, 간결한 서브 와인드업 동작으로 숱한 에이스를 꽂아 넣었던 1990년대 최강의 빅 서버로 평가된다. 이바니세비치는 속된 말로 서브 하나로 윔블던 잔디에서 네 차례나 결승에 올랐고, 결국 마지막 도전인 2001년 윔블던에서 우승 트로피를 차지해 강서버들의 오랜 꿈을 이뤘다.

그러나 이들 세 명은 '공포의 서버'들이지, 엄밀히 말해 '최고의 서버'는 아니다. 그들보다 빠르고 강하지는 않지만 정교한 서브 소유자들이 있다. 그들보다 서브 에이스 수는 적지만, 서브 게임을 승리로 가져올 수 있는 확실한 공식을 지닌 서브의 달인들이 있다. 그중 첫손에 꼽히는 이가 바로 미국의 서브 마스터, 피트 샘프러스다.

샘프러스가 '가장 위대한 서버'로 불리는 이유는 서브의 개념을 뒤흔들었기 때문일 것이다. '첫 서브는 강하게, 둘째 서브는 약하게'라는 통념을 바꿔버렸다. 초창기만 해도 샘프러스는 세컨 서브를 넣고 막무가내로 네트로 돌진하는 유형의 선수는 아니었다. 첫 서브 뒤에는 발리를 구사하는 서브앤발리 스타일이었지만 그래도 세컨 서브를 넣은 뒤에는 대체로 베이스라인에 머물며 그라운드 스트로크에 집중해 상대의 빈틈을 엿봤다.

하지만 1990년대 후반부로 갈수록 샘프러스의 서브앤발리 비중은 거의 두 배로 늘었는데, 이는 첫 서브와 크게 다르지 않은 빠르고 과감한 세컨 서브의 위력 덕분이었다. 간간이 더블 폴트가 나오긴 했지만 샘프러스는 2002년 US오픈에서 우승과 함께 화려한 은퇴식을 치를 때까지 흔들림 없이 '무조건 서브앤발리' 전략을 고수했고, 결국 당시까지는 전인미답이었던 메이저 통산 14회 우승의 금자탑을 세울 수 있었다. 그와 비슷한 시기 경쟁했던 호주의 패트릭 라프터나 한 세대 앞선 스테판 에드베리 역시 서브앤발리의 대가였는데, 이들 역시 세컨 서브에서도 과감하게 네트로 전진하는 선수들이었지만 샘프러스처럼 첫 서브와 세컨 서브를 비슷한 속도로 넣으면서 공격을 이어가지는 않았다.

사실 우리나라 동호인 고수들은 샘프러스처럼 용감한 사람들이다. 첫 서브와 세컨 서브를 가리지 않고, 네트 앞으로 과감하게 전진하는 서브앤발리를 오랜 기간 연습해 몸에 장착하고 각종 주말 대회를 석권한다.

샘프러스와 동호인 고수들의 움직임에는 한 가지 공통 테마가 존재한다. '멈추면 비로소 보이는 것들'이다. 무슨 소리냐면, 서브를 넣은 뒤 무리하게 네트 코앞까지 허겁지겁 달려가지 않는다는 뜻이다. 강하고 위력적인 서브를 넣는 데 집중하고, 네트 대시에서 결코 무리하지 않는다. 서브를 넣고 두세 걸음 정도 전진한 뒤 멈춰서 상대의 리턴을 침착히 관찰한 다음에 스플릿 스텝을 밟으며 3구 발리를 준비한다. 서브를 넣고 난 뒤 잠시 멈추면 다음 공격을 할 공략지점이 보이는 것이다. 샘프러스가 정확히 이런 방식으로 서브앤발리를 구사했다는 사실을 베테랑부와 신인부, 국화부의 동호인 고수들은 이미 간파하고 있었을까.

시간이 흐를수록 서브의 테크닉은 다양해지고 강도는 점점 세지고 있다. 나무 라켓을 사용하던 1970~80년대에는 서브가 강하지 않아도 다른 방면으로 만회할 수 있었지만 이제는 불가능하다. 우리나라 테니스 프로 선수들은 서브에 강점을 가진 경우가 거의 없었다. US오픈에서 두 차례나 16강에 오른 이형택도, 호주오픈에서 메이저 4강 신화를 달성한 정현도, 또 한 템포 빠른 호쾌한 포핸드로 ATP 투어 타이틀을 두 번 차지한 권순우도 모두 '서브가 약점'이라는 꼬리표를 떼지 못했다. 역으로 말하자면, 우리나라 테니스 선수들이 서브만 보완한다면 세계 정상권 도전이 가능할 것이라는 논리도 가능하다. 그러기 위해서는 테니스 테크닉 가운데 자타공인 최고난도인 서브의 지속적인 연습과 훈련만이 살길이다. 덧붙여 이 사실도 꼭 유념해야겠다. 테니스 역사상 가장 뛰어난 선수라는 로저 페더러와 라파엘 나달, 노박 조코비치도 30대 중반을 넘어 은퇴하기 직전까지 지속적으로 서브를 개량하고 가다듬었다는 사실을 말이다.

리턴
Return

서브를 받는 행위인 리턴은 레슨장에서 배울 수 없는 기술이다. 코치들이 웬만하면 가르쳐주지 않는다. 간혹 이런 경우는 있다. 4명의 제자들을 한데 모아 모의 경기를 하면서 리턴의 '요령'을 가르치는 자상한 지도자들이 있다. 그러나 그것은 어디까지나 요령이나 방법론에 가까울 뿐, 기술을 체계적으로 단련하는 과정으로 보긴 어렵다.

무엇보다 리턴이 과연 배우고 익혀야 할 '기술'인가에 대한 근본적 물음이 있다. 상대의 서브를 받는 행위는 크게 보자면 포핸드 또는 백핸드로 공을 되받아치는 스트로크의 연장이다. 즉, 기본적인 리턴 동작은 이미 그라운드 스트로크 레슨에서 배운 셈이다. 다만 평소보다 조금 더 빠르게 다가오는 공을, 조금 더 빠른 타이밍으로 받아치는 요령을 추가해야 한다고 해야 할까. 이처럼 따로 가르쳐주지 않는 영역이기에, 리턴은 초보자들에게 더욱 요령부득의 대상이 된다.

    그럼에도, 특히 21세기로 접어들면서 리턴은 전술적으로 가장 중요한 기술로 부상했다. 승패를 가르는 핵심 요인이 된 것이다. 세계 랭킹 1위에 오르고 메이저 대회를 제패한 남녀 최정상급 선수들을 보면, 한결같이 리턴의 달인들이다. 노박 조코비치, 라파엘 나달, 앤디 머리는 물론 최근 1위를 번갈아 차지한 야닉 시너, 다닐 메드베데프, 카를로스 알카라스 모두 서브보다 리턴에서 더 높은 평가를 받는다. 여자 테니스 선수들은 남자에 비해 상대적으로 서브를 강하게 넣지 못하므로, 일찍부터 대부분 리턴 게임에 강세를 보였다.

    동호인 중급 레벨인 나는 서브보다 리턴이 부담스럽다. 이유는 크게 두 가지다. 하나는 복식에서의 리턴이 참으로 까다롭기 그지없고, 두 번째 이유는 리턴에 관한 교과서적 정보가 아마추어 레벨에서는 크게 도움이 되지 않기 때문이다.

    복식을 즐기는 동호인이라면 리턴의 중요성과 어려움을 절실히 체감하고 있을 것이다. 무엇보다 복식에서는 네트 앞을 어슬렁거리고 있는 상대편 발리 담당자의 존재가 큰 부담이다. 제법 빠른 속도로 오는 서브를 받아내는 것도 만만치 않은데, 코트의 거의 절반을 지키고 있는 상대 전위 플레이어의 간섭까지 감수해야 하니 말이다.

나는 한때 단식 마니아를 자처하며 10년 넘게 복식 경기를 하지 않았다. 적어도 내게는 단식에서의 리턴이 훨씬 간단하고 명확하게 느껴졌다. 상대가 어떤 유형의 서브를 구사하더라도 리턴의 목표 지점은 단 한 곳, 상대의 약한 구멍인 백핸드 쪽으로 보내면 됐다. 백핸드 공략이 여의치 않으면, 우리가 테니스 기술 교과서에서 배운 대로 리턴을 가급적 깊숙이 올려줘 상대 서버의 발밑으로 떨어뜨리는 것도 가능했다. 만약 상대가 서브를 나의 백핸드 쪽으로 집중한다고 하더라도, 보다 안정적인 백핸드 슬라이스 리턴으로 받아 넘기는 건 그다지 어려운 일이 아니었다. 오히려 백핸드 슬라이스로 천천히 공을 리턴해 넘겨주면 시간을 벌 수 있어 다음 공격에 대한 대처가 쉬웠다.

그러나 복식에서 이와 같은 리턴 전략은 잘 통하지 않는다. 아니, 오히려 정반대로 해야 한다. 특히 듀스 코트에서 서버의 백핸드 쪽으로 리턴하는 것은 '자살 행위'에 가깝다. 호시탐탐 발리할 기회를 노리고 있는 전위 플레이어의 먹잇감이 되기 십상이기 때문이다. 게다가 리턴의 정석으로 알려진, 상대 서버 발밑으로 넣는 깊숙한 리턴 역시 전위 플레이어가 포칭으로 가로채 갈 확률이 높다. 단식에서는 쓸모가 있는 백핸드 슬라이스 리턴도 복식에서는 금기에 가깝다. 속도가 느려 포칭당하기 딱 좋기 때문이다.

복식에서 리턴은 운신의 폭이 좁다고 해야 할까. 단식이 리턴하는 선수에게 코트 전체를 향해 칠 수 있는 폭넓은 선택지를 준다면, 복식 리턴은 철저하게 네트 앞 발리 담당자를 피하는 크로스 코트 리턴 방식을 기본으로 삼아야 한다. 간혹 상대 발리어의 포칭을 역이용해 빈 공간을 노릴 수는 있지만, 그건 예외적인 경우다. 게다가 크로스 코트 리턴을 하더라도, 정말 움직임이 빠르고 민첩한 발리어를 만나면 그마저도 통하지 않는 경우가 부지기수다.

리턴이 잘 향상되지 않는 또 하나의 이유는, 우리가 교과서에서 배우는 리턴의 정석이 아마추어 수준의 실전에서는 생각보다 쓰임새가 떨어지기 때문이기도 하다. 테니스 교본에서 말하는 리턴의 정석은 다음과 같다.

1. 베이스라인에서 약 2m 뒤에 자리 잡고, 두 다리를 어깨 너비로 벌려 기마자세를 취한다.
2. 서버가 공을 토스하면 한두 걸음 전진해 나가며 스플릿 스텝을 밟는다
3. 서버가 공을 타격하는 순간 방향을 확인하고, 포핸드 혹은 백핸드로 리턴한다.
4. 이때 그라운드 스트로크와 달리, 라켓을 뒤로 빼는 백스윙

동작은 최대한 간결하게 한다.
5. 공을 컨택할 때 백스윙을 줄이는 대신, 팔로우 스루는 스트로크와 다를 바 없이 완결한다.
6. 공에 몸의 무게중심을 실으며 컴팩트한 스윙을 구사한다.
7. 리턴 직후에는 재빠르게 리커버리 스텝을 밟아 코트 중앙으로 복귀하고 본격적인 랠리를 준비한다.

이렇게 일곱 단계로 이루어진 리턴의 정석은 시속 200km에 육박하는 총알 같은 서브를 리턴할 때 꼭 필요한 준비 과정이다. 자세를 낮추고 스플릿 스텝을 제때 밟지 않으면 눈깜빡할 사이에 치고 들어오는 테니스공을 받아낼 방법이 없다. 라켓을 뒤로 빼는 백스윙 동작을 스트로크에서 배운 것처럼 취하면, 공은 이미 눈앞을 지나가고 없을 것이다.

하지만 아마추어 레벨에서는 서브 속도가 완연히 다르다. 따라서 이 일곱 단계를 엄격하게 수행하지 않아도 리턴을 하는데 큰 무리가 없다. 특히 속도가 현저히 느린 세컨 서브를 리턴할 때는 전혀 다른 방식의 리턴이 필요하다. 몸을 굳이 기마 자세로 낮춰야 할 이유가 별로 없고, 백스윙도 일반 그라운드 스트로크와 마찬가지로 크게 가져간 뒤 있는 힘껏 포핸드 혹은 백핸드를 때릴 수 있다. 리턴의 정석 이론 자체가 적용이 안되는 것이다.

아마추어 수준에서 리턴은 기술이라기보다 마인드의 영역에 조금 더 가깝다고 생각한다. 프로처럼 도저히 받을 수 없는 힘과 속도로 오는 서브가 아니기 때문에, 정신 무장을 잘하고 뚜렷한 의지를 갖추고 리턴하면 성공률은 얼마든지 올라갈 수 있다.

복식 경기에서 특히 경계해야 할 태도가 있다. 바로 네트 앞 발리 담당자를 지나치게 의식하는 것이다. 서브 리턴을 포핸드로 받든, 백핸드로 응수하든 중요한 건 테니스공에 대한 집중력이다. 이 집중력을 흐트러뜨리는 요소를 최대한 제거하는 게 최우선 과제다. 리턴에서 집중력을 흐트러뜨리는 가장 큰 요소는 상대 전위 플레이어인데, 전위를 지나치게 의식하면 공에 대한 집중력이 떨어지게 되고, 자신이 해낼 수 있는 리턴 샷의 퀄리티보다 훨씬 떨어지는 결과가 나올 수 있다. 심지어 충분히 넘길 수 있었던 리턴도 실패하는 일이 생긴다. 나는 단식에서 복식으로 전환한 뒤, 수년 동안 이 딜레마를 극복하지 못했고, 결과적으로 내 실력에 비해 훨씬 많은 패배를 겪어야 했다.

수많은 실패 속에서 얻은 교훈은, 굳은 의지와 실행이 필요하다는 것이다. 다시 말하자면 commitment, 전념이다. 상대 전위에 절대 현혹되지 말고, 하고자 하는 바에 전념하라는 것이다. 복식 리턴에서 전념해야 할 부분은 전위의 움직임과 관계없이 서브가 온 방향으로 확실하게 다시 공을 되받아치는 것이다. 여기서 조금이라도 흔들리면, 즉 '전위가 내 공을 포칭해서 가로채면 어떡하지?' '서버가 네트 앞으로 들어와서 발리하면 어쩌지?' 등의 의심을 지워버리지 않으면 리턴의 각도와 세기가 흔들리게 된다. 그러면 전위에게 진짜 당하게 된다. 리턴하기 전부터 목표 지점을 분명히 정하고, 그에 따라 흔들림 없이 리턴하면 열에 아홉은 전위 플레이어가 손쓰기 어려운 훌륭한 리턴이 된다는 믿음을 가져야 한다. 물론 정말 뛰어난 전위를 만나게 된다면 할 수 없다. 포칭을 당할 수도 있을 것이다. 하지만 그때는 나의 옆을 지켜주는 파트너를 믿는 동시에, 포칭당한 공을 다시 되받아칠 만반의 준비를 해야 한다. 고수를 만났을 때는 도리가 없다. 열심히 뛰는 수밖에.

또 하나의 전념은, 중급자까지의 동호인들이 참 어려워하는 백핸드 리턴과 관련되어 있다. 단식이 아닌 복식에서 백핸드 슬라이스 리턴은 권장되지 않는다. 포칭의 먹잇감이 되기 좋은 구질의 공이기 때문이다. 복식 리턴에서 전념해야 할 올바른 마음가짐은 필사적으로 백핸드 드라이브 리턴을 해내겠다는 굳은 의지다. 물론 중급 이상의 실력을 갖춰야 실행할 수 있는 기술이긴 하다. 하지만 백핸드 드라이브 리턴이 가능한 수많은 중급자들이 스스로 먼저 포기하고 슬라이스의 유혹에 걸려드는 경우가 더 많다. 거듭 강조하지만, 리턴은 기량보다 마인드의 문제다.

아마추어의 리턴은 마인드와 자세의 문제에 가깝지만, 프로들의 리턴은 테크닉과 아주 철저한 상관관계를 맺고 있다. 역대 최고의 리턴 플레이어로 알려진 노박 조코비치는 최상급 리턴 테크닉의 결정체라고 할 수 있다. 조코비치는 그야말로 물샐틈없는 리턴의 조건을 갖추고 있는데, 그 출발점은 올바른 라켓 그립이다. 조코비치는 준비 자세에서 두 손으로 그립을 잡는다. 오른손은 이스턴 백핸드 그립으로 잡고 왼손을 그 위에 살포시 얹는다. 투핸드 백핸드 자세와 거의 동일하다. 그래서 백핸드 쪽으로 상대가 아무리 강한 서브를 넣더라도, 가장 자신있는 투핸드 백핸드로 응수할 수 있다. 포핸드로 오면 어떻게 될까. 조코비치의 리턴을 세밀하게 살피면 경탄할 만한 디테일이 숨겨져 있다. 투핸드 백핸드의 기본 그립보다 미세하게 포핸드 그립 쪽으로 기울어진 채 잡은 걸 알 수 있다. 덕분에 포핸드 쪽으로 강서브가 올 때 신속하게 그립을 바꿀 수 있는 것이다.

사실 원핸드 백핸드가 쇠퇴하고 투핸드가 득세하게 된 배경 가운데 하나는 서브 리턴에 있다. 조코비치처럼 투핸드 백핸드를 사용하는 선수들은 리턴에서 한발 앞설 수 있었다. 포핸드 리턴과 백핸드 리턴의 그립 변화 정도가 상대적으로 적을 뿐 아니라, 가장 결정적으로, 백핸드 쪽으로 높게 튀는 킥서브에 대한 대응에서 투핸드 리턴이 훨씬 유리했다. 높은 바운스의 공을 한 손보다는 두 손으로 누르는 게 더 쉽기 때문이다.

프랑스 출신의 유명 테니스 아카데미 원장이자, 세리나 윌리엄스의 후반기 전담 코치였던 패트릭 모라토글루는 "지금은 서브보다 리턴이 테니스에서 가장 중요한 샷이 되었다"라고 단언했다. 그의 말대로 2000년대 중반 이후, 지난 20여 년간은 '리턴의 시대'였다. 시간이 흐를수록 선수들의 체격 조건이 좋아지고 라켓을 포함한 장비도 발달하면서 서브의 위력은 더욱 강해졌지만, 그 못지않게 리턴 기술도 비약적으로 진화했다.

야구로 치환해보자면, 지금은 완연한 '타고투저'의 시대라고 볼 수 있다. 타자가 높고 투수가 낮다. 투수가 던지는 강력한 서브보다 타자의 리턴 능력이 더 강하다. 이와 반대였던 '투고타저' 시대의 마지막 자존심이 바로 로저 페더러였다. 그러나 그는 자신보다 5~6년 후배인 라파엘 나달과 노박 조코비치의 거센 추격을 끝내 뿌리치지 못했다. 이 역시 리턴이 서브를 앞지르는 시대 변화의 흐름 안에서 이해할 수 있다. 과거처럼 서브에 특화된 선수들은 훨씬 탄탄한 리턴으로 중무장한 이들을 감당하기 힘들다. 존 이스너나 이보 카를로비치와 같은 서브 강타자들이 메이저 대회 우승권과 상당한 격차를 좁히지 못하고 결국 은퇴한 것도 어느 정도 설명이 가능할 것이다.

테니스의 타고투저 현상은 통계로도 증명된다. 남자프로테니스협회ATP에서는 서브와 리턴에 대한 지표를 수치화해 선수들을 평가한다. 서브 성공률, 득점률, 경기당 에이스 수 등이 서브 지표를 구성하고, 리턴에서는 첫 서브 리턴 성공률, 세컨 서브 리턴 득점률 등이 사용된다. 서브 부문 통산 1위는 존 이스너이며, 그 뒤를 이보 카를로비치, 캐나다의 장신 서버 밀로스 라오니치가 잇고 있다. 서브 부문 통산 10걸 가운데 메이저 대회 우승을 차지한 선수는 앤디 로딕(5위)과 로저 페더러(10위)뿐이다. 반면, 리턴 부문 통산 10걸 중에는 메이저 챔피언이 더 많다. 비록 이 부문 1위인 기예르모 코리아는 2004년 프랑스오픈에서 준우승에 그쳤지만, 라파엘 나달(3위), 노박 조코비치(7위), 토마스 무스터(9위), 마이클 창(10위)은 모두 그랜드슬램 우승자들이다.

　리턴의 시대를 열어젖힌 상징적 사건도 있었다. 역대 최고로 꼽히는 두 선수, 로저 페더러와 노박 조코비치의 대결이다. 2011년 US오픈 준결승전. 5세트에서 페더러는 5-3, 40-15로 앞서며 단 한 포인트만 따면 결승 진출이 확정되는 상황이었다. 페더러의 첫 서브는 조코비치의 포핸드 쪽으로 향했고, 조코비치는 마치 뺨을 후려치듯 강력한 리턴을 날려 위너를 만들어냈다. 이 한 포인트가 흐름을 바꾸었고, 경기는 결국 조코비치의 역전승으로 끝났다.

　서브와 리턴의 명암이 엇갈린 또 다른 순간은 2019년 윔블던 결승이었다. 당시 38세였던 페더러는 생애 마지막 메이저 대회 우승 기회를 잡았지만, 마지막 5세트 40-15 상황에서 조코비치의 끈질긴 리턴에 다시 한번 발목을 잡혔다. 두 경기 모두, '서브 킹' 페더러가 '리턴 황제' 조코비치를 넘지 못한 명승부였으며, 동시에 테니스의 시대가 바뀌고 있음을 알리는 분기점이었다.

왜 리턴이 서브를 압도하는 시대가 됐을까? 테니스 코트 표면의 변화를 첫 번째 요인으로 지적할 수 있다. 1980~90년대에 비해 하드 코트의 속도는 확실히 줄었다. 게다가 서비스 박스를 맞고 튀어오르는 공의 바운스는 더 높아졌다. 강서브에 맞서 리턴하기 훨씬 유리한 환경으로 바뀐 것이다. 30여년간 동호인 생활을 계속하는 나도 체감하는 변화다. 1990년대 후반에서 2000년대 초반 다소 비싼 돈을 주고 예약한 실내 하드 코트의 속도와 바운스는 '적응 불가'에 가까웠다. 주로 클레이 코트에서 운동하던 나는 하드 코트의 빠르고 낮게 깔리는 공에 적응하려면 한참 걸렸다. 그러나 요즘 실내외 하드 코트는 바운스가 때로는 클레이 코트보다 높게 튈 때가 적지 않고, 속도도 큰 차이를 느낄 만큼은 아니다. 아마추어인 나조차 느낄 정도라면, 작은 차이로 승부가 갈리는 프로 무대에서는 이러한 코트 표현의 변화가 꽤 강력한 게임 체인저로 작용했을 것이다.

이렇게 코트 표면이 바뀌면서 프로들의 전략 역시 대대적으로 수정됐다. 대표적인 예가 서브앤발리 작전의 폐기 처분이다. 90년대까지만 해도 잔디와 하드 코트에서 위력을 톡톡히 발휘하던 서브앤발리는 2000년대 중반부터 거의 자취를 감췄다. 서브앤발리의 마지막 성지라 할 수 있는 윔블던마저 2002년부터 잔디 품종과 관리 방식에 변화를 주며 코트 속도와 바운스를 조절했다. 그 결과 윔블던의 상징 같던 서브앤발리는 역사의 뒤안길로 사라졌다. 서브앤발리는 서버가 리터너를 압도하는 대표적 전술이었기에, 이 전술의 퇴장은 곧 서버에게 더 불리한 환경의 형성을 의미했다.

사실, 이러한 코트 표면의 변화는 테니스계가 의도적으로 개입한 결과다. 지금은 상상하기 어렵겠지만, 한동안 테니스는 서브와 발리로만 진행되는 '지루한 경기'라는 인식이 있었다. 예컨대, 2001년 윔블던 결승전에서 고란 이바니세비치와 패트릭 라프터는 그라운드 스트로크를 거의 주고받지 않고, 철저하게 서브와 발리로만 점철된 경기를 펼쳤다. 결과적으로 윔블던 역사상 최초의 와일드카드 우승자가 등장했지만, 단조로운 경기 자체에 대한 회의와 비판이 적지 않았다. 이에 윔블던도 잔디의 품종을 바꾸고 잔디 길이도 조금 더 길게 유지하기로 결단을 내리면서 코트 표면 속도를 현저히 낮췄다. 그 결과 거짓말처럼 이듬해 윔블던 남자 단식 결승은 서브앤발리를 전혀 하지 않는 레이튼 휴이트와 다비드 날반디안의 스트로크 대결로 치러졌다.

사실 코트 표면 변화보다 더 주요한 요인은 테니스 라켓 테크놀로지의 비약적 발전이었다. 특히 라켓 면을 촘촘히 감싸는 스트링의 재질이 탄성과 반발력을 극대화하는 방향으로 진화하면서, 과거보다 훨씬 안정적으로 빠른 서브를 리턴할 수 있는 시대가 열린 것이다. 물론 스트링과 라켓의 발달은 서버에게도 영향을 미쳐, 존 이스너나 닉 키리오스처럼 시속 220km를 넘나드는 강서버들의 출현을 끌어냈지만, 서브의 발전 속도는 리턴의 진화 속도에 미치지 못했다.

전략의 다양성도 리턴 상위 시대를 촉진시킨 원동력이다. 프로 선수들의 시합을 경기장에서 직관하다 보면 그들의 곁을 지키는 코치들이 여러 전략을 코칭해주는 모습을 볼 수 있다. 여기서 가장 흔하게 이루어지는 조언이 바로 리턴 위치에 관한 것이다. 상대의 서브 컨디션과 구질에 따라 리턴을 받는 위치를 다양하게 가져가는 건 테니스 전략전술 코칭의 제1 단골손님이다. 2018년 US오픈에서 세리나 윌리엄스가 나오미 오사카에 고전을 거듭하자, 세리나의 전담 코치인 패트릭 모라토글루는 당시까지는 공식적으로 금지됐던 경기 중 코칭을 시도하다 주심의 제지를 받았다. 사실 별것도 아니었다. 두 팔을 앞으로 미는 동작을 표현한 게 다였다. 이는 리턴 위치를 더 앞쪽으로 옮기라는 의미였다.

최근 선수들의 다양한 리턴 전략은 프로 테니스 경기에서 상당히 흥미로운 관전 포인트가 되고 있다. 공의 속도가 느리고 높게 튀는 클레이 코트에서는 베이스라인에서 네다섯 걸음 뒤로 물러나 리턴하는 '딥 리턴 포지션' 전략이 정석이 된 지 오래다. 클레이 코트의 황제로 불리는 라파엘 나달이 프랑스오픈에서 즐겨 구사하는 작전인데, 놀랍게도 2021년 US오픈에서 조코비치를 물리치고 우승한 다닐 메드베데프는 하드 코트에서도 5m 이상 뒤에서 리턴하는 딥 리턴 포지션 전략을 상용화시켰다. 딥 리턴 포지션은 교과서적 리턴의 정석을 파괴하기에 흥미롭다. 상대의 빠른 첫 서브의 종속이 베이스라인 뒤편에서 떨어지는 틈을 노리는 데다, 리턴의 금기사항으로 통하는 풀 스윙을 통해 2구부터 서브권의 이점을 무너뜨려 중립적 랠리 상황을 만들 수 있다.

그와는 반대로 리턴을 아예 서브 라인까지 올라가서 받는 변칙 작전도 있다. 로저 페더러는 2015년 신시내티에서 열린 마스터스 시리즈 대회에서 상대가 서브 모션을 취하는 동안 서브 라인까지 재빨리 전진해 공이 튀자마자 하프 발리로 리턴하는 신기술을 선보였다. '세이버 SABR, Sneak Attack By Roger (로저 페더러의 기습 공격)'라는 애칭까지 붙은 이 절묘한 작전은 그 대회 결승전 상대였던 노박 조코비치에게도 유효했고, 페더러의 마지막 신시내티 마스터스 우승의 일등 공신이 됐다.

서브는 공격, 리턴은 수비라는 도식은 이제 점점 과거의 유물이 되어가고 있다. 테니스 환경 변화, 기술 발전, 전술 다양화 등으로 리턴은 갈수록 승패를 가르는 결정적 무기로 진화하고 있다. 하지만 이런 추세가 언제까지 이어질지는 아무도 알 수 없다. 물샐틈없는 리턴을 깰 수 있는 새로운 서브가 지금 이 시각 어느 곳에서 무럭무럭 힘을 키워가고 있을지도 모르기 때문이다.

멘털
Mental

테니스는 골프와 쌍벽을 이루는 개인 스포츠로 알려져 있다. 축구, 농구, 야구처럼 막대한 부와 명예를 누릴 수 있는 팀 스포츠를 제외하면, 테니스와 골프는 세계적 저변과 상업성에서 단연 선두를 다투는 개인 종목이다. 골프의 플레이어스 챔피언십 같은 경우 2025년 로리 매킬로이는 한 번의 우승으로 65억 원의 잭팟을 터트렸다. 상금 면에서는 테니스도 골프 못지않다. 2024년 사우디아라비아에서 열린 이벤트 대회 '식스 킹스 컵'에서 세계 1위 야닉 시너는 단 한 경기로 82억 원이라는 거액을 벌었다. 골프에 '마스터스 그린 재킷'이라는 명예의 상징이 있다면, 테니스에는 '윔블던 잔디'라는 전통과 권위의 표상이 존재한다.

그러나 테니스와 골프의 자존심 경쟁에서 가장 불꽃 튀는 지점은 아마도 '어느 종목이 더 멘털 스포츠인가'일 것이다. 나의 직장 선배 중 싱글 수준을 자랑하는 골프 마니아가 있는데, 그가 입버릇처럼 내세우는 골프의 미덕이 바로 '멘털 스포츠'라는 점이다. 그린 위에서 고독한 승부사가 되어야 하는 주말 골퍼의 애환을 신나게 자랑한다. 특히 "마지막 퍼팅의 순간에 멘털을 붙잡지 못하면 다 잡은 버디 찬스를 허무하게 날린다"며, 자신과의 싸움의 끝판왕이 골프라고 입이 마르도록 강조한다.

그런데 이 설명을 듣다 보면 고개가 갸웃거려진다. 테니스가 좀 더 멘털 스포츠에 가까울 것 같은데란 생각이 들기 때문이다. 골프의 퍼팅 찬스가 18홀 기준으로 최대 18번이라면, 테니스에서 승패의 분기점이 되는 브레이크 포인트와 그에 준하는 압박 상황은 훨씬 더 자주 찾아온다. 물론 골프에도 퍼팅 외에 압박 상황이 적지 않을 것이다. 하지만 테니스 선수가 토너먼트 대회 정상까지 오르려면 일주일 내내 5~6경기 정도를 치러야 하고, 그 가운데 100회 이상의 브레이크 포인트 상황을 접한다. 그래서 나는 일단 이 지점에서 반박한다. 테니스가 골프보다 압박 상황에 노출되는 빈도가 높으므로 더 멘털 스포츠라고.

그뿐만이 아니다. 골프보다 더 마음이 복잡해지는 스포츠인 이유, 무엇보다 테니스는 자신의 앞을 정면에서 가로막는 적이 있다. 네트 건너편 상대를 꺾어야 하는 일대일 스포츠는 본질적으로 상대와의 끊임없는 수싸움이 발생한다. 골프처럼 자신과의 싸움은 기본이고, 이를 바탕으로 상대의 생각도 읽고 뛰어넘어야 한다.

그런데 여기가 끝이 아니다. 테니스는 골프보다 훨씬 더 고독한 스포츠다. 골프는 캐디라는 파트너와 함께 난관을 헤쳐나간다. 혼자가 아니다. 하지만 테니스는 경기 도중 원칙적으로 코치의 도움을 받을 수 없다. 2020년대 중반부터 이 규정이 다소 완화돼 코치가 관중석 멀리 앉아서 가볍게 조언할 수 있는 길이 열렸지만, 여전히 선수 혼자 사각의 링 위에서 온갖 문제를 해결해야 하는 본질은 바뀌지 않았다. 프로 테니스에서 화를 참지 못하고 라켓에 분풀이하는 선수들이 많은 까닭은, 고민을 함께 풀어줄 상담자의 부재 탓이 적지 않다.

프로와 아마추어 모두에게 테니스는 각종 심리적 난관을 극복해야 하는 까다로운, 그래서 더 매력적인 스포츠다. 동네 테니스장에서 2대2 친선 경기를 할 때조차, 동호인들은 숱한 압박과 위기 상황에 직면한다. 자신의 서브 게임에서 30-40으로 뒤져 있을 때 심장 박동수가 1.5배로 증가하는 경험은 누구나 한 번쯤 해봤을 것이다. 앞서고 있어도 긴장감은 줄지 않으며, 때로는 더 강해진다. 게임 스코어 5-4에서 자신의 서브로 세트를 마무리해야 할 때 누구나 이런 생각을 품어봤을 것이다. '이번 서브 게임만큼은 절대 놓치면 절대 안 되는데…'라는 걱정과 근심. 게다가 복식이라면 파트너에게 민폐를 끼치지 않아야 한다는 부담까지 더해져 심리적 압박감은 거의 두 배에 달하게 된다. 동호인 복식 고수들은 거의 다 멘털 부여잡기의 달인들이 틀림없다.

테니스가 '멘털 스포츠의 최고봉'으로 꼽히는 이유는 독특한 스코어 시스템에서 비롯된다. 15점으로 시작해 40점에 도달한 뒤 한 포인트만 더 획득하면 1게임을 따고, 그렇게 이긴 게임이 6번 모여야 비로소 한 세트가 끝나는 테니스의 이 복잡한 점수 체계는, 다른 어떤 종목에서도 찾아볼 수 없는 고도의 심리전을 내포하고 있다.

라켓을 사용하고 네트 사이로 이편저편이 갈려 있는 스포츠 가운데, 테니스처럼 네 포인트만 따면 게임을 승리하는 종목이 있는가? 단 4점이다. 탁구는 11점, 배드민턴은 21점, 배구도 25점이다. 즉, 테니스는 겨우 3~4 포인트를 주고받을 때마다 긴장 국면에 돌입하는 대단히 독특한 스포츠란 말이다.

우리가 테니스 게임을 즐길 때 15의 배수로 점수를 세기 때문에 언뜻 점수 차가 넉넉해 보이지만, 이것은 완벽한 착시 효과다. 다시 말해 '40-0'이라고 적혀 있어도, 실제로는 단 '3점 차'일 뿐이다. 테니스 한 게임은 4점 내기이며, 이 정도 점수 차이는 앞선 자나 뒤처져 있는 자나 그 누구도 안심할 수 없는, 곳곳에 심리적 압박이 극대화하는 지점들, 다수의 승부처가 존재한다는 뜻이다.

이와 같은 스코어 착시 현상은 포인트뿐 아니라 게임 사이에서도 발생한다. 예를 들어, 서브권을 가진 선수가 상대의 서브 게임을 빼앗아 와 브레이크에 성공하면 게임 스코어는 최대 4-1까지 벌어진다. 즉, 자신의 서브 게임을 지킨 뒤 곧바로 브레이크에 성공하고, 그다음 다시 자신의 서브를 지키는 식으로 경기를 풀어가면 스코어는 1-0 → 2-0 → 3-0 → 3-1 → 4-1로 전개된다. 얼핏 보면 3게임 차로 크게 앞선 것처럼 느껴지지만, 실제로는 '단 한 번의 브레이크 차'에 불과하다. 추후 상대가 서브 게임을 지킬 확률이 잃을 가능성보다 현저히 높기 때문이다. 이렇게 얼핏 3게임 차로 앞서고 있는 것처럼 보이지만 앞선 자도 결코 안심하기 어렵고, 경기 내내 지속적인 압박을 받게 되는 것이다.

그랜드슬램 챔피언에 24차례 오른 노박 조코비치는 자신의 멘털이 강할 뿐 아니라, 상대의 멘털을 무너뜨리는 능력으로도 악명높다. 2018년 US오픈 챔피언 타이틀을 놓고 조코비치는 강력한 포핸드를 자랑하는 아르헨티나의 후안 마르틴 델 포트로와 대결했다. 델 포트로는 1세트 4-3 상황에서 자신의 서브 게임을 40-0으로 앞서 있었다. 당시 ATP 통계에 따르면, 델 포트로는 40-0에서 서브 게임을 지킬 확률이 무려 99.8%에 달했다. 한 포인트만 더 따면 되는 40-0의 서브권 상황을 거의 놓치지 않는다는 뜻이다.

그런데 조코비치는 40-0이라는, 바다처럼 넓어 보이던 격차를 한 점 한 점 침착하게 따라붙었다. 그리고 40-40 듀스를 만들더니 기어이 그 서브 게임을 빼앗아 왔다. 델 포트로는 1세트를 리드하고 있었지만, 남은 게임을 연거푸 내주며 결국 4-6으로 역전패했다. 꼭 잡았어야 할 게임을 놓치면서 그의 기세는 크게 꺾였고, 자신감도 흔들렸다. 말 그대로 멘털이 붕괴된 것이다. 그해 델 포트로는 오랜 손목 부상에서 회복해 US오픈 4강에서 세계 1위 라파엘 나달을 꺾고 결승에 올라올 정도로 절정의 기세를 타고 있었다. 조코비치를 상대로도 1세트에서 먼저 브레이크에 성공하면서, 생애 두 번째 US오픈 우승에 대한 기대감이 높아졌지만, 1세트 40-0의 리드를 지키지 못한 타격이 컸다. 결국 그는 세트 스코어 0-3으로 완패했다.

여기에는 40-0이라는 점수에 숨어 있는 함정이 있다. 언뜻 큰 점수 차의 리드처럼 보이지만, 실제로는 단 세 점 차다. 탁구나 배구에서 3:0이 3:3으로 되는 건 흔한 일이다. 그 두 종목보다 테니스의 서브권 이점이 더 큰 건 사실이나, 본질적으로 테니스 스코어 방식은 한순간이라도 멘털을 부여잡지 않으면 언제든 역전을 허용할 수 있는 가혹함이 숨어 있다.

테니스 심리전을 가장 그럴듯하게 표현한 사자성어로 '전화위복'을 꼽을 수 있을 것이다. 재앙이 오히려 복이 되어 돌아온다는 뜻이다. 그 반대의 뜻인 '호사다마'도 들어맞는다. 복이 재앙으로 바뀌는 일이 잦은 게 테니스다. 테니스를 하다 보면 이 두 가지 사자성어를 마음속에 시시각각 되뇌어야 하는 순간이 많다. 동전의 앞면이 위기라면, 뒷면은 곧 기회다. 조코비치는 델 포트로에게 1세트에서 절체절명의 위기를 맞았지만, 0-40의 고비를 기회로 전환하며 결국 승리를 거머쥐었다. 결국 위기가 기회가 되고, 다시 그 기회를 놓치면 위기를 맞는 테니스의 모멘텀 시프트는 다른 어떤 종목보다 빈도가 높은데, 이는 테니스의 독특한 스코어 방식에 기인한 바가 크다.

테니스가 고도의 심리전이 되는 또 하나의 핵심 이유는 플레이의 정지 순간이 잦아서다. 실제 경기에서 테니스 라켓을 휘두르며 스트로크를 교환하는 시간은 놀랍도록 적다. 이를테면, 조코비치와 나달이 맞붙은 2012년 호주오픈 결승전의 경기 시간은 무려 5시간 57분이었지만, 두 선수가 실제로 코트 위를 뛰어다니며 치열한 랠리를 주고받은 시간은 그 절반도 되지 않았다. 2017년 호주오픈 나달과 페더러의 마지막 5세트 8번째 게임에서 펼쳐진, 역사상 가장 격렬하면서 아름답다는 찬사를 받은 26구 환상 랠리. 강인한 체력과 섬세한 기교가 응축된 이 명품 랠리에 소요된 시간은 고작 32초였다. 페더러의 득점으로 인정된 그 샷 대결 뒤 다음 플레이가 진행되기까지 얼마나 걸렸을까. 그보다 15초가 더 긴 47초였다. 47초 동안 나달과 페더러는 관중들의 기립 박수를 받으며 숨을 고르고, 볼키즈에게 수건을 전달받아 땀을 닦고, 다음 서브를 넣고 받기 위한 육체적 정신적 준비를 했다. 그 경기에서 가장 길었던 26구 랠리에 소요된 시간이 32초였으니, 그보다 더 짧은 3~4구 정도 랠리의 실제 플레이 시간은 10초도 되지 않는다. 테니스는 알고 보면 뛰는 시간보다 안 뛰는 시간이 많다는 뜻이다. 실제로 한 경기의 활동 시간 Active Playing Time 은 전체의 20%에 불과하며, 나머지 80%는 서브를 준비하는 시간, 체인지오버 때 벤치에서 쉬는 시간 등으로 채워진다.

    그러면 활동하지 않는 시간 동안 선수들의 머릿속은 어떨까. 바로 여기가 치열한 심리전이 벌어지는 전장이다. 경기를 직접 뛰어본 사람이라면 누구나 알 것이다. 가장 긴장되고 초조하며 심리적 압박이 크게 느껴지는 순간은 격렬한 플레이 도중이 아니라, 그 앞뒤의 고요한 시간이라는 사실을 말이다. 그래서 선수들은 멘털을 부여잡기 위해 서브를 준비할 때 자기만의 루틴 동작을 취한다. 라파엘 나달은 서브를 넣기 전에 반바지 뒷부분을 잡아당기고 콧기름을 닦고 옆머리를 한번 쓰다듬는다. 노박 조코비치는 공을 스무 번 넘게 바닥에 튀긴 다음에야 서브를 넣기도 한다. 이 모든 루틴은 몸이 아니라 마음을 준비하는 과정이다. 호흡을 가다듬고, 잡념을 지우며, 오직 지금 이 포인트에만 집중하기 위해서다.

이야기를 조금 더 확장하자면, 선수보다 관중석에서 지켜보는 코치와 가족들이 때로는 더 심리적 불안을 호소하기도 한다. 선수들은 차라리 낫다. 서브를 넣고 리턴을 하고 스트로크를 교환하다 보면 걱정과 근심이 일단 사라지고, 자신의 플레이에 온전히 집중하게 되기 때문이다. 하지만 선수의 승리를 간절히 바라며 손바닥에 땀이 흥건한 채 곁에서 지켜볼 수밖에 없는 측근들은 그 이상으로 초조함과 불안을 견뎌야 한다. 세 시간이고 네 시간이고, 간절히 기도하는 심정으로 경기를 지켜보는 고역을 감내해야 한다. 비유하자면, 난폭 운전자의 옆자리에서 속수무책으로 버티고 있는 조수석 동승자의 심정이라고 할까.

이처럼 테니스는 생각할, 아니 생각해야만 하는 시간이 다른 어떤 종목보다 많은 스포츠다. 야구의 선발 투수는 매 타자를 상대할 때마다 치열한 멘털 싸움을 벌이고, 러시안룰렛이라 불리는 승부차기에 직면한 골키퍼와 페널티키커들도 어마어마한 압박에 시달리지만, 테니스 선수들은 3~4시간에 걸쳐 수시로 찾아오는 이 버거운 내면의 전투를 견뎌내야 한다.

따라서 테니스 챔피언은 강인한 정신력의 소유자이자 심리전의 달인이라 할 수 있다. 그렇다면 어떤 선수가 멘털 싸움의 승자가 될까. 테니스에서 멘털의 으뜸가는 덕목은 첫째도 둘째도 집중력을 꼽는다. 네트 건너편 상대가 어떤 수준의 경기를 펼치든, 경기장을 꽉 채운 관중들이 환호하거나 야유를 보내든, 심판이 명백히 들어간 공을 아웃이라고 오판을 하든, 혹은 비가 오락가락 내리며 바람이 세차게 불어 제대로 된 경기를 할 수 없든 간에, 이러한 외부의 잡음을 모두 차단한 채 오직 플레이 자체에 온 신경을 집중할 수 있는 능력, 그것이 테니스에서 말하는 집중력이다.

다시 말해, 테니스에서 집중력이란 '현재에 머무는 능력'을 뜻한다. 바로 직전 포인트에서 아쉽게 포핸드 공격이 라인 1cm 밖으로 벗어나 점수를 잃었다고 가정하자. 그래서 게임 스코어가 15-30로 불리해졌다. 다음 서브를 준비하면서 10초 전 포핸드의 아쉬움을 떠올리는 건 이미 집중력을 잃은 상태다. 그리고 15-30에서 한 포인트를 더 잃으면 브레이크 포인트에 몰릴 수 있다고 생각하는 것도 마찬가지다. 테니스에서의 집중력이란 오직 단 하나의 포인트, 지금 당장 마주하게 될 그 순간에 온전히 몰입하는 것을 의미한다. 이렇게 과거도 미래도 아닌, 오직 현재에 충실하는 것, 이것이 테니스 집중력의 요체다.

출간한 지 50년이 지났지만 테니스 분야에서 거의 유일하게 스테디셀러로 자리매김한 명저가 있다. 테니스 아마추어 선수이자 교육 전문가였던 미국의 티머시 갤웨이가 1974년에 펴낸 『테니스 이너 게임 The Inner Game of Tennis』이다. 억만장자인 IT 전문가 빌 게이츠가 적극 추천한 이 책의 핵심 요지는, 테니스를 통해 인생의 집중력을 키울 수 있다는 것이다. 내가 이 책을 번역하면서 밑줄 쳐 놓고 멘털이 흔들릴 때마다 반복해 읽는 구절을 공유하고 싶다.

"이너 게임의 메시지는 단순하다. 집중이다. 당신이 정말로 존재하는 유일한 순간인 현재에 집중하는 것이 이 책의 핵심이며, 모든 것을 잘 해낼 수 있는 핵심 기술이다. 이는 과거의 잘못이나 영광에 대한 집착이 아니다. 또한 현재에 충실하지 못하면서 두려움이나 헛된 망상으로 미래에 사로잡혀 있는 것도 아니다. 집중한다는 것은 마음이 당신에게서 떠나지 않도록 하는 능력을 의미한다. 생각하지 않는다는 것이 아니라 주체적으로 자신의 생각을 이끌어간다는 뜻이다."

은퇴 직전 US오픈에서 마지막 우승 트로피를 들어 올리며 '박수칠 때 떠난' 전설의 선수 피트 샘프러스도 자신의 자서전 『챔피언의 마인드』에서 승리의 비결에 대해 이렇게 밝혔다. "내가 집중하는 대상은 이번 게임이나 세트가 아니다. 나는 오직 하나의 포인트에만 절대 집중한다."

내 경험으로도, '현재에 머무는 집중력'을 발휘하면 테니스 테크닉도 향상된다. 스트로크를 교환할 때 집중의 대상은 무엇이어야 할까? 네트 건너편 상대가 어느 쪽으로 움직이느냐에 신경 쓸 것인가? 아니면 내가 칠 순서가 됐을 때 어디로 공격할지 고민해야 할까? 둘 다 아니다. 집중의 대상은 네트 건너편 상대도, 공략해야 할 지점도 아닌, '지금 이 순간, 내가 쳐야 할 노란색 테니스공' 그 자체다. 지도자들이 흔히 말하는 "공을 보세요"라는 조언을 집중이라는 개념으로 확장하면, 테니스 샷의 질과 전체적인 경기력이 놀랍도록 향상될 수 있다. 나의 경우, 복식 경기에 들어서기 전 마음속으로 다짐한다. '상대 전위의 움직임에 흔들리지 말고, 오로지 공에 집중해 내가 원하는 샷을 만들자.' 그렇게 '집중'하면 공의 속도와 각도가 훨씬 좋아지는 것을 확인할 수 있었다.

현대 테니스의 위대한 챔피언들은 으뜸가는 멘털의 소유자들이다. 이들은 평범한 사람들에게는 없는 아주 강력한 자신감을 지닌다. 조코비치가 위기에 능한 첫 번째 요인은 뭘까. 그건 자기 자신에 대한 확고한 믿음이다. 어떤 위기에 몰리더라도 그는 흔들리지 않는다. 네트 건너편 상대가 아무리 강하더라도 언젠가 자신에게 기회가 열릴 것이라고 믿는다. 이런 자신감은 어디에서 나올까. 그것은 평소 훈련으로 갈고닦은 실력에서 비롯된다. 자신의 기량에 대한 뿌리 깊은 신뢰가 있어야 한다는 뜻이다. 세계 랭킹 상위권 선수들이 메이저 대회에서 먼저 두 세트를 내준 뒤,

남은 세 세트를 연달아 따내며 역전승을 일구는 '리버스 스윕'의 진짜 원동력도 바로 여기에 있다. 반면에 톱 랭커들을 상대로 이변을 일으킬 뻔하다가 마지막 순간에 무너지는 '언더독' 선수들은 그 2% 부족한 자신감으로 인해 뒷심이 달리고, 결국 승리를 놓치곤 한다. 실존주의 철학자 프리드리히 니체는 이렇게 말했다. "위기를 극복하는 것은 강한 자의 특권이다."

테니스는 강한 멘털이 요구되는 스포츠지만, 거꾸로 테니스를 통해 일상의 멘털이 강해지는 귀중한 경험도 할 수 있다. 대학 시절, 졸업한 선배들과 가을마다 교류전을 가졌다. 격렬한 운동을 마친 뒤 테니스 코트 한쪽에 자리를 펴고 삼겹살과 소주를 나눌 때, 한 선배가 마이크를 잡고 이렇게 말했다. "재학생 후배 여러분, 테니스를 배워 잘 치게 되면 사회 생활에도 큰 도움이 됩니다. 무엇보다 이리저리 튀는 공을 쫓아가는 과정 속에서, 사회에서 요구하는 업무에 대한 집중력을 높일 수 있습니다. 그리고 테니스라는 운동을 통해 정정당당한 승부욕을 배울 수 있었는데, 이는 여러분이 졸업하고 생업에 종사할 때 상당한 경쟁력으로 작용할 수 있습니다."

실제로 테니스는 일상에서 '멘털 회복제' 같은 역할을 하기도 한다. 일터에서 좋지 않은 일을 당했을 때, 혹은 업무 스트레스로 머릿속이 복잡할 때, 테니스장에 가면 회사에서의 일을 잠시

잊은 채 작은 노란 공 하나에만 집중하게 된다. 테니스는 집중하지 않으면 좋은 결과를 낼 수 없는 스포츠다. 결국, '지금, 이 순간'에만 충실할 수밖에 없으며, 자연스럽게 회사에서의 일도, 머릿속의 걱정도 잊을 수 있는 것이다.

  테니스를 잘 치려면, 좋은 멘털을 위한 내적 훈련을 끊임없이 하게 된다. 이런 훈련이 반복되어 몸에 배면 어느새 여러분은 단단한 정신력의 소유자가 된다. 이것이 테니스라는 레저스포츠가 가진 진정한 위력이다. 어떤가. 아직도 골프가 테니스보다 더 멘털 스포츠라고 생각되는가. 세상에 이보다 좋은 정신력 훈련이 또 있을까.

단식
Singles

퇴근 후 일주일에 두 번 운동하는 저녁 클럽 모임은 서울 대방동에 있는 5면짜리 클레이 코트에서 열린다. 저녁 8시쯤 되면 코트는 레슨을 받으러 온 초중급자와 친목 활동을 즐기는 동호인들로 북적인다. 그런데 단 한 면의 코트에서도 단식 경기를 하는 모습은 좀처럼 보기 어렵다.

    세계적으로 봐도, 대한민국처럼 복식 절대주의가 횡행하는 곳은 드물다. 미국이나 유럽에서도 중급자 수준의 동호인들이 복식을 선호하긴 하지만, 단식 경기를 즐기는 이들도 적지 않다. 한국에서 보통 테니스를 어느 정도 치느냐고 이야기할 때면 단식 실력은 고려 대상에서 제외된다. 단식보다 복식에 필요한 능력, 예컨대 서브앤발리나 로브, 포칭, 발리 등의 기술이 다른 사람보다 뛰어나면 우리는 그들을 '테니스 고수'라고 부른다. 하지만 이는 절반만 맞는 이야기다.

누가 뭐래도 테니스의 정수는 단식이다. 단식은 복식보다 훨씬 더 복합적인 실력이 요구된다. 복식에서는 약점을 감출 수 있다. 이를테면 백핸드가 약하면 포핸드 쪽에 서서 자신의 약점 노출을 줄일 수 있다. 스트로크가 약하다면 발리로 대신할 여지가 있다. 반대로 발리가 약하면 뒤로 물러서서 포핸드, 백핸드 강타를 날리면 된다. 결정적으로, 자신의 단점을 보완해 줄 실력 좋은 파트너가 곁에 있다. 하지만 단식은 직사각형 코트 위에서 혼자 힘으로 모든 문제를 해결해야 한다.

나와 동종 업계에 종사하는 한 스포츠 담당 기자는 뛰어난 운동 신경 덕분에 테니스를 시작한 지 불과 5년 만에 중상급자 수준까지 올라섰다. 그는 발이 빠르고 체력도 좋아 남들보다 한 걸음 더 뛰는 부지런함으로 '질식 수비'를 펼쳐 상대를 무너뜨린다. 하지만 구력이 짧은 약점은 단식에서 감출 수 없었다. 백핸드가 약한 그 기자는 복식에서 훨씬 뛰어난 경기력을 자랑하지만, 단식에서는 그만큼의 퍼포먼스를 내지 못한다. 나는 그와의 단식 경기에서 아주 간단한 게임 플랜을 세운다. 세 번 이상 백핸드로 공을 보내 상대의 범실을 유도하거나 약한 공이 올 때를 기다렸다 공격하는 것이다. 이 지극히 단순한 전략은 대개 통했다. 잠깐 덧붙이자면, 테니스의 신이라 불리는 로저 페더러도 라파엘 나달의 이와 같은 단순한 게임 플랜에 발목을 잡혀 프랑스오픈 트로피를 들어 올리는 데 참으로 오랜 시간이 걸렸다.

　이는 동호인 수준에서도 단식의 필요성을 간과하지 말아야 함을 뜻한다. 복식만 쳐서는 테니스의 진정한 맛을 깨우치지 못할 수 있다는 것이다. 또 한 가지 빼놓을 수 없는 단식의 중요성이 있다. 단식을 많이 치면 약점을 강점으로 바꿀 수 있다는 사실이다. 나는 10년 넘게 단식 마니아로 활동하면서 백핸드를 포핸드보다 잘 치는 뜻밖의 선물을 받았다. 처음부터 백핸드를 잘 치는 동호인은 거의 없다. 그러나 단식을 즐기면서 맞은 데 또 맞고 하다 보니, 약한 구멍이 점점 작아지다가 어느새 강점으로 바뀌는 놀라운 경험을 할 수 있었다. 이는 아마추어뿐 아니라 프로 선수에게도 그대로 적용된다. 로저 페더러는 전성기 시절 왼손 포핸드를 사용하는 나달의 집요한 백핸드 공략에 고전했지만, 선수 말년에 백핸드의 약점을 극복해 나달과의 상대 전적 격차를 큰 폭으로 줄일 수 있었다. 같은 곳을 반복해서 두들겨 맞다 보면 상처가 날 수도 있지만, 반대로 맷집이 단련되는 계기가 되기도 한다.

　한국의 코트 사정상 여건이 녹록지는 않지만, 동호인도 복식뿐 아니라 단식도 병행하는 것이 바람직하다. 단식의 효용은 약점 기술 강화에만 그치지 않는다. 모든 동호인의 공통 과제라 할 수 있는 서브 실력 향상에도 큰 도움이 된다. 복식에서는 4명이 돌아가며 서브를 넣는다. 보통 6:4 정도로 한 세트를 마무리한다고 가정하면, 한 명이 서브를 넣을 기회는 평균 2.5게임 정도다. 반면 단식에서는 5번의 서브 게임이 주어진다. 즉, 서브 실전 경험이 거의 두 배이며, '연습은 실전처럼, 실전은 연습처럼'이라는 말을 적용하면 이는 서브 단련에 분명 효과적이다.

단식에서는 복식에서 잘 사용하지 않는 기술 샷을 활용할 기회가 많다. 대표적인 예가 드롭샷이다. 두 명이 촘촘하게 막아서고 있는 복식 코트에서는 짧은 역회전을 넣는 드롭샷을 칠 기회를 찾기 어렵지만, 단식에서는 무궁무진한 드롭샷 찬스가 있다. 상대의 공이 짧게 들어오거나 상대가 베이스라인 뒤편으로 물러서 있을 때 드롭샷은 위너로 연결될 수 있는 훌륭한 선택지가 된다.

백핸드 슬라이스의 활용도 역시 높다. 복식에서 백핸드 슬라이스는 포칭 발리의 먹잇감이 되기 쉽지만, 단식에서는 상대의 강한 공격에 대한 안정적인 수비 샷, 또는 스트로크 랠리 템포를 조절할 수 있는 훌륭한 수단이다. 단식에서 백핸드 슬라이스와 드라이브를 적절히 섞으면 상대의 스트로크 타이밍에 혼선을 줄 수 있다. 이렇게 단식을 즐기다 보면 자연스럽게 백핸드의 기술적 다양성도 쌓이는 걸 경험할 수 있다.

무엇보다 단식의 가장 큰 장점은 테니스를 운동으로 선택한 본래 목적, 즉 운동 효과의 극대화다. 국내에서 테니스가 다이어트 운동으로 인식되지 않는 이유는, 대부분 복식을 치기 때문이다. 활동 범위가 단식의 절반 수준인 복식에서는 숨이 찰 정도로 빠르게 움직이는 경우가 드물다. 반면 단식은 한 세트 내내 좌우로 빠르게 움직이며 상대의 스트로크를 받아내야 한다. 때로는 과감하게 네트 앞으로 돌격해 발리로 마무리하거나, 상대가 교묘하게 날린 드롭샷을 받기 위해 전속력으로 질주해야 할 때도 있다. 복식을 유산소 운동이라고 부르기는 어렵지만, 적어도 단식은 상당한 폐활량과 운동량이 요구되는 전신 운동이다. 단식 1시간을 치고 나면 등허리에까지 굵은 땀방울이 흐르고 마치 마라톤이나 사이클을 한 것 같은 기분이 들기도 한다.

단식은 또 하나의 특징, 즉 전략적 사고 능력을 요구하는 스포츠라는 점에서도 특별하다. 프로와 아마추어를 막론하고, 단식에서는 득점을 위한 명확하고 치밀한 게임 플랜이 필요하다. 여기서 전략적 사고란 곧 상대의 실력과 스타일을 총체적으로 분석한 뒤, 그에 맞는 대응 계획을 세우고 일관되게 실행하는 과정이다. 한 손 백핸드를 치는 로저 페더러를 상대할 때 라파엘 나달은 명쾌한 게임 플랜을 설정한다. 나달은 왼손잡이이며 공에 회전을 듬뿍 거는 톱스핀 스트로크를 구사하기 때문에 자연스럽게 페더러의 백핸드 쪽으로 공격이 집중된다. 한 손 백핸드의 최대 약점이 어깨높이로 높게 튀는 공에 대한 대응이라는 점을 정확히 겨냥한 전략이다. 특히 공이 더 높게 튀는 클레이 코트에서는 이 전략이 더욱 위력을 발휘한다. 나달은 16년에 걸친 페더러와의 맞대결에서 단 한 차례도 예외 없이 이 게임 플랜을 수행했고, 그 결과 통산 전적 24승 16패라는 우위를 점할 수 있었다.

하지만 이 전략은 또 다른 호적수 노박 조코비치에게는 통하지 않는다. 나달의 주무기인 왼손 톱스핀 포핸드 공격은 투핸드 백핸드를 사용하는 조코비치가 가장 좋아하는 공이다. 어깨높이로 튀어 오르는 나달의 공을 높은 타점에서 두 손으로 안정적으로 눌러 칠 수 있기 때문이다. 따라서 나달은 조코비치를 만나면 다른 전략을 세워야 했다. 실제로 나달은 2011년부터 조코비치와의 경기에서 패하는 일이 많아지자, 이듬해부터 조코비치의 백핸드를 피하고 포핸드 쪽으로 공을 보내는 새로운 전략으로 다시 승부의 균형을 되찾았다.

단식에서 필요한 전략적 사고의 출발점은 서브와 리턴이다. 서브권을 가진 선수는 넓은 서비스 박스의 어느 지점에 어떤 구질의 서브를 넣을지 생각한다. 반면, 리터너는 어느 위치에서 서브를 받을지, 그리고 리턴한 공을 어디로 보낼지 고민한다. 물론 일반적인 경우 주도권은 서브를 넣는 사람에게 있다. 상대가 받을 수 없을 정도로 강하고 빠른 에이스를 터트리는 것을 목표로 할지, 아니면 상대가 까다로워하는 쪽으로 서브를 넣어 이어지는 3구부터 랠리의 주도권을 잡을지 결정할 수 있다. 공이 코트 바깥쪽으로 빠져나가는 와이드 서브를 넣는다면 리터너를 코트 밖으로 몰아내 생기는 빈 공간, 즉 오픈 코트를 공략할 수 있다. 반대로 코트 중앙을 노리는 T존 서브를 넣는다면 짧은 리턴을 유도해 랠리 주도권을 쥘 수 있다. 당연히 리터너의 목표는 이와 반대다. 이들은 서버의 주도권을 빼앗고, 수비에서 공격으로 전환하는 실마리를 만들어야 한다. 프로 선수들이 가장 일반적으로 취하는 리턴 전략은 가능한 리턴을 상대 코트 깊숙이, 특히 서버의 발밑으로 공을 떨어뜨려 3구 공격을 봉쇄하고 이어지는 스트로크에서 공수 전환을 이뤄내는 것이다.

단식의 매력 가운데 하나는 리턴 전술이 복식에서보다 다양하다는 점이다. 복식에서 리턴은 제한적이다. 너무 뒤에서 받으면 상대 전위에게 포칭의 기회를 줄 수 있고, 리턴의 타구 방향도 전위를 피하기 위해 크로스로만 집중되기 쉽다. 하지만 단식에서는 선택지가 무궁무진하다. 베이스라인에서 6m 이상 뒤에서 받아 첫 서브의 위력을 덜 수도 있고, 느린 세컨 서브는 과감하게 앞으로 나가며 한 템포 빠르게 공격적으로 리턴할 수도 있다.

그렇다면 중립 상황, 즉 서브와 리턴 양쪽이 모두 주도권을 쥐지 못한 상황에서는 어떤 전략이 필요할까? 일반적인 단식 랠리의 공식은 대각선, 즉 크로스 코트를 공략하는 것이다. 여기에는 두 가지 장점이 있다. 첫째, 크로스 코트로 공을 칠 때는 몸통 회전을 더 크고 적극적으로 할 수 있어 더 강한 힘을 낼 수 있다. 둘째, 범실률이 적어진다. 코트의 대각선 길이가 직선보다 기니 아웃될 위험이 줄어들고, 네트의 중앙이 양 끝보다 높이가 낮으므로 공이 네트에 걸릴 가능성도 감소한다.

크로스 코트를 기본 스트로크 메커니즘으로 삼기 때문에, 직선으로 향하는 다운더라인 스트로크는 단식 경기에서 사실상 공격과 동의어가 된다. 크로스 랠리가 이어지는 중에 누군가 먼저 다운더라인을 시도하면 선공을 시도하는 것과 마찬가지 효과를 볼 수 있기 때문이다. 크로스로 올 것을 기대하고 있는 선수에게 반대편으로 허를 찔러 상대를 고정된 자세가 아닌 움직이며 쳐야 하는 상황으로 몰아갈 수 있어 다운더라인은 테니스에서 가장 효과적인 공격 방법이 된다. 이는 노박 조코비치가 테니스 역사상 가장 성공한 선수로 평가받는 이유 중 하나다. 조코비치는 포핸드와 백핸드 모두 다운더라인을 능숙하게 구사해 랠리의 주도권을 쥐고 상대를 무너뜨릴 수 있었다.

아마추어 레벨에서도 다운더라인은 매우 효과적이다. 오른손잡이 기준으로 포핸드를 다운더라인으로 칠 수 있다면 상대가 백핸드로 대응해야 하므로 랠리 대결에서 유리해진다. 백핸드 다운더라인은 어지간한 실력이 없으면 감히 실행에 옮길 수조차 없는 최고난도 기술이지만, 성공하면 훌륭한 공격 방법이 된다.

　프로테니스에서 단식 경기의 양상은 1990년대 후반을 기점으로 크게 변했다. 그 전까지는 그라운드 스트로크보다 네트 플레이를 중시했지만, 21세기 들어 베이스라인 랠리 중심으로 변화했다. 코트 표면이 바운스가 일정하고 안정적인 하드 코트 중심으로 바뀌고, 라켓 기술의 발달로 스트로크의 파워와 정교함이 비약적으로 증대되면서 자연스럽게 형성된 흐름이었다. 1980년대까지만 해도 공이 낮고 빠르게 튀는 패스트 하드 코트나 바운스가 불규칙한 잔디 코트에 강한 서브앤발리형 선수가 최정상의 자리를 차지했지만, 지금은 누가 더 그라운드 스트로크를 강하면서도 안정적으로 이어갈 수 있느냐가 승패의 열쇠다. 그라운드 스트로크가 아닌 발리를 주무기로 세계 정상에 오른 마지막 선수는 피트 샘프러스였는데, 그가 마지막으로 랭킹 1위를 차지한 때는 2000년 9월이었다.

　복식을 압도하며 테니스의 꽃으로 불리는 단식을 둘러싸고 최근 큰 논란이 일고 있다. 바로 남자 단식의 5세트 경기 방식에 대한 것이다. 일단 이 주제는 남녀 프로 테니스의 형평성 문제부터 지적할 수 있다. 메이저 대회의 남자 단식이 5전 3선승의 5세트 방식으로 열리는 데 반해, 여자는 체력적인 이유로 3세트만 치르기 때문이다. 3세트 경기는 보통 2시간 정도가 소요되지만, 5세트 접전이 이어질 경우 5시간을 넘길 때도 있다. 이로 인해 남녀 선수가 동일한 상금을 받는 것이 형평성에 맞지 않다고 생각하는 남자 선수들이 있다. '동일 노동 동일 임금' 원칙에 어긋난다는 반발이다.

그러나 보다 근본적인 문제는 '시간'이다. 이는 현대 테니스의 딜레마에 가까운 문제다. 세트 경기가 너무 길어 중계방송이나 경기 전체 일정을 짜는 데 부담이 되기도 하지만, 많은 팬들은 혈투에 혈투를 거듭하는 5세트 승부에서 테니스의 진정한 묘미를 느끼기 때문이다. 역사상 최고 명승부로 회자되는 페더러와 나달의 2008년 윔블던 결승전 클래식의 이면에는 비가 내려 순연에 순연을 거듭한 끝에 7시간 30분이 넘는 긴 시간 동안 중계 스태프들이 윔블던 센터 코트를 떠나지 못했다는 사실이 숨겨져 있다. 그럼 여자부처럼 3세트로 줄이면 되지 않냐고? 글쎄, 현대 테니스 역사를 장식한 그 숱한 명승부들이 5세트라는 대서사시에서 탄생했는데, 과연 이를 3세트 제도로 바꾸는 것이 쉬운 선택일까? 그게 진정 옳은 선택일까? 3세트 방식으로 진행되는 마스터스 시리즈와 5세트의 그랜드슬램은 대중적 인기 면에서 후자가 비교할 수 없을 정도로 압도적이다.

한 가지 아이러니한 사실은 국내 테니스 팬들은 TV로 시청할 때는 단식에 열광하면서도 정작 코트에서는 단식을 즐기지 않는다는 점이다. 한국 동호인 문화의 문제점은 또 있다. 50만에서 100만 명까지 추정되는 테니스 인구가 무색하게도, 국내에서 열리는 테니스 실업 대회의 관중석은 늘 텅 비어 있다. 일부 동호인들은 "프로 선수들은 우리에게 적용할 수 없는 고차원적인 수준의 테니스를 치기 때문에 경기를 보는 게 오히려 해가 된다"라는 그릇된 인식을 내비치기도 한다. 하지만 굳이 유명 테니스 투어 대회를 보기 위해 비싼 해외 항공권을 끊지 않아도, 국내 실업팀 선수들의 수준은 결코 낮지 않다. 동호인들이 눈여겨볼 만한 기술과 감탄을 자아내는 화끈한 플레이도 적지 않다. 단식을 치지도 않고, 국내에서 열리는 단식 경기를 보지도 않는 대한민국의 왜곡된 테니스 문화부터 바로잡았으면 한다. 그러고 나서야 비로소, 대한테니스협회가 수십 년간 공허하게 외쳐온 '대한민국 테니스가 세계 무대에 설 그날까지'라는 슬로건이 실현될 가능성이 열릴 것이다.

복식
Doubles

세계적인 흥행에 성공한 영화 〈다크 나이트〉는 주연보다 빛난 조연의 열연으로 주목을 받은 대표적인 경우일 것이다. 실제로 3시간 가까운 기나긴 러닝타임이 지나간 뒤에도 내 머릿속에 남는 인물은 주인공 배트맨을 연기한 크리스찬 베일보다 악역 조커를 맡아 열연한 히스 레저였다. '왼손은 거들 뿐'이라는 슬램덩크 강백호의 다짐, '음지에서 일하고 양지를 지향한다'는 국가정보원의 표어는 내가 복식 경기에 나서기 전 마음속으로 늘 되새기는 다짐이다. 그렇다. 복식에서 나는 배트맨이 아닌 조커가 되고 싶다.

    테니스 복식에서는 무엇보다 파트너를 위한 플레이가 최우선이다. 내가 주인공이 되겠다는 생각을 내려놓고, 파트너를 빛나게 하기 위해 뛰어야 한다. 단식에서 서브를 넣는 궁극의 목표가 에이스를 터트리는 것이라면, 복식에서 서브의 첫 번째 원칙은 전위 파트너가 발리로 마무리할 수 있는 서브를 넣는 것이다.

단식 리턴의 목표가 서버로부터 랠리 주도권을 빼앗아 오는 것인 반면, 복식 리턴은 파트너가 상대 전위로부터 급작스러운 공격을 당하는 것을 최대한 예방하는 것이다. 랠리 경합 상황에서 최선의 선택은, 내가 멋진 샷을 터트려 득점하는 것보다는 나의 파트너가 발리 혹은 스트로크 위너를 때릴 수 있도록 셋업 샷을 날리는 것이다. 아낌없이 주는 나무가 되는 것, 그게 복식의 철학이다.

따라서 복식 게임을 할 때 피해야 할 선택은 파트너와 상대 전위가 모두 네트 앞에 있을 때 전위를 향해 공격하는 것이다. 이는 초중급자들이 범하는 흔한 오류다. 복식 랠리의 기본은 파트너를 랠리에 참여하도록 유도하고, 파트너로 하여금 점수 획득의 마무리를 하도록 배려하는 것이다. 그런데 내가 베이스라인 뒤에 있는 상대 후위 대신 전위를 향해 공격을 시도하면, 나의 파트너는 거의 무방비 상태에서 전위의 발리 공격에 노출된다. 이것은 복식에서 가장 중요한 파트너끼리의 상호 신뢰를 무너뜨릴 수 있기 때문에 금기사항으로 여겨진다.

복식은 파트너에 대한 신뢰와 배려가 생명이기 때문에 올바른 마음가짐과 태도가 단식에서보다 훨씬 더 중요하다. 혼자 뛰는 단식에서는 경기가 풀리지 않을 때 다양한 방법으로 이를 표현할 수 있다. 라켓을 박살내거나 스스로에게 고함을 지르며 스스로에게 파이팅을 불어넣고 투지를 끌어올리기도 한다. 결과에 대한 책임은 오롯이 자기 자신에게 있기 때문에 큰 문제가 되지 않는다. 그러나 파트너와 함께하는 복식에서 이런 몸짓과 표현은 팀워크를 무너뜨릴 수 있기 때문에 자제해야 한다.

내가 몸담아온 다양한 테니스 클럽에도 이런 유형의 문제적 인물들은 어김없이 발견된다. 툭하면 파트너 탓을 하는 사람. 본인의 실수는 반성하지 않으면서, 파트너가 자그마한 실수 하나만 저질러도 얼굴색이 변하고 심지어 파트너에게 주제넘은 훈수와 충고까지 퍼붓는다. 실력 차가 뚜렷이 나는 상수와 하수의 관계라고 하더라도 이런 태도는 지양해야 하는데, 냉정히 그 사람은 파트너 덕을 봐야 하는 수준밖에 되지 않는다. 이러한 행동의 최종 결과물은? 다른 회원들이 그 사람과 파트너 하기를 거부하는 비참한 사태 발생이다.

이상적인 복식의 전술은 이심전심, 둘이 하나의 마음으로 뛰는 것이다. 두 명이 마치 사슬로 연결된 것처럼 함께 움직이는 조직적인 플레이가 요구된다. 이는 복식에서 상급자와 중급자를 가르는 기준선이기도 하다. 동호인 대회에서 우승권에 드는 복식조는 공을 쫓아가 치는 사람 못지않게 파트너 역시 분주하게 두 발을 움직인다. 상대 공격을 받은 파트너가 코트 밖으로 밀려나 공을 쳐야 하는 상황이 오면, 파트너가 물러난 그 거리만큼 함께 움직여 코트 빈 곳을 메워주며 파트너의 수비 부담을 줄여준다.

반대로 파트너가 강력한 공격을 시도하고 네트 앞으로 전진하면 그와 보조를 맞춰 함께 최전방을 장악한다.

랠리에 직접 참여하지 않는 상황이라 하더라도 쉴 틈은 없다. 공의 흐름을 면밀히 살피는 것은 물론, 파트너가 어떤 샷을 준비하고 있는지 확인하고 이에 맞춰 자신의 다음 움직임을 끊임없이 계산해야 한다. 파트너가 로브로 수비하려는 상황이라면, 나도 빠르게 후방으로 물러나 상대의 스매시에 대비해야 한다. 가만히 서 있으면 그 복식조는 망한다.

복식 역시 멘털의 중요성은 새삼 강조할 필요가 없다. 하지만 단식과는 조금 다른 차원의 마인드가 요구되는 지점이 있다. 사실 복식은 둘이 나눠 치기 때문에 긴장감과 부담감이 단식처럼 크지 않을 수 있다. 이를테면 브레이크 포인트처럼 중대한 순간에도 비교적 마음을 편히 먹고 파트너를 믿고 경기에 임할 수 있다. 중압감을 나눌 수 있어 멘털 관리가 한결 나은 측면이 있지만 복식에서 특히 유의해야 할 부분은 '집중력'이다.

엄밀히 말해 복식은 단식보다 집중력을 저해하는 요소가 더 많다. 파트너와 호흡을 맞추는 데 신경을 써야 하고, 네트 앞 전위의 존재가 거슬린다. 공격할 때 상대 2명의 선수 가운데 누구에게 칠지, 아니면 하늘 위로 공을 높이 띄워야 할지 선택지가 복잡해진다. 이 모든 것은 집중력 저하의 요인이다. 따라서 중급자 수준의 동호인이라면 복식에서 샷 선택을 단순화하는 전략이 도움이 된다. 중급자 기준으로 볼 때 경합 상황에서 가장 선호되는 샷의 선택지는 가운데로 치는 것이다. 이것은 상대가 2명 모두 베이스라인에 물러서 있을 때나, 아니면 네트 앞을 장악하고 있을 때나 모두 적용할 수 있는 기본 원칙이다. 두 명이 서 있는 가운데 공간을 공략하면 크게 두 가지 효과를 볼 수 있다. 가운데로 보내면 두 선수가 누가 칠지 순간적으로 고민하면서 혼선을 빚게 되고, 강한 반격이 돌아올 가능성도 낮다. 또 한 가지 중요한 효과는 상대 샷 각도를 제한할 수 있다는 점이다. 좌우로 빠지는 공을 치면 그만큼 깊은 각도로 역공을 당할 가능성이 있지만, 코트 가운데로 공을 주면 상대가 각을 내기 어려워 다음 랠리에서 주도권을 잃지 않을 수 있다.

테니스 전통의 공격 방식인 서브앤발리는 단식에서 비중이 점점 줄어들고 있지만, 복식에서는 여전히 굳건한 승리 해법으로 널리 쓰인다. 강력한 첫 서브를 넣고 전위 파트너와 함께 네트 앞을 먼저 점령하는 편이 점수를 획득할 가능성이 현저히 높기 때문이다. 스트로크는 발리를 이기기 어렵다. 그래서 복식에서는 첫 서브의 성공률을 높이는 것이 단식보다 더 중요하다. 첫 서브의 세기와 속도를 다소 줄이더라도 첫 서브를 넣고 랠리의 주도권을 네트 앞에서 먼저 거머쥐는 것이 권장된다. 아마추어 레벨에서 가장 널리 쓰이는 방법은 리터너의 백핸드 쪽으로 서브를 넣고 네트로 전진하는 것이다. 일반적인 동호인들의 약점이 백핸드이기 때문이다. 또 홀수 지점 포인트, 즉 한 게임 안에서 첫 번째, 세 번째, 다섯 번째 포인트처럼 듀스 코트에서 서브를 넣는 경우에는 상대의 백핸드 쪽을 공략하는 것이 효과적인데, 이는 복식에서 가장 중요한 전제인 '파트너를 위한 배려'에 해당하기 때문이기도 하다. 오른손잡이 리터너 기준, 백핸드 쪽으로 서브를 넣으면 대부분의 경우 리터너가 다운더라인을 치기 어렵기 때문에 전위 파트너가 포칭에 더 쉽게 가세할 수 있다. 물론 이런 기본 패턴은 실력이 뛰어난 프로 선수에게는 그대로 적용하기 어려울 수 있다.

    프로 선수들의 복식을 구경하다 보면, 마치 배구와 흡사한 재미있는 장면이 연출되기도 한다. 서브권을 가진 팀에서 네트 앞 전위가 등 뒤로 손가락을 올려 수신호를 서버에게 전달하는데, 이는 약속된 플레이를 실행하기 위한 신호다. 전위는 수신호를 통해 자신이 포칭을 나갈지 아니면 자리를 지키고 있을지를 서버에게 미리 알려주고, 서버는 이 신호를 바탕으로 서브앤발리로 돌진할지 아니면 베이스라인에 머물며 상대의 리턴에 대응할지를 결정한다. 이는 배구에서 좌우 쌍포에 토스를 건네는 세터가 주로 하는 행동인데, 배구에 '세터 놀음'이란 말이 있듯, 테니스 복식에서는 전위의 역할이 그만큼 중요하다.

    테니스 전위 플레이의 백미는 '아이 포메이션 I formation'이라는 독특한 전법으로 나타난다. 이는 동호인 레벨에서는 거의 사용되지 않는 최상급 복식 전략이다. 서브권을 가진 팀의 전위가 네트 앞 서비스 박스 중앙에 무릎을 꿇고 앉은 자세로 웅크리고 있고, 서버는 대개 베이스라인 중앙에서 서브를 넣는다. 이로 인해 두 선수가 일자(I)로 포진한 형태가 만들어져 '아이 포메이션'이라는 명칭이 붙었다. 전위가 중앙에 위치한 덕분에 리터너는 어느 쪽으로 리턴할지 갈등하게 되며, 전위의 신속한 판단 여부에 따라 한방에 득점을 결정지을 수 있어 일석이조의 전략이다. 이는 한국 테니스 역사상 최초로 메이저 대회 복식 본선에 오른 남지성-송민규 국가대표 복식조가 즐겨 쓰는 비장의 무기이기도 하다.

    국내 동호인들을 위한 복식 대회는 거의 매주 전국 방방곡곡에서 개최된다. 복식에서 1등을 차지하는 두 명은 사실상 국내 동호인 챔피언으로 인정받는다. 하지만 프로의 세계에서 복식은 단식보다 대접을 받지 못하고 있다. 2025년 호주오픈에서 남녀 단식 우승자인 야닉 시너와 메디슨 키스는 각각 350만 달러의 상금을 받았지만, 남녀 복식 챔피언은 그 4분의 1 수준인 81만 달러를 받는 데 그쳤다. 관전 스포츠로서의 복식의 인기도 단식과는 비교하기 어렵다. 최근에는 단식 경기 사이에 끼워 넣는 오프닝 매치 또는 사이드 이벤트 정도로 인식되고 있다. 복식에 출전하는 선수들의 스타성이 예전만 못하다는 점도 복식의 흥행 저조 원인 중 하나로 지목된다.

그런데 과거 1970~80년대까지만 해도 메이저 대회 단식을 주름잡는 스타 선수들 대부분은 복식도 함께 뛰었다. 1960~70년대 세계 최고의 여자 선수인 빌리 진 킹은 1973년 윔블던에서 단식과 복식, 혼합복식을 석권하며 트리플 크라운을 달성했다. 감각적인 발리의 소유자인 존 매켄로가 테니스 역사에서 높은 평가를 받는 이유는 메이저 대회 단식 우승은 7회에 그쳤지만, 복식에서도 9번 정상을 밟으며 양수겸장의 능력을 발휘했기 때문이다. 실제로 매켄로는 77번의 투어 단식 우승과 78번의 복식 우승으로 총 155회 우승 타이틀을 자랑하는데, 이는 로저 페더러나 노박 조코비치는 물론 남자 단식 최다인 109회 우승자 지미 코너스도 따라잡지 못한 기록으로 남아 있다.

단식에서 은퇴한 뒤 49세까지 복식 선수로 활약한 전설 마르티나 나브라틸로바는 복식에서만 177개의 타이틀을 거머쥐며, 깨지기 어려운 기록을 남겼다. 나브라틸로바가 단식과 복식을 합해 세운 총 344개의 타이틀은, 마치 마이클 잭슨의 〈스릴러〉 앨범 판매량만큼이나 후대 세대가 깰 수 없는 독보적인 기록으로 평가받고 있다. 전무후무의 기록이 될 수밖에 없는 까닭은, 지금은 단식과 복식을 함께 뛰지 않는 풍토로 바뀌었기 때문이다. 더 이상 음반이 발매되지 않고 음원으로 대체된 음악 시장처럼, 테니스에서도 단식과 복식을 병행하는 시대는 사실상 막을 내렸다.

단식에 비해 점점 위상이 추락하지만 복식만의 전설은 존재한다. 미국이 낳은 최고의 듀오인 브라이언 형제는 현대 테니스 역사상 가장 위대한 복식 전문 선수로 꼽힌다. 일란성 쌍둥이 밥 브라이언과 마이크 브라이언으로 구성된 이 남자복식조는 2000년대 초반 등장해 약 20년 동안 군림했다. 무려 438주 동안 남자 복식 세계 랭킹 1위를 지켰고 총 119개의 투어 타이틀을 획득했다.

브라이언 형제가 복식에 강했던 비결은 이른바 '거울 쌍둥이'로 태어난 덕분이었다. 한 명은 오른손잡이, 다른 한 명은 왼손잡이여서 복식에서 이상적인 조화를 이룰 수 있었다. 서로 다른 회전과 방향의 서브는 리턴에 혼선을 유발할 뿐 아니라, 코트에서의 역할 분배에서도 각자의 강점을 살릴 수 있기 때문이다. 그래서 동호인 복식 정상에 오르는 팀도 일부러 이런 조합을 갖춘 경우가 적지 않다.

테니스에서 단식과 복식의 괴리는 상당히 심각하게 받아들여야 할 문제라고 생각한다. 시청자 입장에서 보는 재미는 단식이 압도적이지만, 실제로 경기에 참여하는 형태는 복식이 대부분이다. 동호인은 단식 참여를 늘리고, 테니스 팬들은 복식 경기도 관심 있게 지켜보는 균형 잡힌 태도가 필요하다. 그래서 최근 국제 테니스를 주관하는 단체에서는 '복식 살리기'에 열을 올리기도 한다. 4대 메이저 대회 가운데 가장 나중에 열리는 US오픈은 2025년부터 혼합복식에 단식 톱 랭커들의 참여를 유도하고, 더 많은 관중과 시청률을 확보하기 위해 대회 일정 조정에 나서는 등 복식 부활 프로젝트에 돌입했다.

    테니스는 단식과 복식 모두 저마다의 뚜렷한 매력을 지니고 있다. 사람은 밥만 먹고 살 수 없고 반찬도 섭취해야 하지 않는가. 더 맛있고 멋있는 테니스를 즐기기 위한 방법은 단식과 복식을 골고루 사랑하는 것이다.

경기

Match

러브
Love

테니스보다 스코어 방식이 복잡하고 괴상한 스포츠는 거의 없다. 야구는 타자가 1루, 2루, 3루를 거쳐 홈으로 들어오면 1점이 추가된다. 축구 역시 공을 상대 골문 안으로 집어넣으면 1점이다. 이보다 살짝 복잡한 종목으로 넘어가보자. 농구는 공을 림에 들어가게 하면 1점이 아닌 2점으로 하되, 자유투 하나당 1점을 주고, 아주 멀리서 던지면 점수를 한 점 더 보너스로 부여하는 3점슛이라는 제도가 있다.

    물론 스코어 산정 방식의 복잡함으로는 골프가 으뜸일 것이다. 골프는 18개의 홀을 돌며 각 홀마다 기준 타수를 설정해, 해당 타수보다 적게 치면 버디, 초과하면 보기 등으로 점수를 계산한다. 골프의 스코어 용어들이 대부분 조류의 이름에서 유래한 것 또한 특이하다. 버디와 이글, 앨버트로스 등은 새의 덩치 순이다.

    테니스 스코어도 골프 못지않게 독특하고, 그 기원은 여전히 불가사의한 부분이 많다. 테니스를 이제 막 시작하는 테린이들이 빼놓지 않고 던지는 질문이 한 가지 있다.

"왜 테니스는 0을 제로라고 하지 않고 러브라고 하나요?"

숫자 0을 '러브love'라고 읽는 테니스의 독특한 수수께끼를 푸는 것은 이 종목의 역사를 이해하는 출발점이다. 이제는 많은 이들에게 널리 알려진 사실 가운데 하나이지만, 러브라는 말은 프랑스어의 뢰프leuf에서 비롯되었다는 것이 정설이다. 뢰프는 프랑스어로 달걀을 뜻하는데, 숫자 0이 달걀처럼 생겼기 때문에 처음 테니스를 즐기던 프랑스 귀족들이 0을 '뢰프'라 불렀고, 이것이 영어식으로 변형되며 '러브'가 되었다는 설명이다.

소수 의견이긴 하지만 다른 가설도 있다. 영국식 관용구인 'Not for love, not for money(사랑도 돈도 아닌, 즉 어떤 대가로도 하지 않겠다는 의미)'에서 유래했다는 설이다. 그러니까 여기서 러브는 '러브'는 물질적, 세속적 보상이 전혀 없는 '무無'의 상태를 의미한다.

'러브'의 기원에 어느 정도 수긍이 간다면, 이제 테니스의 독특한 스코어 체계도 이해할 수 있을 것이다. 테니스는 첫 득점을 하면 '피프틴(15)', 두 번째는 '서티(30)', 세 번째 득점은 '포티(40)'라고 한다. 그리고 네 번째 포인트를 먼저 따낸 선수가 그 게임game의 승자가 된다.

이건 또 왜 이렇게 불렀을까. 사실 숫자만 놓고 보자면 테니스는 한 게임에 4점만 내면 이기는 스포츠다. 그런데 이렇게 15점씩, 또 때로는 10점씩 더해지다 보니, 기분상(?) 뭔가 대단한 접전이 벌어지고 장시간 플레이했다는 느낌이 들기도 한다. 또 어떤 관점에서는, 단 4점만 따면 되는 간단한 게임 방식임에도 불구하고 마치 40점 이상 득점해야 하는 긴 경기라는 착각(?)에 빠지게 만드는 효과도 있다.

각설하고, 왜 15점씩 더하게 되었을까. 이 역시 테니스 역사학자들의 이론에 따르면, 뭔가 과학적이기도 하고 동시에 원시적이다. 결론인즉슨, 해시계의 원리를 따른다는 것. 과거 분침으로 돌아가는 시계가 없었던 시절, 태양의 고도에 따른 그림자의 변화로 시각을 측정했던 중세 이전의 방식에 따른 스코어 표기라는 설명이다.

즉, 1시간인 60분을 4개의 쿼터^{quarter}로 나누면 각각 15분이 된다. 첫 쿼터는 15분, 두 번째는 30분, 세 번째는 45분, 마지막은 60분이다. 이 논리에 따라 게임의 점수를 15-30-45-60으로 부여했는데, 이후 45는 발음과 표기상의 편의를 위해 40으로 정리되었다는 설이다. 매우 그럴듯한 설명이다.

이 '시계 가설'은 테니스 코트의 초기 형태와도 연결된다. 테니스 코트의 원초적인 형태가 바로 모래시계의 모습을 형상화했기 때문이다. 테니스 태동기에는 지금처럼 직사각형의 정확한 규격 대신, 모래시계처럼 가운데 허리가 들어간 모양으로 시작했다는 설인데, 이 역시 역사가들의 가설에 불과하긴 하다. 오늘날 테니스 코트는 세로 길이가 23.77m이며 가로 길이는 복식 코트의 경우 10.97m, 단식의 경우는 8.23m로 통일되어 있다. 서브 라인은 네트에서 6.4m 떨어져 있어 베이스라인에서 네트까지의 거리의 절반 지점에 해당한다. 단식의 경우 선수들은 좌우 약 8m를 커버해야 하는데, 앞뒤 방향은 그보다 4m 더 길기 때문에 네트 근처로 오는 짧은 공을 처리할 때 더 많은 움직임과 에너지가 소모된다.

이렇게 러브의 어원이 프랑스어에서 출발했다는 가설에 따르면, 테니스의 기원은 역시 프랑스라는 주장이 설득력을 얻는다. 이는 역사가들의 공통된 견해이기도 하다. 12세기 경 프랑스 북부 지방에서 테니스의 전신이라 할 수 있는 공놀이가 시작됐다는 것이다. 당시에는 라켓 대신 손바닥으로 공을 쳤고, 프랑스 국왕 루이 10세가 이 경기를 사랑해 궁전 내에 전용 코트를 만들었다는 기록도 있다. 이후 16세기에 접어들어서야 라켓이라는 도구가 도입되며 오늘날 테니스의 모습을 갖추기 시작했다.

자연스럽게 '테니스'라는 명칭도 프랑스 기원설로 이어진다. 프랑스어로 '테네즈tenez'라는 말은 영어의 '홀드hold' 혹은 '테이크take'와 유사한 의미를 가지며, 당시에는 서브를 넣기 전 상대에게 건네는 일종의 신호로 사용되었다. 이 말이 시간이 흐르며 종목 자체의 명칭으로 자리 잡았다는 설명이다.

그런데 여기서 한 가지 궁금증이 생길 수 있다. 스포츠 상식 백과사전에서는 테니스의 종주국을 영국으로 소개하는 경우가 많다. 이 설명은 절반은 맞고, 절반은 틀렸다고 할 수 있다. 테니스의 기원 자체는 프랑스에 있지만, 오늘날 우리가 즐기는 현대식 테니스, 즉 잔디 위에 네트를 설치하고 라켓으로 공을 주고받는 '잔디 테니스 lawn tennis'는 1874년 영국에서 공식화되었기 때문이다.

군인 출신 치안판사였던 제임스 윙필드는 1874년 잔디 테니스에 대한 각종 규정을 최초로 확립해 이를 전파했다. 이것이 바로 현대 테니스의 출발점으로 평가된다. 그리고 그로부터 얼마 지나지 않아, 테니스 역사상 가장 중대한 사건이 일어난다. 바로 윔블던 잔디 테니스 대회의 창설이다.

영국 윔블던 지역에 한 테니스 모임이 있었다. 정확한 명칭은 '올 잉글랜드 잔디 클럽 All England Lawn Tennis Club'. 1877년 이 클럽에 중대한 재정 문제가 닥쳤다. 잔디를 관리하는 데 사용하던 당나귀 롤러의 수리 비용이 모자랐다. 이때 클럽 회원 중 한 명인 헨리 존스가 한 가지 번뜩이는 제안을 내놓는다. 클럽 회원이 아닌 일반인도 참가할 수 있는 잔디 테니스 대회를 열자는 것. 마침내

1877년 6월 9일 월요일, 챔피언십 대회 개최가 발표되었고, 지금 우리가 알고 있는 '윔블던'이 탄생하게 된다. 당시 대회를 알린 공식 발표문에는 다음과 같은 내용이 담겨 있었다.

"올 잉글랜드 크로케&잔디 테니스 클럽인 윔블던은 7월 9일 월요일부터 화요일까지 이틀간 모든 아마추어 선수가 참가하는 모임을 제안합니다. 참가비는 1파운드 1실링. 이름과 주소를 이날까지 대회 조직위원장 앞으로 보내시기 바랍니다. 시상은 두 가지입니다. 우승자에게 금상, 준우승자에게 은상을 드립니다. 상금은 참가 규모에 따라 결정되고 대진 추첨 전 발표될 것입니다. 다만 어떤 경우라도 참가비보다 적은 상금을 받지는 않을 것이며, 10파운드 10실링보다는 많이 받을 것입니다."

2025년 현재, 전 세계 수많은 사람이 즐기는 테니스의 규칙은 19세기 말 윔블던에서 정립된 원칙에서 크게 벗어나지 않는다. 이는 그만큼 당시 만들어진 규정의 완성도가 높았음을 보여주며, 동시에 테니스가 전통을 중시하는 클래식한 스포츠라는 사실도 방증한다.

포인트point-게임game-세트set-매치match로 이어지는 테니스 경기의 기본적인 점수 체계도 이 시기에 정립되었다. 코트의 가로세로 규격과 네트의 높이 역시 약간의 변화는 있었지만 큰 틀에서는 오늘날까지 유지되고 있다. 현재 네트 포스트의 높이는 1.07m이고, 가운데로 갈수록 높이가 다소 낮아져 정중앙은 0.914m가 표준이다. 동호인용 테니스장에는 가운데 높이가 중구난방인 경우가 많은데, 이를 확인하는 민간요법이 하나 있다. 자신이 들고 있는 라켓을 세웠을 때 그보다 라켓 헤드 하나 정도를 더한 위치에 네트 정중앙이 위치하면 대략 0.914m에 근접한 높이로 볼 수 있다.

여기서 주의해야 할 네트 관련 규정 중 하나가 바로 '싱글 스틱'의 쓰임새다. 동네 테니스장이 아닌, 국제 규격을 갖춘 테니스 코트에는 양 끝의 네트 포스트 바로 1m 정도 안쪽에 '싱글 스틱'이라 불리는 보조 막대기가 설치된다. 이것은 말 그대로 단식 경기를 할 때에만 사용되는데, 2023년 캐나다 마스터스 시리즈에서 이와 관련된 흥미로운 상황이 발생했다. 미국의 프란시스 티아포가 네트 바로 앞에 떨어진 공을 다급하게 쫓아가 넘기는 과정에서 네트를 건드렸지만 심판은 반칙을 선언하지 않았다. 이유는 티아포가 건드린 부분이 싱글 스틱 바깥쪽의 네트였기 때문이었다. 즉, 단식에서는 싱글 스틱 사이에 걸린 네트만 '경기 중 네트'로 간주되며, 그 바깥쪽은 건드려도 반칙이 아니다. 단식과 복식을 번갈아 치르는 대규모 대회에서만 벌어질 수 있는 보기 드문 상황극이었다.

1874년 현대 테니스가 출범한 이후로, 그 역사는 어느덧 150

년을 넘기고 있다. 그동안 테니스의 규정은 점진적으로 변화해 왔다. 가장 큰 변화를 꼽자면, 1970년대 무한 듀스 제도를 타이브레이크 방식으로 바꾼 것, 그리고 2000년대 중반 첨단 기술의 발전에 따라 라인 판독 시스템 '호크아이Hawk-Eye'를 도입한 것을 들 수 있다.

최근에는 대부분의 프로 스포츠와 마찬가지로 '시간 단축'이라는 과제에 대응하기 위해 테니스도 변화하고 있다. 철옹성처럼 유지되던 4대 메이저 대회의 5세트 듀스 방식도, 현재는 마지막 세트에 '10점 타이브레이크'를 적용하는 방향으로 통일되었다. 또 서브 시간 제한(25초 룰)이 도입된 데 이어, 2025년부터는 ATP 투어의 클레이 코트 경기에도 전자 판독 시스템인 호크아이가 전면 도입되기로 결정됐다. 스코어 방식도 작은 대회를 중심으로 변화의 바람이 불고 있다. 해마다 11월에 열리는 23세 이하 유망주 대회인 '넥스트 제너레이션 파이널'에서는 기존 한 세트를 6게임이 아닌 4게임으로 단축하고, 듀스를 반복하지 않고 단 한 포인트로 승부를 가리는 '결정 포인트deciding point'를 도입해 나름 긍정적인 반응을 얻고 있다.

참 보수적인 테니스 스코어 방식에서 궁극적인 도전은, 과연 그랜드슬램 대회 남자 단식의 5세트 방식에 변화를 줄 수 있느냐일 것이다. 이 주제에 대해서는 찬반이 팽팽하게 맞서고 있다. 양쪽의 논리는 다 그럴듯하다. 5세트 클래식이 사라지면 테니스 메이저 대회의 매력이 반감될 수 있다는 우려와, 시간 단축 효과로 인해 더 많은 젊은 팬층의 유입을 유도할 수 있다는 희망이 뒤섞여 있다. 150년 테니스 역사의 발자취를 돌아볼 때, 이런 변화가 실제로 이루어지기까지는 상당한 시간이 걸릴 것이다.

라켓
Racket

동네 연습장에서 테니스를 칠 때 라켓 탓을 많이 하는 사람들에게 나는 늘 가혹한 말로 쏘아붙인다. "라켓이 나쁘다고 탓하지 말고, 네 실력을 라켓에 맞춰야지." 기분 나쁘게 들릴 수 있겠지만, 적어도 대다수 동호인 레벨에서는 이 냉정한 충고가 진실에 가깝다. 어떤 라켓으로 어떻게 치건 간에, 동호인 중급자 수준에서는 엄밀히 말해 큰 차이가 없다. 특정 라켓이 자신에게 맞고 안 맞고는 '기분 탓'이라고 봐야 한다.

    하지만 상급자로 올라갈수록 라켓 민감도가 높아지는 것은 충분히 존중받을 일이다. 수많은 경험을 통해 자신에게 더 잘 맞는 라켓을 골라낼 수 있는 선구안이 자연스럽게 생기기 때문이다. 일반적으로 테니스 라켓을 고를 때는 양립하기 어려운 두 가지 가치를 조율해야 한다. 파워와 컨트롤이다. 이들은 테니스를 즐기는 모두가 추구해야 할 '두 마리 토끼'라고 할 수 있지만, 서로 정반대의 속성을 지니고 있어 동시에 잡기 어렵다. 파워가 좋은 라켓은 컨트롤이 떨어지기 쉽고, 반대로 컨트롤 중심의 라켓은 파워를 내기 어렵다.

보통 어르신들이나 왕초보들은 면이 큼지막하고 테두리가 두꺼운 라켓을 쓴다. 다른 이유는 없다. 무조건 공이 잘 나가기 때문이다. 힘을 덜 들이고도 쭉쭉 뻗어나간다. 임팩트 시 공의 반발력을 크게 만들 수 있는 스윗 스팟이 넉넉하게 형성된 덕분이다. 테두리가 두꺼워 힘도 더 쉽게 실린다. 그런데 공이 뻗어 나간다는 말은 곧 아웃되는 공이 나오기 쉽다는 뜻이기도 하다. 다시 말해 컨트롤이 어렵다는 것이다.

반대로 컨트롤을 강조한 고전적인 라켓은 초보자가 사용하기에 까다롭다. 이론적으로, 컨트롤 중심 라켓은 면적이 작고 프레임 두께도 얇다. 피트 샘프러스가 14개의 메이저 트로피를 들어 올릴 때 사용한 윌슨 프로 스태프가 대표적인 예다. 그는 85인치의 작은 헤드 사이즈를 은퇴할 때까지 고집했다. 게다가 무게도 요즘 라켓보다 100g 이상 무거운 400g의 헤비급이었다. 나도 겉멋이 최절정에 달한 학창 시절, 여학생들한테 멋있게 보이려고 프로 스태프 라켓을 고집스럽게 사용한 적이 있었다. 지금 생각해 보면 참 무모한 짓이었지만, 결과적으로 수개월을 사용하다 보니 그 무게와 작은 면적에 적응하게 되었고, (기분 탓이었을 가능성이 높지만) 스스로 컨트롤이 좋아졌다고 느끼며 한동안 정신승리에 빠져 있었다.

라켓 제조사들이 글로벌 무한 경쟁에 돌입한 최근에는 이런 이분법적 구분이 점점 애매해지고 있다. 시간이 흐르며 각종 첨단 기술이 쌓이면서, 많은 브랜드가 파워와 컨트롤 두 마리 토끼를 잡을 수 있는 따끈따끈한 신상품을 내놓고 테니스 팬들을 유혹하고 있다. 라켓을 구성하는 소재의 발전과 인체공학적 디자인의 강화 덕분에 이제 동호인들은 어떤 라켓을 고르더라도 파워와 컨트롤이 비교적 균형 잡힌 선택을 할 수 있는 환경이 조성되었다.

동호인 상급자나 프로 선수들은 라켓 자체보다 라켓 면을 감싸는 스트링에서 파워와 컨트롤의 균형을 추구하기도 한다. 스트링의 장력을 조절함으로써 해당 라켓에 딱 맞고 자신의 스트로크 스타일에 어울리는 최상의 결과를 만들 수 있다. 일반적으로 스트링을 얼마나 강하게 맸는지를 나타내는 단위인 '텐션'이 높으면 공의 반발력이 낮아지고, 반대로 텐션이 낮으면 반발력이 높아진다. 즉, 텐션이 낮을수록 공이 더 쉽게 날아간다는 뜻이다.

2025년 호주오픈 정상에 오르며 세계 1위를 굳건히 지킨 야닉 시너는 라켓 스트링 텐션이 55~60을 넘나든다. 높은 텐션, 즉 반발력이 적은 세팅을 고른 이유는 시너의 스트로크 파워가 막강하기 때문이다. 스스로 낼 수 있는 파워가 충분해 오히려 스트링의 텐션을 높여 파워를 싣는 것보다 컨트롤을 강화한 선택이다. 반면 나는 힘이 없다. 그래서 스트링 텐션을 46 정도로 고정해놓고 10년 이상 변화를 거부하고 있다. 가끔 44로 낮출 생각을 하기도 한다. 적은 힘을 들이더라도 반발력이 좋아 쉽게 공이 상대 베이스라인까지 뻗어나갈 수 있고, 특히 디펜스 상황에서 라켓을 갖다 대기만 해도 운이 좋으면 네트를 넘길 수 있다. 이런 세팅은 테니스 실력이 형편없는 아마추어만의 선택은 아니다. 프랑스의 부드러운 왼손잡이 교타자 아드리안 만나리노는 27라는 형이상학적 수준의 텐션을 대회 공식 스트링어에게 요구해 모두에게 놀라움을 안겼다.

그래서 나는 테니스 입문자들에게 헤드 사이즈가 지나치게 크고 반발력이 좋은 라켓으로 시작하는 것을 권장하지 않는 편이다. 잘못된 습관이 생길 수 있기 때문이다. 너무 쉽게 쳐 버릇하다 보면 스스로 힘을 실어 쳐야 하는 스윙 습관이 자리 잡지 못해, 나중에는 잘못된 폼이 굳어버릴 수 있다.

라켓의 역사는 곧 테니스 테크닉의 진화다. 1980년대 이전 테니스와 지금의 테니스는 전혀 다른 경기처럼 보일 정도다. 예컨대 1960년대 세계를 주름잡던 로드 레이버의 경기 영상을 요즘 세대들이 보면 '뭐야, 겨우 저 정도야?'라고 하겠지만 여기에는 한 가지 중대한 전제가 따라붙는다. 레이버는 나무 소재의, 무겁기 그지없고 스윗 스팟이 지금의 절반 정도밖에 나오지 않는 우드 라켓을 사용했다는 점이다. 요즘 선수들이 누워서 떡 먹기로 할 수 있는 톱스핀 포핸드라는 개념 자체가 실현 불가능한 시대였다. 라켓 테크놀로지와 스트링 소재가 혁신에 혁신을 거듭했기 때문에 나달과 도미니크 팀, 이가 시비옹테크 같은 헤비 톱스핀의 장인들이 등장할 수 있었다는 사실을 간과해서는 안 된다.

테니스가 상업화되기 시작한 1970년대부터 라켓 테크놀로지는 비약적인 발전과 변화를 거듭해왔다. 장장 100년 가까이 이어진 나무 라켓 시대가 저물고 신소재 라켓들이 잇달아 시장에 등장했다. 금속 소재를 입힌 메탈 라켓이 나왔는데, 초반에는 거부감이 심했지만 빌리 진 킹과 지미 코너스라는 최고 스타들이 메탈 라켓으로 메이저 대회를 석권하기 시작하면서 인식이 바뀌었다. 특히 지미 코너스는 윌슨과 함께 만든 T2000이라는 전설적 메탈 라켓으로 시장의 판도를 송두리째 바꿔놓았는데, 지금은 박물관에서나 볼 수 있는 윌슨 T2000은 라켓 테두리를 온통 차가운 은색 메탈로 만들었을 뿐 아니라, 스트링과 맞닿아 있는 헤드 프레임에 마치 쇠사슬을 묶어 놓은 듯한 파격적인 디자인을 선택했다. 라켓 명칭에서도 영화 〈터미네이터〉의 사이보그 T1000이 떠오른다.

나무에서 메탈로 이어진 라켓 소재 혁명은 현재에도 두루 사용하고 있는 그라파이트의 도입으로 절정을 맞게 된다. 우리말로 흑연으로 번역되는 그라파이트는 당시까지 양립하기 힘든 무게와 강성의 조화를 이뤄내면서 글로벌 표준으로 자리 잡았다. 국제테니스연맹ITF의 기술 담당 위원인 앤드류 코의 설명을 들어보면, 그라파이트가 테니스의 흐름을 바꿔놓은 게임 체인저였다는 사실을 실감할 수 있다.

"그라파이트의 등장으로 라켓 제조사들은 기본 디자인을 더욱 과감하게 할 수 있었습니다. 그 출발점은 새롭고 가벼운 소재로 라켓 헤드를 크게 만든 것입니다. 이것이 지난 30년간 라켓 기술에서 이룬 가장 큰 발전입니다."

"강성이 좋은 라켓은 이론적으로 더 강력한 힘을 낼 수 있습니다. 왜냐하면 나무 라켓처럼 에너지를 흡수해 버리지 않기 때문이죠. 이상적인 라켓은 에너지를 가능한 한 적게 흡수해 그 에너지가 공에 그대로 전달되도록 하는 라켓입니다. 나무 라켓 시대의 전형적인 던롭 맥스플라이포트는 70인치였습니다. 오늘날에는 90인치 이하의 라켓을 찾기 어렵고 대부분의 프로 선수들은 100인치 라켓을 사용하고 있습니다. 심지어 시장에는 동호인용으로 135인치 라켓도 공급하고 있습니다."

선수들의 기량 발전은 라켓 기술의 진보와 맞물려 1990년

대부터 가속 페달을 밟았다. 특히 스트링에 인공 합성 소재인 폴리에스터가 도입되면서, 선수들은 과거보다 훨씬 더 많은 회전을 공에 실을 수 있게 되었고, 이는 톱스핀 스트로크의 일대 혁명을 불러왔다. 이 변화를 이끈 선구자는 브라질의 구스타보 쿠에르텐으로, 그는 기존의 내추럴 거트 대신 폴리에스터 스트링을 선택해 차원이 다른 톱스핀 스트로크를 구사하며 1997년부터 프랑스 오픈을 세 차례 제패했다. 높은 반발력과 회전력을 바탕으로 선수들은 강한 서브에 효과적으로 대응할 수 있었을 뿐 아니라, 네트 앞 발리 플레이어를 무력화하는 정교한 패싱샷도 가능해졌다. 이러한 변화로 인해 1990년대까지 주류를 이뤘던 서브앤발리 중심의 경기 양상은 점차 쇠퇴하고, 베이스라인에서 강한 톱스핀 포핸드와 백핸드를 구사하는 선수가 대세가 되었다. 라파엘 나달, 노박 조코비치, 앤디 머리는 이러한 라켓 테크놀로지의 변화가 빚은 산물이다.

 최근 너무 한꺼번에 서브앤발리 플레이어가 실종되면서 일부 올드팬들 사이에서는 테니스가 예전보다 재미없어졌다는 반응이 나오기도 한다. 하지만 이런 불만은 과거에도 있었다. 대다수 선수가 스트로크 랠리 없이 단조로운 서브와 발리로만 승부를 결정지어서 이것이 지루하다는 비판이었다. 2001년 윔블던 결승전이 그랬다. 크로아티아의 장신 서버 고란 이바니세비치와 서브앤발리의 완성자로 통하는 호주의 패트릭 라프터는 3시간 넘는 시간 동안 서브앤발리로만 거의 모든 포인트를 마무리했다. 윔블던 역사상 처음이자 마지막 와일드카드 챔피언이라는 역사가 탄생한 순간이었지만, 당시 경기력에 대한 비판은 무시할 수준이 아니었다. 그래서 윔블던은 이듬해 잔디 종자를 바꾸고 잔디 길이를 길게 조정해 코트 표면 속도를 늦추는 작업을 단행했다. 거짓말처럼 그해 결승전은 서브앤발리를 전혀 구사하지 않는 호주의 레이튼 휴이트와 아르헨티나의 신성 다비드 날반디안의 대결로 펼쳐졌다. 어떤 스타일의 테니스가 좋고 나쁘냐를 결정하는 것은 주관의 영역이다. 다만 최근 테니스가 비판받는 지점은 다양성의 실종일 것이다. 과거 90년대까지만 해도 서브앤발리 플레이어와 베이스라이너가 공존했지만, 지금은 대부분의 선수가 유사한 스타일을 구사하고 있다. 이는 현대 프로 테니스가 직면한 본질적 고민 중 하나다.

최근에는 테니스공의 성능 변화에 대한 논란도 일고 있다. 코로나 팬데믹 이후 공의 반발력이 줄었다는 선수들의 불만이 제기되고 있으며, 강하게 쳐도 충분한 스피드가 나지 않아 더 무리하게 스윙을 하게 되고, 그 결과 부상 위험이 높아졌다는 주장도 나온다.

하지만 이는 유구한 테니스 역사의 맥락에서 좀 더 긴 안목으로 바라볼 사안이다. 테니스공의 기압을 줄여야 한다는 목소리는 꽤 오래전부터 제기되었기 때문이다. 현대 라켓 기술의 도움을 받은 서버들이 힘들이지 않고 너무 강한 서브를 펑펑 때리기 때문에 이에 대한 기술적 제한이 필요하다는 목소리도 있다는 사실을 간과해서는 안 된다.

테니스는 도구를 사용하는 스포츠다. 육상이나 수영처럼 오직 몸으로만 겨루는 종목은 아니다. 사실 이들조차도 운동화와 전신 수영복 등 과학기술의 결정체를 한 꺼풀 덮어씌운 채 경쟁한다. 장비의 발전은 인간의 육체적 한계를 극복하는 데 도움을 줄 수 있지만 어디까지 허용되어야 할까. 아마도 요즘은 동호인들조차 과거 70~80년대 전설적인 테니스 선수들보다 더 강하고 빠른 샷을 칠 수 있을 것이다. 하지만 장비의 진화가 인간의 몸으로 하는 순수 경쟁이라는 스포츠의 본질까지 침범해서는 곤란할 것이다.

잔디, 클레이, 하드
Grass, Clay, Hard

이스라엘의 역사학자 유발 하라리의 베스트셀러 『호모 데우스』는 전작 『사피엔스』에 이어 인류 역사에 대한 깊이 있는 통찰로 전 세계 독자들의 시선을 또 한 번 사로잡은 책이다. 책 초반 굉장히 인상적인 분석이 나온다. 바로 잔디에 얽힌 역사와 권력에 대한 통찰이다.

"개인의 집과 공공건물 입구에 잔디를 심는다는 생각은 중세 말 프랑스와 영국 귀족들의 저택에서 탄생했으며 이 습관은 근대 초기에 깊이 뿌리내려 귀족을 상징하는 표식이 되었다."

"대저택 입구에 깔린 정갈한 잔디는 누구도 위조할 수 없는 지위의 상징이었다. 또한 잔디는 스포츠 세계를 평정했다. 축구와 테니스 같은 진짜 중요한 경기들은 잔디밭에서 열렸다. 인류는 이런 식으로 잔디를 정치 권력, 사회적 지위, 경제적 부와 동일시하게 되었다."

하라리의 사유 깊이를 짐작해 볼 수 있는 분석이다. 특히 하라리의 잔디에 관한 생각은 테니스라는 대목에 이르면 고개가 절로 끄덕여지는 부분이 있다. 많은 이들이 공감하듯 잔디에서 테니스를 친다는 건 과거에도 그랬지만 지금 역시 선택받은 소수의 특권이기 때문이다.

오늘날 우리가 즐기는 테니스는 잔디 코트에서 시작됐다. 현대 테니스의 시작점을 19세기 말 영국 윙필드 대령의 잔디 테니스 규정집 발표로 본다면, 당시 테니스 코트는 곧 잔디였다. 하지만 잔디는 특권이라는 말 자체에 담겨 있듯 관리하기가 결코 쉽지 않았다. 지속적으로 물을 뿌리고, 또 짧은 길이를 유지하기 위해 많은 노력을 기울여야 했다. 또한 잔디는 걸핏하면 벗겨지기 십상이어서 큰 대회를 한번 치르고 나면 민둥산처럼 만신창이가 되기 마련이었다. 더 근본적으로는, 기후 조건이 맞지 않으면 잔디를 1년 내내 좋은 상태로 유지하기가 하늘의 별 따기였다. 최근 우리나라 프로축구 경기장 잔디가 이상 고온 현상으로 인해 얼마나 망가졌는지를 떠올려보면, 잔디는 예나 지금이나 '아무나 사용할 수 없는' 동경의 대상이라 할 수 있다.

그래서 현대 테니스에 두 번째로 등장한 것이 바로 클레이 코트다. 클레이는 진흙, 점토로 이뤄져 있어 관리 비용이 저렴하다. 지금은 클레이 코트 대회의 대명사가 된 프랑스오픈도 초창기에는 잔디 코트 대회였다가, 1890년대에 이르러 클레이로 바뀌었다.

잔디와 클레이는 어찌 보면 빈부의 격차처럼 극명한 대비를 이룬다. 잔디 코트는 공의 속도가 빠르고 바운스가 낮게 깔리는 특성이 있다. 또 습기를 머금은 날이면 미끄러워서, 난다긴다하는 선수들도 자주 엉덩방아를 찧는다. 반면에 클레이는 부드럽고 말랑말랑한 표면 덕분에 공의 속도가 현저하게 느려지고 바운스는 훨씬 더 높게 튄다. 잔디처럼 예기치 않게 미끄러지진 않지만, 양발을 이용해 슬라이딩하며 경기하는 독특한 플레이 스타일 덕분에 보는 재미도 쏠쏠하다.

이렇게 크게 두 가지로 양분되어 온 테니스 코트는, 20세기 중반 이후 제3의 '중립적' 코트의 등장으로 새 국면을 맞게 된다. 바로 하드 코트의 약진이다.

하드 코트는 잔디와 클레이의 장점만을 합해놨다고 해야 할까. 거기에 바운스가 일정하고 안정적이라는 하드 코트만의 장점까지 더해진다. 코트 속도는 잔디와 클레이의 중간 정도로 볼 수 있고, 무엇보다 인공적으로 조성된 표면이기 때문에 속도를 인위적으로 조절하는 것도 가능하다. 하드 코트를 만들 때 표면 아래층에 얼마나 많은 모래를 섞느냐에 따라 소프트 쿠션 하드 코트가 될 수도 있고, 아니면 굉장히 딱딱한 표면을 만들 수 있다. 딱

딱한 하드 코트는 선수들의 무릎에 큰 부담을 주기 때문에, 최근 호주오픈과 US오픈 등 메이저 대회에서는 점차 하드 코트 표면을 부드럽게 조성하는 추세이며, 동호인들이 이용하는 대다수 하드 코트 역시 이와 비슷한 재질을 따라가고 있다.

하드 코트라는 제3의 코트가 등장하면서 테니스의 재미는 훨씬 더 풍성해졌다. 그 재미는 다양성을 기반으로 나온다. 내로라하는 최정상급 선수들이 각 코트의 성질에 따라 희비가 엇갈리는 상황이 이어져 왔기 때문이다.

잔디 코트에서는 코트 속도와 바운스를 고려할 때 강한 서브를 가진 선수가 유리하고, 클레이 코트에서는 느린 표면을 바탕으로 긴 베이스라인 랠리에 능하고 체력이 뛰어난 선수가 두각을 나타낸다. 하드 코트는 이 두 코트의 특성을 절충한 만큼, 양쪽의 장점을 고루 갖춘 선수가 성적을 내는 것이 일반적이다.

과거에는 잔디와 클레이의 성적 차가 뚜렷하게 나는 선수들이 많았다. 1990년대 남자 테니스를 평정한 피트 샘프러스는 강한 서브와 발리가 주특기여서 잔디와 하드에서는 날아다녔지만, 클레이만 오면 작아졌다. 반면, 메이저 8회 우승에 빛나는 이반 렌들은 프랑스오픈에서 여러 차례 우승 트로피를 거머쥐었지만 잔디 코트인 윔블던에서는 끝내 정상에 오르지 못하고 은퇴했다.

테니스 전설들의 라이벌 구도는 잔디와 클레이의 정반대 속성으로 인해 더욱 빛을 발하기도 한다. 남자 테니스에서 첫손 꼽히는 페더러와 나달의 대결 구도도 이 두 코트 표면의 대비에서 촉발됐다. 페더러가 '잔디의 왕자'였다면 나달은 '클레이의 황제'였다. 페더러는 클레이 코트 메이저 대회인 프랑스오픈에서 우승하기 위해 계속 도전했지만 클레이의 황제는 권좌를 한 번도 양보하지 않았다. 2007년 이들의 라이벌전이 최고조에 달했을 무렵, 스페인 마요르카에서는 코트 절반을 잔디, 나머지 절반을 클레이로 나눈 뒤 페더러와 나달을 초청해 이벤트 경기를 선보이기도 했는데, 이 경기에서도 나달이 승리했다.

 테니스의 한해 시즌 일정 역시 이 세 가지 코트 표면이 균형 있게 배분되어 있다. 1월 야외 하드 코트에서 열리는 호주오픈을 시작으로 약 3개월간 하드 코트 시즌이 이어진다. 4월에는 유럽의 뜨거운 햇살 아래 석 달간 클레이 대장정이 펼쳐진다. 그 뒤 7월 한 달간 짧은 잔디 코트 시즌이 열리는데, 한해의 하이라이트라고 해도 과언이 아닌 최고 권위의 윔블던이 바로 이 시기에 열린다. 8월부터 다시 US오픈으로 대표되는 북미 하드 코트 시즌이 이어지고, 10월 이후에는 북반구의 쌀쌀한 날씨를 고려해 실내 하드 코트 시즌으로 마무리된다.

 이처럼 다양한 코트 표면 덕분에 테니스 팬들은 연중 내내 다채로운 관전 포인트를 즐길 수 있다. 이는 다른 종목에서는 쉽게 찾아보기 어려운 테니스만의 강점이다. 골프 역시 세계 각지의 다양한 코스에서 열리지만, 어디까지나 잔디를 기반으로 한다. 축구 역시 경기장 외관의 변화와 관중들의 응원 모습에 차이가 있을 뿐 언제나 녹색 잔디에서 펼쳐지는 종목이고, 배드민턴, 탁구, 농구, 배구처럼 실내에서 치러지는 스포츠 역시 환경 변화의 폭은 제한적이다.

반면, 테니스는 세 가지 서로 다른 표면의 특성과 그에 따른 경기 양상의 차이 덕분에 독보적인 차별성을 갖는다. 붉은색 클레이 코트를 보는 것이 조금 과하다 싶을 때면, 윔블던의 녹색 잔디가 찾아오는데 이 시각적 대비로 인한 전환 효과도 쏠쏠하다. 또 시즌의 절반 이상을 차지하는 하드 코트 역시, 태평양 바다처럼 푸른색 표면부터 전통적인 녹색, 공과의 대비가 뚜렷한 보라색과 시안성이 획기적으로 개선된 블랙 코트까지 다양한 색상의 향연이 펼쳐진다.

이렇게 세 가지로 대표되는 코트의 특성이 가장 극명하게 드러나는 무대는 바로 그랜드슬램 대회다. 한 해에 네 차례 열리는 그랜드슬램은 각기 다른 코트 표면에서 진행되기 때문에 독자적인 위상을 지니며, 그만큼 다양한 챔피언들을 배출해 왔다. 특정 코트에서 절대적인 지배력을 보여준 사례로는 단연 '흙신' 라파엘 나달의 프랑스오픈 14회 우승이 꼽힌다. 나달은 하드와 잔디에서도 뛰어난 기량을 보였지만, 클레이에서는 동시대 그 누구도 범접할 수 없는 압도적 우위를 보였다. 나달이 프랑스오픈에서 20년간 기록한 112승 4패는 테니스는 물론 모든 스포츠를 통틀어 손꼽히는 불멸의 기록이다.

이처럼 프로 테니스 투어에서는 세 가지 표면이 균형 있게 공존하지만, 한국 동호인 테니스장은 이와는 조금 다른 3파전이 팽팽하다. 1980년대 군사정권 시절 대대적으로 보급된 아파트 단지 내 테니스장은 대부분 클레이 코트였다. 하지만 클레이의 가장 큰 약점은 유지 관리가 어렵다는 점이다. 나 역시 대학 시절 동아리 활동을 하며 코트 관리 때문에 고생한 기억이 있다. 비가 내리기라도 하면 수업을 빠지더라도 정해진 시간에 코트로 달려가 대형 롤러로 클레이를 눌러줘야 했고, 특히 겨울철 눈이 내린 뒤 기온이 올라가 녹아버리기라도 하면 코트 전체가 진흙탕이 되어 며칠간 사용 불가능한 상태가 되기도 했다.

이러한 불편함 때문에 아파트 단지를 제외한 공공 테니스장에서는 하드 코트가 보급되기 시작했고, 최근에는 하드와 클레이의 중간쯤 되는 '인조 잔디' 코트가 인기를 끌고 있다. '카펫 코트'라고도 불리는 인조 잔디는 클레이처럼 관리가 까다롭지 않으면서도, 하드 코트처럼 딱딱하지 않아 충격이 덜하고 바운스도 비교적 일정하기 때문에 중장년층 동호인들이 가장 선호하는 코트로 떠올랐다.

　개인적으로 나의 테니스 숙원이 있다면, 언젠가 천연 잔디 코트에서 경기하는 것이다. 그것이 윔블던 잔디라면 더 바랄 게 없겠다. 늘 궁금했다. 테니스공은 잔디에서 어떻게 튈까. 또 잔디에서 테니스화를 신고 움직이면 어떻게 풋워크를 해야 할까. 이런 궁금증은 당분간, 아니 어쩌면 평생 풀 수 없을지도 모른다. 대한민국에는 천연 잔디 코트가 존재하지 않으며, 앞으로도 존재 가능성이 제로에 가깝기 때문이다.

라코스테와 프레드 페리
Lacoste & Fred Perry

대학 시절 테니스 동아리에서 운동을 배울 때, 지금 생각해 보니 참 이상한 규정이 하나 있었다. 테니스를 칠 때 절대 검은색 양말을 신으면 안 된다는 것. 어쩌다 흰색 스포츠 양말을 못 챙겨와서 선배들 몰래 다른 색 양말을 신고 나가면 여지없이 적발돼 라켓이 회수되는 사건이 신입 부원들 사이에서는 빈번했고, 나 역시 양말을 못 챙긴 건망증을 원망하며 조용히 도서관으로 회군하기도 했다.

    사실 테니스에서 흰 양말을 반드시 신어야 한다는 법은 없다. 실제로 4대 메이저 테니스 대회 가운데 하나인 US오픈만 봐도, 머리부터 발끝까지 무지개색으로 치장한 세계 정상급 선수들을 쉽게 찾아볼 수 있다. 이 흰 양말 고집 전통은 테니스의 상징이라고 할 수 있는 윔블던 챔피언십이 정한 엄격한 드레스 코드에서 비롯된 것으로, 이를 대한민국 동호인 문화에 맞춰 변형한 '불문율'에 가깝다. 셔츠와 바지는 물론, 운동화 밑창과 속옷까지 '유색'을 허용하지 않는 윔블던의 고집에서 파생된 셈이다.

테니스를 몇 년 이상 쳐본 사람들은 속으로 이렇게 생각할지도 모른다. '나는 지금 평민이 아닌 귀족 스포츠를 누리고 있어.' 속물근성이라 대놓고 말은 못 해도 마음속 깊은 곳에 이런 자기만족이 뿌리 깊게 자리하고 있는 걸 나부터도 인정할 수밖에 없다. 어찌 보면 자의식 과잉처럼 보일 수 있겠지만, 완전히 근거가 없는 생각은 아니다. 실제로 테니스의 기원이 왕실에서 비롯되었기 때문이다. 영국 왕실 문헌에 다음과 같은 기록이 실려 있다.

"엘리자베스 1세 여왕이 영국 햄프셔주의 엘브덤에서 하트퍼드 공작과 점심을 먹으며 휴식을 취하고 있을 때였다. 오후 3시가 되자, 10명의 하인이 잔디 위에 라인을 긋고 현대 테니스 코트 형태의 사각형을 만들었다. 이 모든 것은 '여왕 폐하의 지극한 즐거움'을 위해서였다."

18~19세기에 들어서며 테니스는 왕실뿐 아니라 전반적인 귀족 계층이 즐기는 문화로 각광받았다. 이는 당시 제작된 여러 미술 작품을 통해 확인할 수 있다. 유채화로 구현된 테니스의 모습 속에는, 남성뿐 아니라 발목까지 내려오는 두터운 치마를 입은 여성 귀족들이 푸른 잔디 정원 위에 간이 네트를 설치한 뒤, 나무로 만든 작은 라켓을 휘두르는 장면이 묘사되어 있다. 그 옆에

는 티 테이블이나 화려한 무늬가 담긴 양탄자 같은 돗자리 위에 둘러앉아 차와 다과를 나누는 풍경이 곁들여진다.

이는 테니스가 정식 스포츠 종목으로 발돋움한 20세기 초, 윔블던이나 프랑스오픈의 흑백 사진 속에서도 관찰되는 풍경이다. 20세기 초반 세계에서 가장 테니스를 잘 친다고 정평이 난 프랑스의 '여전사' 수잔 랑랑은 발목까지 내려오는 긴 치마를 입고, 머리에 회색 두건을 질끈 동여맨 채, 그녀를 상징하는 매부리코만큼이나 날카롭고 기세등등한 샷을 날려 남성들의 경탄과 동경, 때로는 두려움에 가득한 시선을 한몸에 받았다.

이처럼 테니스는 귀족적 배경을 지닌 종목이었기 때문에, 오늘날 테니스 전문 매장에서 볼 수 있는 유니폼 또한 남녀 모두 다른 스포츠보다 단정하고 맵시 있는 경우가 많다. 이 점은 테니스가 '왕실 스포츠'에서 출발했다는 기원과 무관하지 않다. 테니스 의류 가운데 가장 비싼 편에 속하고 눈에 익숙한 악어 로고로 유명한 라코스테는, 20세기 초 프랑스의 세계적인 테니스 선수 르네 라코스테가 직접 만든 브랜드다. 윔블던의 녹색 잔디에서 활약하던 그의 사진을 보면, 흰색 긴 바지에 와이셔츠 소매를 접어 올리고, 정갈한 흰색 모자를 눌러쓴 채 나무 라켓을 휘두르는 모습이 눈에 띈다.

르네 라코스테. 1904년에 태어나 20세기 초반 프랑스 테니스의 첫 전성기를 이끈 대표적인 인물이다. 그는 앙리 코셰, 장 보로트라, 자크 브뤼뇽과 함께 프랑스 테니스의 '4총사'로 불리며, 그랜드슬램 대회는 물론, 당시 메이저 대회에 준하는 대접을 받던 국가대항전인 데이비스컵에서도 우승을 차지하면서 당대 최고의 선수로 명성을 높였다.

그런데 라코스테의 선수 시절 별명이 '악어'였다. '한번 먹이를 물면 놓치지 않고 끈질기게 공격하는 악어를 떠오르게 해서'라는 설도 있지만, 훗날 밝혀진 진실은 다소 엉뚱하다. 라코스테가 보스턴에서 열린 한 대회에 출전했을 당시, 시내를 거닐다 아내에게 선물하고 싶은 악어가죽 가방을 발견했는데, 시합을 마치고 다시 찾았을 땐 이미 팔려 아쉬워했다는 일화가 전해진다. 이 사건을 계기로 라코스테에게 '악어'라는 별명이 붙었고, 이는 2006년 그의 아들이 〈뉴욕 타임스〉와의 인터뷰에서 직접 밝힌 사실이다.

라코스테는 현역 시절 한마디로 '패셔니스타'였다. 화려한 의상을 입고 경기를 즐겼으며, 사람들은 그의 개성 넘치는 외모에 매혹됐다. '악어'라는 별명이 널리 알려지자, 친구였던 로베르트 조르주는 라코스테가 경기장에 입고 오는 블레이저에 커다란 악어 문양을 수놓아 주었고, 이후 그는 경기할 때마다 이 블레이저를 착용했다. 그렇게 '악어 라코스테'의 명성이 굳어졌다.

그러던 어느 날, 라코스테는 기존의 격식 있는 테니스 의상에서 다소 벗어난, 이른바 '폴로 셔츠'를 입고 출전해 시선을 끌었다. 지금은 테니스 의상으로 너무나 자연스럽지만, 1920년대까지만 해도 테니스는 무도회 복장을 연상케 할 정도로 격식 있는 복장이 일반적이었다. 라코스테가 입은 세 개의 단추가 달린 폴로 셔츠는 활동성이 뛰어나 경기력에도 도움이 되었고, 테니스 유니폼의 새로운 흐름을 만들었다.

결국 1933년, 현역에서 은퇴한 라코스테는 아예 자신의 이름을 내건 의류 브랜드를 창립했다. 왼쪽 가슴에 악어가 선명하게 새겨진 흰색 폴로 셔츠가 주력 상품이었다. 지금이야 옷 위에 자사 로고가 새겨진 게 당연하게 받아들여지지만, 현대 패션사에서 의류 표면에 로고를 아로새긴 건 라코스테가 처음이었다고 전해진다.

프랑스 테니스의 전설 라코스테가 글로벌 의류 브랜드를 탄생시켰다면, 영국의 자존심도 빼놓을 수 없다. 바로 영국 테니스 역사상 가장 위대한 인물로 꼽히는 프레드 페리다. 국내 소비자들에게는 라코스테만큼 널리 알려지진 않았지만, 프레드 페리 역시 테니스 기반의 의류 브랜드로 꾸준한 인지도를 유지하고 있다.

프레드 페리는 테니스 실력 면에서는 라코스테를 능가하는 위업을 달성한 인물이다. 세계 테니스 역사상 최초로 4대 메이저 대회를 모두 제패한 커리어 그랜드슬램을 달성했고, 1936년까지 윔블던 단식 3연패를 기록하며 당대 최고의 선수로 군림했다.

10여 년 전까지만 해도, 영국 테니스는 툭하면 프레드 페리를 소환해야 했다. 페리 이후 윔블던 남자 단식에서 우승한 영국 선수가 무려 77년 동안 나오지 않았기 때문이다. 영국 테니스 전체의 이 숙원은 2013년, 앤디 머리가 마침내 윔블던 정상에 오르면서 비로소 해소되었다.

사실 프레드 페리는 영국 테니스의 '제임스 딘' 같은 존재였다. '이유 없는 반항아'라는 별명이 어울릴 만큼, 선수 시절 이룩한 위대한 업적에도 불구하고 영국 테니스계는 그를 쉽게 인정하지 않았다. 이유는 하나, 페리가 귀족이 아닌 노동자 계층 출신이었기 때문이다. 영국에서 테니스가 왕실과 귀족들이 잔디 위에서 즐기는 여가로 시작되었다는 점을 떠올리면 이해가 빠를 것이다. 심지어 프레드 페리가 1936년 마지막 윔블던 챔피언에 올랐을 당시, 한 윔블던 고위 관계자는 페리가 무대 뒤에서 듣고 있었는데도 불구하고, 준우승에 머문 미국의 잭 크래머에게 "오늘 경기는 마땅히 이겨야 했을 사람이 우승하지 못했습니다"라는 말을 했다가 커다란 후폭풍을 치른 적도 있다. 그러나 1987년, 윔블던 100주년을 맞아 경기장 입구에 페리의 동상이 세워지면서 윔블던과의 오랜 악연도 종지부를 찍게 되었다.

　프레드 페리 역시 라코스테와 마찬가지로 은퇴 뒤 의류 사업에 뛰어들었다. 1952년 자신의 이름을 내건 흰색 폴로 티셔츠가 처음으로 생산 라인에 올랐다. 라코스테가 가슴에 악어 문양을 새겼다면 페리는 윔블던을 상징하는 월계수 잎을 로고로 삼았다. 프레드 페리의 선수로서의 명성이 워낙 높았다 보니, 월계수가 새겨진 이 폴로 셔츠 역시 단숨에 반향을 일으켰고, 테니스는 물론 캐주얼 패션 브랜드로도 성장해 지금까지도 많은 젊은이들에게 사랑받고 있다.

　라코스테와 프레드 페리. 테니스로 출발한 이 세계적인 두 브랜드에는 한 가지 공통점이 있다. 바로 고급스러움이라는 이미지다. 상류층을 대변하거나, 혹은 상류층을 지향하는 테니스의 이미지는 자연스럽게 '돈'과 연결되며, 결국 상업성 짙은 글로벌 스포츠 비즈니스로 성장하게 된다. 미국의 경제 전문지 〈포브스〉는 매년 스포츠 스타들의 연간 수입을 추산해 공개하는데, 여기서 가장 잘나가는 종목 가운데 하나가 테니스다. 축구나 야구처럼 어마어마한 연봉을 자랑하는 슈퍼스타들과 어깨를 나란히 할 정도로, 로저 페더러, 세리나 윌리엄스, 마리아 샤라포바, 라파엘 나달 같은 스타들은 포브스 선정 '가장 수입이 많은 스포츠 스타' 톱10에 꾸준히 등장해 왔다. 이들 선수의 수입 구조를 들여다

보면, 대회 상금보다도 후원 계약에서 나오는 금액이 훨씬 크다는 사실도 흥미롭다. 일본의 나오미 오사카는 2020년 한 해 동안 1억 달러가 넘는 수입을 올린 것으로 집계됐으며, 이는 여성 스포츠 선수는 물론 역대 모든 여성 선수의 '연간 최고 수입' 기록으로 남아 있다.

특히 테니스가 세계적 인기 스포츠임을 보여주는 결정적인 증거는 여자 선수들의 위상에 있다. 이는 테니스가 다른 종목들과 달리 전 세계적인 양성평등을 실현해낸 몇 안 되는 스포츠라는 점에서 의미가 크다. 생각해보자. 축구, 야구, 농구, 미식축구 등 메이저 프로 스포츠에서 여성 선수들이 남성과 비슷한 대우를 받는 사례는 드물다. 체조나 피겨 스케이팅처럼 여성성이 강조되는 종목이 예외적으로 주목받는 정도다. 그런 점에서 테니스는 여성 운동선수가 가장 좋은 대우를 받을 수 있는 대표적인 종목이며, 남녀 모두에게 공정한 기회를 제공하고 있다는 점에서 독보적이다.

스포츠 스타의 수입을 여성 선수만 기준으로 좁혀 보면, 꽤 놀라운 결과가 발견된다. 〈포브스〉가 매년 발표하는 여성 스포츠 스타 수입 순위를 보면 1위부터 10위까지의 상위권을 테니스 현역 스타들이 거의 독식하다시피 하고 있다. 테니스와 비슷하게 남녀 메이저 대회가 각각 존재하는 골프의 경우도 아직 여자 테니스의 인기와 상품성에는 미치지 못한다. 여자골프 메이저 대회인 US여자오픈이 2024년부터 우승 상금을 비약적으로 높여 240만 달러로 책정했지만, 여전히 여자 테니스 메이저 대회의 우승 상금(360만 달러 이상)의 약 70% 수준에 그친다. 흑인 여성으로 테니스계에 새로운 이정표를 세운 세리나 윌리엄스와 비너스 윌리엄스 자매, 러시아의 테니스 요정으로 불린 마리아 샤라포바, 그리고 최근에는 2021년 US오픈에서 신데렐라 같은 우승 스토리를 써낸 중국계 영국인 에마 라두카누까지, 적어도 이 세상에서 가장 많은 주목과 사랑을 받는 여성 스포츠 스타들은 대부분 테니스 선수라고 단언할 수 있다.

테니스는 일찍부터 남녀 공히 똑같이 시간을 내어 즐길 수 있는 운동으로 주목받아 왔고, 여성이 그들의 능력을 가장 잘 발휘하고 비교적 남성에 뒤지지 않을 수 있는 조건을 갖춘 스포츠란 설명은 설득력이 있다. 테니스는 무엇보다 라켓이라는 매개체를 통해 힘과 속도를 전달하기 때문에 남녀의 순수한 생물학적 차이를 상쇄할 수 있는 요소가 적지 않고 그래서 남자 못지않은 인기와 저변을 갖춘 스포츠로 자리매김할 수 있었다.

이처럼 오랜 역사와 전통, 고급스러운 이미지까지 더해지면서, 테니스는 단연 골프와 함께 가장 세련된 개인 스포츠로 주목받는다. 특히 코로나19 이후 국내에서도 테니스 동호인이 눈에

띄게 늘어난 현상 역시 이런 점들과 무관하지 않다. 테니스는 예나 지금이나 패션과 밀접하게 연결되면서, 젊은이들의 스마트폰 사진 찍기 열풍과 결합해 '뉴 스포츠'로 사랑받는다. 약간의 아이러니가 아닐 수 없다. 보수적이며 고집스러운 전통을 유지하는 테니스가 이 시대 젊은이들의 눈에는 쿨하게 보이니까 말이다.

그렇다면 산업적 측면에서 국내 테니스 시장의 규모는 어느 정도일까. 테니스는 제대로 된 시장 조사가 이뤄지지 못했을 정도로 아직은 걸음마 단계라고 보는 것이 냉정한 평가다. 국내 주요 테니스 라켓 및 용품 판매 사업자조차 정확한 시장 규모를 알지 못한다고 털어놓는다. 체계적인 시장 조사가 들어갈 정도로 시장 규모가 충분히 크지 않다는 뜻이다.

다만 골프와의 비교를 통해 대략적인 가늠은 가능하다. 2024년 기준 골프의 하드 굿즈, 즉 클럽이나 골프화, 의류 등의 시장 규모는 약 3000억 원으로 추산된다. 반면 테니스의 전체 굿즈 시장은 500억 원 수준에 그친다. 테니스 업계가 추정하는 테니스 인구는 코로나 시기 유입된 '테린이'까지 포함해도 100만 명을 넘기 어렵고, 이른바 '진성 동호인', 즉 주말 대회에 출전하는 수준의 실력자들의 규모는 4~5만 명 정도로 알려져 있다.

비교적 정확한 시장 조사가 이뤄진 골프의 경우, 집계된 동호인 수만 1000만 명에 육박한다. 이런 차이를 고려하면, 테니스가 골프의 뒤를 잇는 차세대 스포츠 산업이라 말하긴 아직 이르다. 오히려 테니스의 산업적 위상은 골프보다는 같은 라켓 스포츠인 배드민턴이나 탁구에 더 가까운 수준이다. 배드민턴의 경우 업계 추산 동호인 수가 200만 명에 달하는 것으로 알려져 있어, 국내 테니스는 여전히 갈 길이 멀다.

브레이크 포인트
Break Point

테니스의 정의를 철학적으로 내린다면, 나는 '상대의 서브를 브레이크(파괴)하는 게임'이라고 규정하고 싶다. 우리는 서브 게임을 브레이크하기 위해, 혹은 자신의 서브 게임이 브레이크당하지 않기 위해, 가지고 있는 모든 힘과 기술을 녹색 코트 위에 쏟아붓는다. 서브를 브레이크하는 것은 곧 승패와 동의어이기 때문이다. 프로 테니스 시합에서는 한 경기에서 주고받는 포인트가 보통 300개를 넘지만, 그 모든 포인트가 승부의 분수령이 되는 것은 아니다. 브레이크 포인트를 획득하거나 내주는 순간, 팽팽하던 균형이 무너지면서 승자와 패자의 희비가 엇갈린다. 그래서 브레이크 포인트는 테니스에서 가장 중요한 하나의 포인트이자, 승부처로 정의 내릴 수 있다. 2023년 글로벌 OTT 플랫폼 넷플릭스가 테니스 다큐멘터리 시리즈의 제목을 '브레이크 포인트'로 정한 이유도 사실 여기에 있다. 그 한 단어에 테니스 승부의 본질이 압축돼 있기 때문이다.

브레이크 포인트란 서브 게임을 잃기 직전, 마지막 벼랑 끝에 몰린 상태를 뜻한다. 예컨대 내가 서브를 넣고 있는데 스코어가 30-40이라면, 단 한 포인트라도 더 내주면 서브 게임을 잃게 된다. 바로 이 상황에서 벌어지는 포인트가 브레이크 포인트다. 이에 대응하는 개념은 '게임 포인트'라고 할 수 있는데, 서브권을 가진 내가 40-30이나 40-15로 앞서 있는 상황에서 한 포인트만 추가하면 서브 게임을 지킬 수 있는 '홀드' 상태다.

사실 게임 포인트와 브레이크 포인트는 '아' 다르고 '어' 다른 것 같은 느낌이 들 때도 있다. 어차피 한 포인트만 더 얻으면 게임을 획득하기 때문에 똑같이 게임 포인트란 용어로 통일하면 간단하지 않겠느냔 생각도 한다. 하지만 테니스를 즐겨 시청하거나 직접 뛰어본 사람이라면 잘 알 것이다. 브레이크 포인트는 게임 포인트와는 완전히 다른 무게감을 지닌다. 하늘과 땅 차이라는 말이 과장이 아니다. 테니스에서 브레이크 포인트는 그만큼 절대적인 순간이다.

이유는 역시 테니스가 갖고 있는 서브의 압도적인 이점 때문일 것이다. 남자 프로 테니스의 경우 평균적으로 서브 게임을 지킬 확률은 70%에 육박한다. 네트를 사이에 두고 서브권을 번갈아 갖는 스포츠 가운데 테니스처럼 서버가 절대적으로 유리한 종목은 사실상 없다. 아래에서 위로 올려주는 배드민턴의 서브는 리시버가 불리할 이유가 없어 바로 중립적인 랠리 교환으로 이어진다. 배구는 서버가 오히려 불리한 종목이다. 물론 남자 선수들이 큰 키를 활용해 파워풀한 스파이크 서브로 직접 득점을 올릴 때도 있지만, 대부분 리시브 쪽이 먼저 공격을 전개해 득점을 만든다. 그나마 탁구는 회전을 듬뿍 거는 '마구' 같은 서브로 3구째 주도권을 쥘 수 있어서 서브권자가 유리한 편이지만, 시속 220km를 넘나드는 강서브를 꽂아 넣을 수 있는 테니스만큼은 아니다. 그리고 무엇보다도 결정적인 차이는, 이들 종목은 한 세트 혹은 한 게임 안에서 서브와 리시브를 번갈아 수행하지만, 테니스는 단일 게임 전체를 오직 한 선수의 서브로 진행한다는 점이다. 서브 게임 하나를 온전히 자신의 힘으로 책임져야 하는 구조다.

그러니까 서브권을 가진 자가 브레이크 포인트에 몰렸다는 건, 서브 게임을 내줄 위기에 봉착했다는 뜻이다. 반대로 리터너로서는 상대의 서브 게임을 빼앗아 올 수 있는 절호의 기회를 맞은 셈이다. 이 위기와 기회가 교차하는 순간, 선수들의 마음속에서는 불꽃 같은 심리적 반응이 일어난다. 브레이크 포인트에 몰린 서브권자는 이전과는 차원이 다른 압박과 긴장감을 떠안는다. 반면 리터너도 마냥 편하지 않다. 브레이크 포인트는 흔치 않은 기회이기 때문에 반드시 득점으로 연결해야 한다는 부담이 뒤

따른다. 그래서 브레이크 포인트는 테니스 심리전의 최전선이자, 승부를 가르는 최대 분기점으로 불린다.

프로 테니스에서 챔피언의 반열에 오르는 선수들은 하나같이 브레이크 포인트 상황에 강하다. 테니스는 단순히 많은 포인트를 따는 스포츠가 아니다. 가장 중요한 포인트를 누가 더 많이 획득하느냐의 싸움이다.

이 말은 곧, 브레이크 포인트에서 득점 확률이 높은 선수가 최종 승자가 된다는 뜻과 일맥상통한다. 챔피언은 브레이크 포인트에 몰리면 한 차원 높은 경기력을 선보인다. 반면에 승률이 낮은 선수는 브레이크 포인트에서 제 기량을 100% 발휘하지 못하면서 주저앉는다.

비교적 승리에 대한 압박이 덜한 동호인들도 브레이크 포인트에 직면하면 평소 실력을 제대로 발휘하지 못하는 경우가 많다. 특히 동호인 경기에서 자주 나타나는 브레이크 포인트 증상은 더블 폴트다. 30-40과 같은 브레이크 포인트 상황에서 상급자 이하의 동호인들은 첫 서브를 반드시 성공시켜야 한다는 심리적 압박에 시달리게 되고, 결국 세컨 서브 상황을 자주 맞게 된다. 이때 세컨 서브에 대한 훈련이 덜 된 동호인들은 긴장 속에 너무 소극적인 서브를 넣다가 그대로 네트에 공을 헌납하고 허무하게 서브 게임을 내주곤 한다.

그렇다면 브레이크 포인트에서 어떻게 테니스를 쳐야 할까. 일단 멘털을 부여잡는 게 첫 번째 열쇠다. 지나친 긴장감은 버리되 상황이 상황인 만큼 평소보다 집중력을 최고조로 올릴 수 있는 멘털 훈련이 필요하다. 심리적인 준비가 어느 정도 해결되면 전략적 사고가 뒤따라야 한다. 보통 브레이크 포인트나 위기 상황에서 프로 선수들이 취하는 전략은 자신이 가장 자신 있게 할 수 있는 플레이를 실행에 옮기는 것이다. 서버라면 가장 연습을 많이 한 서브 구질을 선택하고, 코스도 가장 자신 있는 곳을 노린다. 상대의 약점이 있다면 그곳을 집중 공략하는 것도 좋은 작전이 될 수 있다. 원핸드 백핸드 리턴을 하는 선수에게 서브를 그쪽으로 집중하는 것은 자연스러운 선택지다. 리시버 역시 자신이 가장 잘 리턴해왔던 방식 그대로를 고수한다. 리시버는 브레이크 포인트에 몰린 서버보다 심리적으로 비교적 안정된 위치에 있기 때문에, 서두르지 않고 침착한 플레이를 펼치는 것이 핵심이다.

물론 브레이크 포인트의 진정한 마스터들은 이런 일반적 원칙을 벗어나는 선택을 한다. 평소보다 더 공격적이고 과감한 플레이를 통해 소극적인 대처에 머물러 있는 상대를 한방에 압도하며 브레이크 포인트를 지키거나 가져온다. 나달이나 페더러, 조코비치는 이 방면의 '절대고수'들이다.

특히 나달의 브레이크 포인트 대처 능력은 3명 가운데서도 유독 돋보인다. 나달은 페더러, 조코비치와 달리 서브가 다소 약하다는 평가를 받는다. 그만큼 서브 게임에서 브레이크 포인트에 몰렸을 때 이를 벗어나기 쉽지 않다. 하지만 나달은 빅포인트에 강한 진정한 강심장이었다. 대표적인 예가 2022년 호주오픈 남자 단식 결승전이다. 당시 나달은 36세의 노장으로, 결승 상대는 세계 1위를 예약한 다닐 메드베데프였다. 전문가들의 예측대로 메드베데프는 1세트를 6-2로 손쉽게 따냈고, 2세트도 타이브레이크 접전 끝에 7-6으로 가져갔다. 그리고 3세트 여섯 번째 게임에서 나달은 서브 포인트를 연달아 세 차례 내주면서 0-40의 절체절명의 위기에 봉착했다. 0-30에서 메드베데프의 백핸드 다운더라인이 작렬하자, 그는 승리를 확신하듯 라켓을 크게 위로 흔들어 보였고, 경기장을 가득 채운 관중들 역시 메드베데프라는 새로운 황제의 대관식이 임박했음을 추호도 의심하지 않았다.

　오직 한 사람만 빼고였다. 나달은 포기하지 않았다. 그가 늘 하던 루틴대로 침착하게 서브를 준비했다. 공을 바닥에 두 번 튀긴 뒤, 오른손으로 코를 만지고 양쪽 귀의 머리카락을 쓸어 넘겼다. 천천히 호흡을 가다듬고, 서브를 넣었다. 포인트 획득. 한 개의 브레이크 포인트를 지워냈다. 두 개 남았다. 두 번째 브레이크 포인트에서도 그는 흔들림 없이 집중력을 유지했고, 다시 포인트를 따냈다. 마지막 세 번째 브레이크 포인트까지 지워낸 순간, 로드 레이버 아레나의 나달 팬들은 요동쳤다.

'위기와 기회는 동전의 양면'이라는 격언이 현실되는 순간이었다. 위기에서 벗어나니 바로 기회가 나달에게 찾아왔다. 반면에 기회를 놓친 메드베데프는 곧바로 위기에 빠졌다. 그리고 나달은 결국, 거짓말 같은 '리버스 스윕 메이저 대회 우승'이라는 대역전을 해냈다. 두 세트를 먼저 내준 뒤 남은 세 세트를 모두 가져온 기적의 출발점은 바로, 그 세 번째 세트 중반의 트리플 브레이크 포인트 극복이었다.

사실 나달의 브레이크 포인트 대처 능력은 예전부터 정평이 나 있었다. 2007년 프랑스오픈 결승전에서 나달은 무려 17차례의 브레이크 포인트 위기를 맞았다. 네트 건너편 상대는 다름 아닌 테니스 황제 페더러였다. 그런데 나달이 마주한 17번의 위기에서 실제로 서브 게임을 내준 횟수는 얼마나 됐을까. 단 한 번이었다. 나달은 17번의 브레이크 포인트 가운데 16번을 지워냈고, 반대로 페더러는 16번의 기회를 놓치며 결국 프랑스오픈 우승의 꿈을 접어야 했다.

브레이크 포인트의 오묘함은 바로 여기서 드러난다. 위기를 극복하면 오히려 흐름을 가져오는 전환점이 되기도 하고, 반대로 수많은 찬스를 얻고도 그걸 살리지 못하면 심리적 위기가 가중되면서 경기 흐름 전체가 무너질 수도 있다. 나는 브레이크 포인트를 둘러싼 서버와 리터너의 치열한 심리전과 엇갈리는 희비야말로, 테니스가 가진 가장 큰 매력이라고 단언하고 싶다. 이는 다른 유사 종목에서 좀처럼 볼 수 없는, 오직 테니스만이 보여줄 수 있는 각본 없는 드라마이기 때문이다.

아마도 그래서 테니스 팬들은 길고 긴 4~5시간의 테니스 승부를 관중석에 앉아 진득하니 즐길 수 있는 것 같다. 만약 4시간 동안 브레이크 포인트와 같은 긴장의 순간과 극적인 전환 없이 수백 번의 포인트가 단순한 랠리 교환만으로 이어진다면 아무리 테니스를 사랑하는 사람이라도 지루함을 느낄 수밖에 없다. 하지만 테니스는 서브 게임마다 한 번쯤은 선수는 물론 관중 모두를 정신 바짝 차리게 만드는 결정적 순간이 찾아온다. 그 순간에 집중하다 보면 시간 가는 줄 모르고 경기에 빠져들게 된다. 브레이크 포인트는 테니스라는 스포츠가 선사하는 최고의 선물이다.

미국의 테니스 전설 빌리 진 킹은 "압박은 특권이다[Pressure is a privilege]"라는 명언을 남겼다. 이 문장은 US오픈의 메인 코트인 아서 애시 스타디움의 선수 입장 통로에 현판으로 걸려 있다. 압박 상황이야말로 테니스 경기의 본질적 속성이며, 이 압박을 긍정적으로 승화해 최고의 경기력을 발휘하는 것이 진정한 챔피언의 조건이라는 뜻이다. 브레이크 포인트는 서브를 넣는 선수와 리턴하는 선수 모두에게 적용되는, 절대적인 압박의 순간이다. 이 압박을 피하지 않고, 정면으로 맞서는 용기를 지닌 자만이 챔피언의 자격을 가진다.

타이브레이크
Tiebreak

한국 테니스가 낳은 최고의 스타 이형택이 개인적으로 꼽는 생애 최고의 경기가 있다. 그 경기는 피트 샘프러스와 맞붙은 2000년 US오픈 16강전도 아니고, 최초의 투어 우승을 일군 2003년 시드니 인터내셔널 결승전도 아니다. 의외로 그는 2005년 삼성증권 챌린저 결승에서 프랑스의 니콜라스 토반을 상대로 거둔 역전승을 최고로 꼽는다.

    타이브레이크 0-6의 열세를 뒤집은, 말 그대로 기적이었다. 한 점만 더 내주면 그대로 경기가 끝나는 벼랑 끝에 몰린 상황에서 이형택은 8-6으로 승부를 뒤엎었다. 타이브레이크 여섯 점 차의 열세를 극복한 건 국내는 물론, 세계 테니스사에서도 쉽게 찾아볼 수 없는 놀라운 사건이었다.

    도대체 어떤 마법이 그에게 일어난 걸까? 이형택 스스로가 밝힌 마법의 비밀은 타이브레이크에서 가져야 할 마음가짐에 있었다.

"그 순간 머릿속에 여러 생각이 오갔습니다. '이번에는 지려나 보다.' 그런 생각도 했죠. 그런데 한편으론 '여기 6-0에서 이긴 사람이 있을까? 내가 이기면 재미있겠다.' 이런 생각도 들더라고요."

"꼭 역전을 하겠다기보다도 한 포인트 한 포인트 따내다 보면 상대가 위축되기 마련이거든요. 처음에는 한 포인트씩만 열심히 하자고 생각했는데 그렇게 따라가다 보니 어느새 동점이 되어 있는 거예요."

결승전을 현장에서 직관한 관중들은 테니스 타이브레이크가 가져다주는 독특한 묘미를 만끽했을 것이다. 서브권이 한 사람에게만 있고 넉 점을 먼저 획득하면 승자가 되는 일반 게임과 달리, 타이브레이크는 서브를 번갈아 넣기 때문에 거의 모든 포인트에 브레이크 포인트와 같은 긴장감이 부여된다. 니콜라스 토반은 한 점만 따면 되는 상황이었지만 6-0의 상황에서조차 압박을 느꼈을 것이다. 그리고 점수 차가 좁혀짐에 따라 그 압박감은 서서히 증폭됐고, 마침내 그 부담을 떨쳐내지 못하면서 이형택에게 거짓말 같은 역전승을 안겨줬다.

타이브레이크는 복잡하기 짝이 없는 테니스 규정 가운데서도 초보자들이 가장 실행하기 어려운 부분으로 꼽힌다. 스코어 표기부터가 일반 게임과 다르다. 15, 30, 40이 아닌 1점, 2점, 3점으로 카운트된다. 그러나 초심자들을 가장 헷갈리게 만드는 지점은 서브권 교환 방식이다. 게임 스코어가 6-6이 되면 타이브레이크에 들어가는데, 첫 서브는 듀스 코트에서 넣는다. 그런 다음 서브권을 상대에게 넘기면, 상대는 이번엔 애드 코트에서 한 번, 그 다음에는 듀스 코스에서 한 번 서브를 넣고 서브권을 다시 넘긴다. 첫 서브를 제외하고는, 이렇게 매 포인트마다 두 번씩 교대로 서브를 넣되, 항상 애드 코트에서 시작한다. 하지만 여기서 끝이 아니다. 초보뿐 아니라 중급자 이상도 종종 놓치는 규칙이 하나 있는데, 스코어 합계가 6점에 도달하면 엔드 체인지, 즉 코트를 서로 바꿔야 하는 것이다. 어지간한 경험을 쌓은 중수 이상의 동호인들도 이걸 깜빡하면서 경기가 끝난 다음에도 뒤끝이 개운치 않은 경우가 흔하다.

그보다 더 혼란을 주는 규정도 있다. 해당 세트의 타이브레이크를 마친 뒤 다음 세트의 첫 서브는 누가 넣는지다. 흔히 타이브레이크의 마지막 포인트에서 서브를 넣은 사람이 리턴할 차례가 아니냐고 생각하기 쉽지만, 규정집에 따르면 타이브레이크 맨 첫 번째 포인트에서 서브를 넣은 사람이 다음 세트의 첫 게임에서 리턴 포지션에 선다. 프로들의 경기에서는 이 규정이 당연히 준수되지만, 동호인들은 보통 한 세트로 승부를 가리기 때문에

이 점을 잘 모르는 경우가 많다.

도대체 왜 타이브레이크처럼 복잡하고 까다로운 규정을 만들었을까. 기원을 거슬러 올라가면 1950년대까지 가야 한다. 당시 테니스는 세트 스코어가 5-5가 되면 두 게임 차로 승부를 내야 하는 원칙을 고수하고 있었는데, 이로 인해 세트가 끝없이 이어지고 경기 시간이 지나치게 길어지는 문제가 빈번히 발생했다. 대안을 마련해야 한다는 목소리가 높았고, 이러한 문제를 해결하고자 미국 테니스의 선구자 제임스 밴 앨런이 타이브레이크를 고안해 널리 보급하기 시작했다. 밴 앨런은 테니스 명예의 전당 창설자이기도 하다. 그가 처음 고안한 방식은 지금처럼 7점을 선취하는 것이 아닌, 5점을 누가 먼저 따내느냐였다. 그래서 공식 명칭은 '9점 타이브레이크'로 불렸다. 현재 사용하는 7점 타이브레이크와 달리 이 방식은 5-4가 되든, 5-1이 되든 무조건 5점까지만 도달하면 승자가 됐다. 그러니까 어떤 경우라도 듀스 없이 9점 이하에서 승패를 가릴 수 있었다. 하지만 이 방식은 테니스의 스코어 전통과 충돌하는 문제가 있었다. 두 게임 이상의 격차를 벌려야 세트를 승리할 수 있는 대원칙에 어긋났기 때문이다. 결국 현재처럼 7점을 먼저 획득하되, 반드시 2점 차 이상을 벌려야 승자가 되는 방식으로 정착되었다.

사실 상대와 2점 이상의 격차를 벌리는 것은 앞서 다룬 브레이크의 개념과 철학이 반영된 결과이기도 하다. 테니스는 본질적으로 상대의 서브 게임을 브레이크하고, 자신의 서브 게임을 지켜 두 게임 이상의 격차를 내야 세트를 가져갈 수 있는 구조를 지닌다. 타이브레이크 역시 이러한 '브레이크 철학'을 반영하고 있다. 7점을 먼저 따낸다고 해서 곧바로 승자가 되는 것이 아니라, 그 안에서도 상대의 서브를 브레이크해서 2점 이상의 격차를 벌려야 승자가 될 수 있다는 원칙이 적용되는 것이다.

그래도 여전히 풀리지 않는 궁금증 하나가 남아있다. 다 좋은데 왜 첫 서브를 넣는 사람은 한 번만 넣고 그다음부터 두 번씩의 서브권을 번갈아 갖느냐는 의문이다. 타이브레이크의 창시자 밴 앨런이 어떤 이유로 이런 방식을 도입했는지 역사는 설명해 주지 않는다. 다만 합리적인 추론은 가능하다. 타이브레이크에 임하는 두 선수의 조건을 최대한 동일하게 만들어주는 장치였다는 해석이다. 만약 1번 선수에게 두 개의 서브가 주어진다고 가정해 보자. 서브를 지킬 가능성이 높으므로 2-0이 된다. 2번 선수가 두 개의 서브를 지켜 2-2. 이런 식으로 서브의 홀드 가능성을 대전제로 6-6까지 도달하게 된다. 이때 서브권은 처음 서브를 넣은 1번 선수에게 다시 돌아가고, 다시 한번 홀드하게 되면 8-6으로 경기가 끝난다. 결국 처음 서브권을 가진 선수가 타이브레이크에서 유리하다는 구조가 형성되는 셈이다. 따라서 이에 대한 최소한의 균형 장치로 1개의 서브권만 부여하는 방식이 채택된 것으로 볼 수 있다.

타이브레이크가 메이저 대회에 처음 도입된 건 1970년 US오픈이었다. 전통을 중시하는 윔블던과 달리, 변화에 비교적 유연했던 US오픈이 가장 먼저 타이브레이크를 시범적으로 도입한 것이다. 하지만 1970년이 출발점이 된 데에는 그보다 1년 전 윔블던의 역사적인 경기에서 그 계기를 찾을 수 있다. 1969년 윔블던에서 당시 41세의 노장 판초 곤잘레스는 25세의 찰리 파사렐과 무려 5시간 12분에 걸친 대혈투를 펼쳤다. 순수 듀스 게임으로 치러진 이 경기의 스코어는 22-24, 1-6, 16-14, 6-3, 11-9였다. 즉, 1세트, 3세트, 5세트에서 무한 듀스 게임이 이어진 것이다. 이 경기는 이듬해 US오픈이 결단을 내려 타이브레이크를 시범 도입하게 된 계기가 됐다. 처음에는 5점을 먼저 따내는 9점 타이브레이크 방식을 사용하다가, 1975년부터 오늘날과 같은 7점 선취제로 정착됐다.

그래도 한동안 마지막 세트는 타이브레이크 없이 무한 듀스 게임을 반복하는 전통이 수십 년간 이어졌다. 이로 인해 등장한 기네스북 기록이 바로 2010년 윔블던 남자 단식 1회전에서 존 이스너와 니콜라 마훗이 만들어낸 2박 3일간의 '역대 최장 경기'다. 속도 빠른 윔블던 잔디 위에서 막강한 서브를 자랑하는 두 선수가 끝없이 서브 게임을 지켜내면서, 마지막 5세트 게임 스코어는 무려 70-68까지 이어졌다. 농구 경기에서나 나올 법한 이 기록적인 숫자에 충격을 받은 전 세계 테니스계에서는 메이저 대회의 마지막 세트에 타이브레이크를 도입하자는 목소리가 본격적으로 높아졌고, 마침내 2022년부터는 4대 메이저 대회가 모두 남녀 단식 최종 세트에 10점 타이브레이크 제도를 일괄적으로 시행하기로 합의했다.

사실 타이브레이크까지 경기가 진행됐다는 것은, 테니스에서 무승부라고 불러도 무방하다. 정규 세트에서 상대의 서브를 한 번 더 브레이크한 승자가 나오지 않았다는 뜻이기 때문이다. 월드컵 축구 대회에서 승부차기를 통해 다음 라운드 진출자를 가리기는 하지만, 공식 기록상으로는 무승부인 것과 마찬가지다. 축구에서 승부차기를 잘하는 팀은 특별히 없으며, 누가 이기든 이것은 운의 영역이라고 보는 시각이 강하다.

그러나 테니스에서 타이브레이크 승리는 행운이 가져다줄 수 없다. 오히려 테니스 경기의 어느 순간보다도 집중력과 실력이 냉정하게 검증되는 시간이다. 세트 내내 더 나은 기량을 보인 선수가 결국 타이브레이크에서 승자가 될 확률이 높다. 7점을 먼저 따내면 되는 타이브레이크는 정규 게임에 비해 짧고 간단해 보이지만, 실제로는 서브를 안정적으로 지키고 상대의 서브를 브레이크할 수 있는 실력을 갖춘 자만이 승리할 수 있는 외나무다리 대결이다. 노박 조코비치와 로저 페더러는 현역 시절 압도적인 타이브레이크 승률을 자랑했는데, 이들은 타이브레이크 승리에 요구되는 과감한 공격과 안정적인 운영 능력을 모두 갖췄다. 특히 조코비치는 30대 중반까지도 경이적인 타이브레이크 승률을 유지했는데, 상대가 가진 두 번의 서브권 가운데 적어도 한 번 정도는 위협할 수 있는 숨 막히는 리턴 능력, 그리고 나이가 들수록 날카로워지는 송곳 같은 서브로 인해 '난공불락'이라는 평가를 받았다.

아직도 최고 명승부로 회자되는 1980년 윔블던 남자 단식 결승전은 타이브레이크가 가져다준 선물 같은 경기였다. 영화로도 제작된 존 매켄로와 비외른 보리의 대결이었다. 4세트 타이브레이크는 윔블던 역사상 가장 치열하고 손에 땀을 쥐게 만든 순간으로, 롤러코스터의 짜릿함과 공포 영화에서 느낄 법한 서스펜스를 모두 담은 종합 패키지였다. 타이브레이크 승부에만 30분 가까운 시간이 소요됐고, 18-16이란 믿기 힘든 스코어가 전광판에 찍힌 희대의 명승부였다. 단 7점만 내면 끝나는 타이브레이크에서 그보다 3배 이상의 많은 점수가 오가면서 윔블던 센터 코트는 말 그대로 열광의 도가니로 변해 버렸다.

여기서 특히 주목해야 할 부분은 비외른 보리의 심리 상태다. 보리에게는 이 타이브레이크가 극도의 스트레스였다. 왜냐하면 그는 4세트 게임 스코어 5-4의 상황에서 서브권을 갖고 있었고, 심지어 40-15, 두 개의 챔피언십 포인트까지 잡았기 때문이다. 단 한 점만 더 내면 윔블던 5연패의 위업을 달성할 수 있었다. 그러나 보리는 이 두 번의 챔피언십 포인트를 모두 놓치며, 서브앤발리에 강한 매켄로와 타이브레이크를 치러야 하는 부담스러운 상황에 몰렸다.

16-17 상황에서 보리가 시도한 평범한 발리가 네트에 걸리면서 기나긴 타이브레이크가 종료되자, 센터 코트의 모든 관중은 환호성을 지르며 기립박수를 쳤다. 일생에 다시 구경 못할 명승부에 대한 열렬한 찬사이자, 마지막 5세트로 경기가 조금 더 연장되는 걸 환영하는 의미의 뜨거운 환호였다. 무려 7번의 매치 포인트 위기에서 기사회생한 매켄로는 포효했고, 보리는 조용히 고개를 숙였다. 평범한 듀스 게임만 반복됐으면 결코 볼 수 없는 명승부였다.

2001년 US오픈 남자 단식 8강전은 또 다른 의미의 타이브레이크 명승부였다. 당대 최고의 서버 피트 샘프러스와 리턴의 최강자 안드레 애거시가 맞붙은 이 경기는 3-1 샘프러스의 승리로 끝났지만 사실상 승부를 가리기 어려운 접전이었다. 네 세트 모두 타이브레이크로 끝났기 때문이다. 그 어떤 방패라도 뚫을 수 있는 날카로운 창과, 그 어떤 창도 막아내는 단단한 방패가 격돌한, 모순적 대결이었다. 과감한 서브앤발리를 앞세운 샘프러스가 극한의 심리전 속에서 근소한 차이를 만들어내며 승자가 될 수 있었다.

두 점 차로 이겨야 한다는 테니스의 원칙이 반영된 타이브레이크 방식은, 경기 시간 단축이라는 도입 취지를 무색하게 만들기도 한다. 메이저 대회에서 가장 긴 타이브레이크는 2024년 호주오픈 여자 단식 2회전에서 기록됐다. 무명의 안나 블린코바가 세계 3위 우승 후보 옐레나 리바키나를 맞아 3세트 10점 매치 타이브레이크에서 22-20으로 승리하는 대이변을 연출했다. 무려 42점이 오간 이 듀스 접전은 타이브레이크에만 약 30분이 소요돼, 웬만한 한 세트 분량에 맞먹는 진기한 기록을 남겼다.

타이브레이크가 메이저 대회에 도입된 지도 어느덧 50년이 지났다. 이는 시간과의 전쟁이라는 숙제를 해결하기 위해 테니스계가 내놓은 지혜로운 해법이었다. 타이브레이크는 테니스의 묘미와 박진감을 압축해 보여줄 뿐 아니라 공정성이라는 가치까지 지켜냈으니 최고의 걸작이라는 찬사가 전혀 아깝지 않다.

호크아이
Hawk-Eye

동네 테니스장에서 친선 복식 경기를 할 때였다. 상대의 첫 서브가 들어가지 않았고, 나는 그 공을 네트 앞으로 치워놓으려 했지만, 공은 데구루루 굴러 서비스 박스의 한가운데 멈춰 섰다. 치우고 경기를 진행했어야 했으나 그날따라 움직이기 귀찮았다. '설마 그 공에 맞겠어?'라는 안이한 생각이 화를 불렀다. 세컨 서브가 정확히 그 공을 맞혀버렸다. 당연히 리턴은 불가능했다. 나는 안 될 줄 알면서도 주장했다. "렛 아닙니까?" 그러나 나보다 동호인 대회 출전 경험이 풍부한 상대팀 에이스는 "이런 경우는 공을 치우지 않은 쪽의 잘못이기 때문에 득점은 서버가 가져간다"라며 가볍게 일축했다.

그런데 정확한 판정 기준을 적용하면, 그분의 주장도 완전히 맞는 건 아니었다. 놀랍게도 ITF에서 매년 내놓는 테니스 규정집에는 이런 애매한 상황까지 고려한 세밀한 판정 기준이 담겨 있다. 2025년 ITF 테니스 규정 25항 '리턴 허용'에는 이런 경우와 유사한 판례가 소개돼 있다.

상황: 리턴한 공이 상대편 코트 바닥에 놓여 있는 다른 공을 맞혔을 경우, 올바른 판정은 무엇인가?

판정: 플레이를 계속한다. 단, 그 공이 플레이 중인 공인지 불확실할 경우에는 렛let을 선언해야 한다.

이 규정을 그대로 적용하면, 세컨 서브가 코트 위에 있던 다른 공을 맞혔다 하더라도 플레이는 그대로 이어져야 한다. 물론 결과는 마찬가지였을 것이다. 서브를 넣은 공이 바닥에 있는 공에 맞았는데 어떻게 리턴이 가능하겠는가. 어쨌든 테니스에서는 코트 바닥에 있는 공을 치우지 않았다고 해서 무조건 실점하는 규정은 존재하지 않는다는 점은 확인할 수 있다. 그러나 이마저도 공식 시합에서는 일어날 수 없는 비현실적인 일이기 때문에 크게 신경 쓸 규정은 아닐 것이다. 심판이 있고, 타이틀이 걸려 있는 대회에서 공을 치우지 않고 경기를 이어간다는 것은 상상하기 어렵기 때문이다.

스포츠는 판정 없이는 존재할 수 없다. 규칙이 정해지고, 모든 선수가 같은 기준의 적용을 받는다는 전제하에서만 경쟁이 성립한다. 테니스는 그 가운데서도 판정의 정확성과 공정성이 유난히 높은 수준으로 요구되는 종목이다. 테니스는 생각보다 복잡한 경기다. 규정 위반이라 할 수 있는 요소들이 곳곳에 숨어있다. 예를 들어, 서브를 넣을 때 베이스라인을 밟으면 반칙(풋폴트)이 선언된다. 복식 경기에서 상대가 서브를 넣을 때, 우리 편 전위에 있는 선수가 네트를 건드리면 이는 반칙으로 간주되어 실점하게 된다. 라켓을 던져서 공을 맞히면? 그 공이 네트를 넘긴다고 하더라도 반칙으로 포인트를 내준다. 격렬한 랠리 중에 상대가 공을 치기 직전 너무 크게 기합을 외치면 '방해 행위hindrance'로 실점할 수 있다. 심지어 프로 선수들의 유니폼에 부착된 후원사 브랜드 로고의 크기나 위치도 규정을 벗어나면 안 된다. 이처럼 지켜야 할 규칙과 상황에 따라 고도의 판단을 내려야 하는 판정 규정이 복잡하게 얽혀 있기에, 테니스는 지구촌 스포츠 가운데 판정 기술이 가장 정교하게 진화한 종목 중 하나로 자리매김했다.

지금은 축구에서도 널리 쓰이는 전자 판독 시스템은 테니스가 가장 먼저 개척한 분야라고 해도 과언이 아니다. 매의 눈처럼 정확한 판독이 가능해 '호크아이'로 불리는 컴퓨터 판독 시스템은 이제 하나의 고유 명사처럼 쓰인다. 2006년 US오픈에서 처음 공식 도입된 호크아이는 이후 다른 종목으로 대폭 확장되며 축구의 오프사이드와 골라인 판독 등에 쓰이고 있다.

사실 테니스에서 호크아이가 앞장서 도입된 이유는 인간의 눈으로 판정하기에 가장 어려운 특성을 지닌 종목이기 때문이다.

시속 200km가 넘는 빠른 공이 폭 5.08cm의 선 안쪽에 떨어졌는지 바깥으로 나갔는지를 판단하는 것은 매우 어렵고, 늘 판정의 정확성을 둘러싼 불신과 논란이 끊이지 않았다. 정신없이 이어지는 스트로크 랠리 도중 카를로스 알카라스가 마음먹고 때린 포핸드 강타는 시속 150km가 넘는 속도로 베이스라인 꼭짓점 근처에 떨어지는 경우가 많은데, 제아무리 선심의 시력과 집중력이 뛰어나다고 하더라도, 인간인 이상 실수를 피하기 어렵다.

호크아이의 원리는 10대가 넘는 카메라가 공의 움직임을 동시에 추적한 데이터를 컴퓨터가 분석해 공의 정확한 궤적과 착지점을 계산하는 방식이다. 동호인들이 흔히 '깻잎 한 장 차이'로 부르는 아주 미세한 인/아웃 판정을 호크아이는 손쉽게 수행한다. 초창기 호크아이 시스템은 인간 판정의 불완전성을 보완해 주는 획기적인 발명품이었으며, 테니스계는 이를 흥미로운 볼거리로 승화시키는 데도 성공했다. 경기 도중 애매한 판정이 나왔을 때 최대 세 번의 호크아이 판독 기회를 주는 '챌린지 제도'를 도입하고, 선수와 관중, 심판이 대형 전광판을 통해 판독 결과를 함께 확인하는 실시간 이벤트로 발전시킨 것이다.

약 15년 동안 테니스의 또 다른 재미 요소로 자리매김한 호크아이는 코로나 팬데믹을 거치면서 인간 심판의 영역을 거의 대체하는 수준에 이르렀다. 이제는 선심 없이 모든 판정을 컴퓨터가 수행하는 방식이 보편화되었기 때문이다. 더 이상 세리나 윌리엄스가 자신의 서브 풋폴트를 선언한 동양인 선심을 향해 거친 언사를 퍼붓는 장면을 볼 수 없게 됐다. 페더러가 챔피언십 포인트에서 때린 포핸드를 나달이 챌린지 신청해 호크아이 판독을 거쳐 우승자가 결정된 2017년 호주오픈 결승전의 드라마는 과거의 유물이 되어 버렸다. 모든 판정이 컴퓨터에 의해 이뤄지면서, 인/아웃을 두고 주심에게 거칠게 항의하던 테니스 악동들의 모습도 사라지고 있다. '오심도 경기의 일부이고 승부의 묘미'라는 스포츠의 오래된 격언은, 적어도 테니스에서는 더 이상 통용되지 않게 된 셈이다.

2025년, 마침내 호크아이가 '난공불락'이라 불렸던 클레이 코트까지 함락했다. 프랑스오픈을 제외한 모든 남녀 테니스 클레이 코트 오픈 대회에 인간 선심 대신 호크아이를 통한 판독 시스템이 적용되기 시작한 것이다. 클레이 코트에서 호크아이가 오랫동안 사용되지 않은 까닭은 공 자국이 비교적 선명하게 남기 때문에 인간의 눈으로 사후 판정이 가능하다는 인식이 강했기 때문이다. 그러나 공 자국이 과연 인/아웃을 가를 수 있는 절대적인 기준이 될 수 있느냐는 문제 제기가 뒤따랐다. 초고속 카메라로 공의 궤적을 정밀 분석한 결과, 육안상 선에 닿지 않은 것처럼 보이던 공이 실제로는 아주 미세하게 선과 접촉한 것으로 드러난 사례들이 확인됐다. 다시 말해, '스쳐 지나가는 흔적'까지 감지해 낼 수 있는 호크아이의 기술력이 결국 클레이 코트까지 집어삼킨 셈이다.

사실 스포츠 전반에서 인간 심판의 역할과 비중은 점점 축소되고 있다. 프로야구는 스트라이크 판정을 'ABS(Automated Ball-Strike)' 시스템이라는 컴퓨터 판독 방식으로 전환했고, 태권도는 전자호구 장치를 도입해 발차기와 주먹 공격이 센서를 통해 자동으로 채점되도록 한 지 오래다. 컴퓨터와 인공지능이 인간의 판정 영역을 대체하는 흐름은 스포츠를 넘어 여러 직업군에서도 광범위하게 확산되고 있다. 그중에서도 테니스는 공정하고 정확한 판정에 대한 기술 혁신을 주도적으로 받아들여온 종목이며, 인간 심판을 컴퓨터가 대체하는 흐름이 가장 빠르게 진행되고 있는 스포츠라 해도 과언이 아니다.

그럼에도 불구하고, 테니스 코트의 '포청천'이라 불리는 체어 엄파이어, 즉 주심의 역할은 여전히 중요하다. 아직까지 컴퓨터가 해결해 줄 수 없는 사람간의 갈등과 돌발 상황을 통제하고 최종 판단을 내리는 책임자이기 때문이다. 예를 들어, 호주의 닉 키리오스처럼 관중을 향해 불손한 언사를 날리는 선수에게 페널티를 부여하는 일, 혹은 조코비치가 의도치 않게 선심의 몸에 공을 강타한 사건에 대해 규정을 종합적으로 해석하고 판단하는 일등은 컴퓨터가 수행할 수 없는 영역이다. 또한 과거, 선심의 판정에 노골적으로 불만을 표출하며 주심에게 도를 넘은 항의를 반복하던 존 매켄로를 실격시킬지 여부를 결정했던 것도 사람의 판단이었다. 호크아이가 정확도를 책임지는 시대일지라도, 최종적인 규칙의 해석과 질서 유지는 여전히 인간 심판의 몫이다.

호크아이는 판정의 정확성을 획기적으로 높여주는 데 그치지 않고, 최근에는 정밀한 데이터 분석 도구로도 주목받고 있다. 선수들의 서브 속도, 스트로크의 회전량을 실시간으로 분석할 수 있을 뿐 아니라, 공을 타격하는 선수의 평균 위치까지 입체적으로 파악해 전략 수립에 유의미한 인사이트를 제공한다. 선수들의 전담 코치들도 컴퓨터 데이터가 제공하는 정보를 바탕으로 작전을 짜고, 경기 도중 실시간으로 분석한 데이터를 기반으로 게임 플랜 변경을 선수에게 요구하는 모습도 볼 수 있다. TV 중계방송에서도 호크아이는 테니스 팬들에게 선수의 강점과 약점, 전략 등을 정제된 데이터로 시각화해 보여줌으로써 테니스를 관전하는 재미를 더해준다.

아마추어 간의 친선 경기나 주말 대회에서도 판정 시비는 끊이지 않는다. 풋폴트를 둘러싼 신경전, 그리고 라인 콜 시비는 단골 분쟁 소재다. 클레이 코트나 깨끗하게 정돈된 하드 코트의 경우 공의 자국이 남기도 하지만, 그럼에도 인과 아웃을 두고 불꽃 튀는 논쟁이 벌어진다. 해당 자국이 실제 공의 흔적인지 정확히 단정하기 어려운 경우가 대부분이기 때문이다. 대개 목소리 큰 사람이 이기는 교통사고 처리와 비슷한 흐름으로 승자와 패자가 결정되는 경우가 많은데 여기서 대원칙으로 삼아야 할 아마추어의 로컬 룰은, 가까운 거리에서 본 사람의 의견을 존중해야 하는 '셀프 콜'일 것이다.

    내가 겪은 다소 황당했던 판정 논란 사례를 하나 소개해 보자. 동호인 대회에서 수십 차례 우승한 고수 조와 맞붙은 경기였다. 브레이크 포인트 기회를 잡았고, 랠리에서 우세를 이어간 끝에 네트 바로 앞에서 스매시 찬스를 맞았다. 때리기만 하면 무조건 득점이고 브레이크 포인트를 따낼 수 있는 상황이었다. 하지만 하필 그 순간, 옆 코트에서 공이 굴러들어 오고 있었다. 코트 밖, 멀찌감치 떨어진 하수 시설 근처였다. 네트 건너편 고수는 이때다 싶었는지 렛을 외쳤다. 공은 플레이에 아무런 영향을 주지 않았지만 그 동호인 고수는 일체의 타협 없이 렛을 주장했고, 결국 그 게임을 브레이크하는 데 실패했다. 억울한 생각에 경기 전체를 망쳐버린 건 물론이다. 그러나 지금 와서 생각해 보면, 규정은 규정이다. 공이 코트 중앙으로 들어오든, 뒤쪽 하수구로 빠지든, 셀프 콜의 주체가 방해를 받았다고 주장하면 이를 받아들이는 것이 룰이다. 어쩔 수 없다. 악법도 법이니까. 그게 스포츠 정신이기도 하다.

시상식
Ceremony

스웨덴이 낳은 전설의 팝 그룹 아바의 명곡 가운데 'The Winner Takes It All(승자가 모든 것을 가져간다)'이라는 노래가 있다. 2002년 한일 월드컵에서 한 방송사가 조별리그가 모두 마무리된 뒤 본격적인 16강 대결을 앞두고 이 곡을 배경으로 뮤직비디오를 만든 기억이 난다. 당시 우리에게 뼈아픈 패배를 당해 16강 진출이 좌절된 포르투갈 대표팀 감독이, 이 노래의 선율에 맞춰 고개를 푹 숙이는 장면이 인상적이었다. 승자와 패자를 극명하게 가르는 스포츠야말로 이 곡의 테마와 가장 잘 어울리는 장르일 것이다.

그런데 테니스는 꼭 그렇지만은 않은 것 같다. 주 단위로 열리는 국제 테니스 대회에서 주인공은 물론 우승자이지만, 결승전에서 아픔을 겪은 준우승자에게도 상당한 대우를 해준다. 나아가 때로는 2등이 챔피언보다 더 스포트라이트를 받는 진풍경도 연출되는 곳이 테니스 시상식이다.

2021년 US오픈 여자 단식 결승전이 바로 그런 경우였다. 이 대회에서는 영국의 18세 신예 에마 라두카누가 사상 최초로 예선을 거쳐 본선에 오른 뒤, 단 한 세트도 내주지 않고 우승을 차지하는 기적 같은 드라마를 완성했다. 그런데 이게 끝이 아니었다. 그 못지않게 인상적인 장면은 결승전이 끝난 후, 시상식에서 펼쳐졌다. 준우승에 그친 캐나다의 레일라 페르난데스가 경기장을 가득 메운 관중들로부터 뜨거운 기립박수와 환호를 받았기 때문이다. 어떤 면에서는 우승자인 라두카누보다 더 큰 성원을 받은 듯 보였는데, 그 이유는 바로 페르난데스의 재치 넘치는 준우승 소감 덕분이었다.

그녀는 짧은 소감을 마친 뒤, 애플의 창업자 스티브 잡스가 즐겨 쓰던 말인 "한 가지 더 있습니다One more thing"를 외치며 다음과 같이 덧붙였다. "뉴욕 시민 여러분께 전하고 싶습니다. 오늘은 9.11 테러 20주기입니다. 저도 뉴욕처럼 어려움을 이겨낼 수 있는 강인함을 지니고 싶습니다. 뉴욕, 정말 놀랍습니다."

열아홉 살이라고는 믿기지 않는 성숙한 매력과 공감 어린 메시지가 담긴 최고의 스피치였다. 뉴욕 관중들은 한참 동안 감동의 박수를 아낌없이 보냈다. 뒤이어 라두카누가 우승 소감을 밝혔지만, 그날 관객들과 전 세계 TV 시청자들의 기억에 오래 남은 장면은 2인자의 눈물 어린 명연설이었다.

테니스는 다른 종목에서는 찾아볼 수 없는 독특한 전통 한 가지가 있다. 바로 준우승자의 시상식 연설이다. 그랜드슬램을 포함한 모든 토너먼트 대회에서 늘 결승전에 오른 두 명의 주인공 모두에게 마이크를 쥐여주고, 관중 앞에서 소감을 말할 기회를 준다. 다른 종목에서는 보기 드문 광경이다. 한번 상상해 보자. 2014년 브라질월드컵 결승전에서 독일에 패한 아르헨티나의 메시가 스타디움에서 준우승 소감을 밝힌다면, 그는 어떤 얘기를 할 수 있었을까? 또 무하마드 알리의 속사포 같은 펀치를 맞고 KO패를 당한 조지 포먼이 패자의 변을 링 위에서 밝힌다면 얼마나 어색하고 씁쓸하게 보일까? 패배의 아픔에 쓰라린 눈물을 흘리고 있는 선수에게 소감을 요구하는 건, 어쩌면 너무 가혹한 예우일지도 모른다.

그럼에도 테니스는 이 '가혹한 전통'을 꿋꿋이 지켜왔다. 패자를 한 번 더 울리는 일이 될 수도 있지만, 반대로 패배자가 승자보다 더 강렬한 인상을 남기는 '신 스틸러scene-stealer'가 되는 경우도 드물지 않다.

아마도 시상식이 준우승자의 눈물로 더 오래 기억되는 대표적인 경우는 윔블던 비련의 여주인공인 체코의 야나 노보트나의 준우승 스토리일 것이다. 그녀는 영화보다 더 영화 같은 감동 서사의 주인공이었다.

노보트나는 1993년 윔블던 여자 단식 결승전에서 슈테피 그라프를 상대로 다 이긴 경기를 역전패로 놓쳤다. 얼마나 패배의 아픔이 쓰라렸던지, 시상식에서 켄트 공작 부인이 준우승자에게 수여하는 쟁반을 건네자, 노보트나는 감정을 주체하지 못하고 그녀의 어깨에 기대어 흐느꼈다. 오열하는 노보트나를 지켜보던 관중은 물론이고, 우승의 기쁨을 만끽하고 있던 그라프마저 숙연해질 수밖에 없었다. 그 순간, 공작 부인은 흐느끼고 있는 노보트나에게 이렇게 속삭였다. "너무 슬퍼하지 말아요. 언젠가 당신은 꼭 윔블던에서 우승할 겁니다."

그로부터 4년 뒤, 켄트 공작 부인의 말은 현실이 되는 듯 보였다. 노보트나가 두 번째 윔블던 결승에 오른 것이다. 그러나 이번에도 우승 트로피를 들어 올리지는 못했다. 당시 무서운 10대 돌풍을 일으키던 스위스 요정 마르티나 힝기스에게 패하며 또 한 번 눈물을 삼켜야 했다. 그 시상식에 다시 참석한 공작 부인은 이렇게 말했다. "삼세번 도전하면 꼭 행운이 따를 겁니다."

그로부터 1년 뒤, 1998년 윔블던 결승전. 노보트나는 세 번째 도전 끝에 마침내 꿈에 그리던 윔블던 우승 트로피를 들어 올렸다. 세 번째 시상식에서 다시 마주친 노보트나와 공작 부인은 비로소 함께 활짝 웃을 수 있었다. 테니스 역사상 가장 감동적인 우승 스토리 가운데 하나가 완성되는 순간이었다. 그리고 그 모든 서사의 출발점은, 다름 아닌 1993년 노보트나의 준우승 시상식이었다.

테니스 시상식에서 준우승자가 신 스틸러가 되는 지름길은 역시 눈물이다. 메이저 대회 결승까지 오른 선수라면 '스포츠 머신'이라고 불러도 과언이 아닐 정도로 팬들에게는 강인한 이미지일 것이다. 하지만 그 강철처럼 보이는 선수가 인간적인 면모를 보이며 감정이 무너지는 모습을 보일 때, 관중들은 패자의 아픔에 더 공감하게 된다. 역사상 가장 위대한 선수이자 가장 완벽한 챔피언으로 꼽히는 로저 페더러도 예외는 아니었다.

2009년 호주오픈 남자 단식 결승전에서 페더러는 자신보다 다섯 살 어린 라이벌 라파엘 나달에게 5세트, 4시간 30분에 걸친 대접전 끝에 패했다. 하드 코트 메이저 대회에서 나달에게 당한 첫 패배였고, 2008년 프랑스오픈과 윔블던에 이은 메이저 결승 3연패였다. 무엇보다 이 패배가 더욱 쓰라린 이유는, 클레이와 잔디에 이어 하드 코트에서마저 나달이 자신의 아성을 무너뜨렸다는 점이었다. 최고라는 자부심을 품고 살아온 페더러의 상실감은 이루 말할 수 없었다. 경기 뒤 이어진 시상식에서 천하의 로저 페더러는 속절없이 무너졌다.

준우승 트로피를 건네받고 마이크를 잡은 페더러. 한동안 말을 잇지 못했다. 이미 감정이 복받쳐 있었던 상황이었다. 그때 관중석에서 누군가 불을 지폈다. "페더러, 우리는 당신을 사랑해요!" 그 말을 듣는 순간, 그는 더는 참지 못하고 고개를 숙인 채 흐느꼈다. 경기장은 숙연해졌고, 승자인 나달 역시 기뻐하지 못했다. 이 어색한 눈물 속 침묵의 시간은 3분 가까이 이어졌다.

페더러의 아픔을 달래준 건 나달이었다. 나달은 우승 트로피를 받자마자 자신의 스피치를 잠시 미루고 페더러에게 다가갔다. 그는 페더러의 어깨를 감싸며 "준우승 소감을 먼저 말해줘요"라고 부탁했고, 이 말을 들은 페더러는 용기를 냈다. 다시 마이크 앞에 선 그는 이렇게 말했다. "패자인 제가 더 이상 시상식을 망쳐서는 안 될 것 같습니다. 나달은 정말 훌륭했고, 챔피언이 될 자격이 있습니다." 그러고는 조용히 단상에서 내려왔다. 2009년 호주오픈 결승전은 기량 면에서도 나달과 페더러 라이벌전의 백미로 꼽힐 만한 명승부였지만, 테니스 팬들의 기억 속에 더 깊이 남은 건, 승부보다 페더러의 눈물이었다.

재미있는 건, 1년 뒤 호주오픈에서 준우승자의 '신 스틸러' 순간이 반복되었다는 점이다. 이번에는 눈물의 주인공이 바뀌었다. 결승전에서 페더러가 영국의 앤디 머리에게 3-0 완승을 거뒀고, 머리가 비련의 주인공 역을 맡았다. 마이크를 잡은 머리는 한참 동안 말을 잇지 못하다 끝내 오열했고, 눈물을 훔친 뒤 가까스로 이렇게 말했다. "작년 페더러처럼 이렇게 우는 건 잘하는데, 페더러처럼 테니스를 잘 치지는 못해 부끄럽습니다."

준우승자의 가혹한 운명은 '테니스 사이보그' 노박 조코비치도 피해가지 못했다. 2015년 프랑스오픈 결승전에서 조코비치는 스탄 바브링카에게 불의의 패배를 당하며 준우승에 그쳤다. 프랑스오픈에서 유독 강한 라파엘 나달이 8강에서 탈락하면서, 대부분 조코비치의 첫 프랑스오픈 우승을 의심하지 않았다. 그런 만큼 패배의 충격은 더욱 컸다. 시상식에서 조코비치가 준우승 소감을 막 전하려는 순간, 관중들은 약속이라도 한 듯 기립박수를 보내며 그의 이름을 연호했다. 적당한 선에서 끝날 줄 알았던 환호는 멈추지 않았고, 애써 냉정을 유지하던 조코비치의 감정도 점점 무너졌다. 결국 그는 눈시울을 붉혔고, 기립박수는 약 2분 넘게 이어졌다. 마침내 조코비치는 눈물을 훔치며 힘겹게 말했다. "내년에 다시 이 자리에 서겠습니다." 결국 조코비치의 눈물 속 다짐은 1년 뒤 프랑스오픈 첫 우승으로 실현됐다.

테니스 시상식은 결승전 외나무다리 대결을 벌인 두 명의 고독한 승부사에게 공평한 찬사를 보내는 자리다. 승자에게는 아낌없는 축하의 박수가, 패자에게는 다음을 기약하고 다시 일어서라는 격려의 메시지가 전해진다. 승자와 패자 간의 존중도 이 자리에서 확인된다. 우승자가 가장 먼저 건네는 말은 준우승자에 대한 위로와 격려이고, 준우승자 역시 챔피언에 대한 칭찬과 찬사를 빼놓지 않는다. 메이저 대회 시상식의 가장 마지막 순서는 두 선수가 나란히 우승 트로피와 준우승 쟁반을 들고 사진기자들의 플래시 세례를 받는 것이다. 물론 최후의 순간에는 승자 한 명만 남아 모든 스포트라이트를 독식하지만, 테니스처럼 패자와의 동행을 보여주는 스포츠는 드물다.

테니스 코트 위에 선 선수들은 외롭다. 다른 종목과 달리 코치의 도움도 받을 수 없고, 철저히 혼자다. 승리의 기쁨도 패배의 아픔도 오롯이 자신의 몫이다. 하지만 격렬한 승부의 끝을 알리는 시상식에서는 패자도 따뜻하게 위로받는 아름다운 세상이 펼쳐진다. 테니스는 승자가 모든 것을 가져가지도, 1등만을 기억하지도 않는, 따뜻한 스포츠다.

대회

Event

윔블던 1877
Wimbledon 1877

1877년 시작된 윔블던은 세계에서 가장 오래된 테니스 토너먼트라는 자부심을 지닌 대회로, 그 자체가 하나의 역사 박물관이라 할 만하다. 매년 7월 한 달간 격렬한 테니스 경기가 열리는 기간 외에도, 윔블던은 '성지 순례'를 하려는 수많은 테니스 팬과 관광객들로 붐빈다. 윔블던 주최 측이 선발한 전문 투어 가이드는 카랑카랑한 목소리로 센터 코트를 포함한 구석구석을 안내하며, 150년에 가까운 역사와 잘 알려지지 않은 비하인드 스토리까지 친절히 들려준다. 30파운드로 비싸면 비싸고 싸면 싸다고 할 수 있는 윔블던 투어에 최신 작품이 진열되어 있었으니, 이제는 전설이 된 윔블던 18번 코트다. 2010년 남자 단식 1회전 존 이스너와 니콜라 마훗이 벌인 11시간 5분 대격전의 흔적이 보존되어 있다. 전통에 관광 상품을 입히는 재주가 남다른 윔블던은 이 역사적 사건을 재빠르게 포장해 윔블던의 또 다른 명소로 만들었고,

관광객들은 카메라 셔터 누르기에 바쁘다. 사실 그저 작고 평범한 야외 테니스 코트에 불과한데 말이다.

윔블던은 골프의 마스터스와 비슷한 위상을 지닌 테니스 최고 권위의 이벤트다. 언론의 취재도 아무에게나 허용되지 않는다. 까다로운 자격 심사를 거쳐 합격 여부를 통보하며, 서류 전형을 통과한 전 세계 소수의 테니스 전문 기자들에게만 기자실을 개방한다. 그래서 나 역시 '정식' 윔블던 챔피언십을 아직 경험하지 못했다.

그러나 지성이면 감천이라고 했던가. 윔블던이 전 세계 미디어에 활짝 문을 열 수밖에 없었던 천재일우의 기회를 놓치지 않았다. 2012년 하계올림픽이 영국 런던에서 열렸고 테니스 종목의 개최지로 윔블던이 선택된 것이다. 게다가 그해는 남자 테니스 최고 황금기로 불린 빅4 시대가 정점을 찍은 시기였다. 로저 페더러, 라파엘 나달, 노박 조코비치, 앤디 머리가 4대 메이저 대회를 하나씩 사이좋게 가져간 유일한 해였기 때문이다. 이처럼 드문 균형이 이뤄진 해였기에, 1988년 테니스가 올림픽 정식 종목으로 복귀한 이후 가장 큰 주목을 받은 대회가 바로 이 런던올림픽이었다.

뜻깊고 역사적인 남자 단식 결승전이 윔블던 센터 코트에서 펼쳐졌고, 영광스럽게도 나는 한국 방송 기자로는 유일하게 현장을 취재할 수 있었다. 결승전 매치업이 '테니스 황제' 로저 페더러와 '영국의 희망' 앤디 머리의 대결이었으니, 전 세계 언론의 취재 경쟁은 유례를 찾기 힘들 정도로 치열했다. 올림픽이 열리기 한 달 전 윔블던 챔피언십 결승에서는 페더러가 3-1로 역전승을 거두고 우승을 차지했지만, 오륜기와 영국 국기가 휘날린 올림픽 무대의 주인공은 앤디 머리였다.

비록 정식 윔블던 챔피언십은 아니었지만, 앤디 머리와 페더러가 맞붙은 올림픽 결승전 취재를 통해 윔블던 파이널의 화려하고 장엄한 분위기를 짐작해 볼 수 있었다. 1990년대 세계 랭킹 2위까지 오른 영국의 팀 헨만을 기리기 위해 '헨만 힐'이라 불리는 잔디밭 언덕에는 수백 명의 팬과 관광객이 돗자리를 깐 채 여름 햇살을 즐기며 대형 전광판을 통해 앤디 머리의 감격적인 금메달 획득을 지켜봤다. 마지막 앤디 머리의 서브 에이스가 윔블던 잔디에 최후의 일격을 가하자, 조국에 가장 특별하고 값진 올림픽 금메달을 안긴 영웅에게 영국 국민은 뜨거운 환호를 보냈다. 그 열기는 윔블던 결승전마다 헨만 힐을 가득 메운 팬들이 보여주던 열정마저 뛰어넘는 것이었다.

윔블던이 낳은 숱한 영웅 가운데 앤디 머리가 으뜸이라고 말하기는 어렵다. 여자 단식 최다인 9회 우승을 차지한 마르티나 나브라틸로바, 남자 단식 8회 우승의 주인공 로저 페더러가 윔블던 센터 코트를 가장 찬란하게 수놓은 인물일 것이다. 하지만 머리가 윔블던에서 차지하는 상징성은 남다르다. 조국에 자랑스러운 올림픽 금메달을 안긴 지 1년 뒤, 그는 77년간 이어진 영국 테니스 팬들의 한을 풀었다. 영국 국적의 선수로 프레드 페리 이후 윔블던 단식 정상에 오른 첫 번째 선수가 된 것이다. 2013년 윔블던 결승전에서 앤디 머리는 라이벌 노박 조코비치를 3-0으로 완파하며 이른바 '윔블던 효과'의 종식을 선언했다. '윔블던 효과'는 외국계 자본이 자국 금융을 잠식하는 현상을 빗댄 경제 용어로, 안방에서 열리는 윔블던 대회에서 늘 외국 선수들이 우승을 차지하고 자국 선수는 부진했던 현실을 표현한 말이다. 머리는 이 징크스를 77년 만에 끊어내며 국민적 영웅이 됐고, 그 공로로 엘리자베스 여왕으로부터 기사 작위를 받았다.

기독교의 예루살렘처럼 테니스 팬들에게 성지로 여겨지는 윔블던 센터 코트는, 규모 면에서는 세계 최고 수준은 아니다. 약 1만 5000명 정도의 관중을 수용할 수 있어, 2만 명이 넘는 초대형 테니스 경기장인 US오픈의 아서 애시 스타디움보다 작고, 편의시설 면에서도 호주오픈의 최신식 경기장에 비해 앞선다고 하긴 어렵다. 하지만 윔블던 센터 코트는 녹색 잔디가 깔린 근대 테니스 태동기의 정원 같은 풍경을 고스란히 간직하고 있는 성스러운 공간이기에, 전 세계 테니스 팬들의 로망이자 성지가 된다.

센터 코트 바로 옆에 자리한 No.1 코트는 관중석이 약 1만 2000석으로 센터 코트보다 약간 작다. 그러나 이 경기장 역시 윔블던에서 매우 중요한 의미를 지닌다. 국제방송센터가 이곳에 있고, 윔블던의 상징적인 풍경인 '헨만 힐'을 끼고 있어 TV 중계 화면만 보면 이곳이 센터 코트로 착각될 때도 있다. 그다음 규모인 No.2 코트는 약 4000명을 수용하는 아담한 크기인데, 이처럼 윔블던의 경기장들을 살펴보다 보면 윔블던이 고수해온 '전통 수호'의 의지를 자연스럽게 읽을 수 있다. 4대 메이저 대회 가운데 유일하게 테니스 코트에 사람 이름이나 후원사 명칭을 붙이지 않는 것도 윔블던의 고집스러운 전통 가운데 하나다. 이는 경기장 내 광고판을 허용하지 않는 원칙과도 일맥상통하며, 상업적 유혹에 타협하지 않겠다는 윔블던 정신을 상징적으로 보여준다.

여전히 흰색 옷과 양말, 신발 바닥의 색까지 통일하는 윔블던의 완고함은 제아무리 시간이 지나도 변할 기미가 보이지 않는다. 오히려 최근에는 이런 고집스러움이 젊은 세대들에게 신선한 매력으로 다가온다. 4대 메이저 대회 중 유일하게 '심야 영업 금지'가 적용된다는 점은 답답하게 느껴질 수도 있지만, 이것 또한 윔블던의 전통이라는 키워드로 이해할 수 있다. 야간 경기 일정이 늘어져 새벽 2~3시까지 경기가 이어지는 일이 다반사인 호주오픈이나 US오픈과 달리 윔블던은 밤 11시가 되면 모든 일정을 중단한다. 부자 동네 윔블던에 거주하는 주민의 생활권을 보장하기 위함이다. 그나마 다행인 건, 윔블던 일정을 늘 꼬이게 만들던 '미들 선데이(대회 둘째 주 일요일의 휴식일)' 전통을 2022년부터 폐지한 것이다. 이는 보수적인 윔블던이 시대 변화에 일부 유연성을 보인 대표적인 사례로 꼽힌다.

윔블던은 먹거리도 전통이 있다. 딸기에 크림을 얹어 먹는 '스트로베리 앤 크림'은 윔블던을 찾는 관람객이라면 한 번쯤은 먹어봐야 할 명물이다. 과거 영국 왕 헨리 8세가 윔블던에서 6마일 정도 떨어진 햄프턴에서 이 음식을 즐겼다는 일화로 유명해진 딸기 디저트는 이제 해마다 날개 돋친듯 팔리는 윔블던의 대표 먹거리가 되었다. 물론, '기가 막히게 맛있다'는 평은 좀처럼 듣기 어렵다는 점도 기억해 둘 필요가 있다.

윔블던은 4대 메이저 대회 가운데 유일하게 한 자리를 고수해 온 '순정파'다. 강산이 열다섯 번 이상 변한 150년 역사 속에서 'SW19'라는 우편번호를 단 한 번도 바꾸지 않았다. 변함없이 시간의 풍파를 견뎌낸 이곳에는, 그래서 전 세계 평론가들이 꼽는 그랜드슬램 명승부가 이루 헤아릴 수 없이 많다. 사실 테니스 5세트 클래식의 서열을 매기는 일은 지극히 인위적이면서 주관이 담길 수밖에 없지만, 그럼에도 불구하고 역대 최고의 명승부 1, 2위가 윔블던에 집중돼 있다는 데는 이견이 거의 없다. 바로 2008년 윔블던 남자 단식에서 펼쳐진 로저 페더러와 라파엘 나달의 대결, 그리고 1980년 결승전에서 맞붙은 비외른 보리와 존 매켄로의 경기다.

물론 경기력 측면에서 이 두 경기가 정말 최고였느냐는 점에서는 적잖은 반론이 존재한다. 그럼에도 불구하고 오랜 기간 이 두 경기가 역대 으뜸가는 명승부로 추앙받는 이유의 상당 부분은 경기 장소가 윔블던이었다는 가산점이 추가됐기 때문일 것이다. 그만큼 윔블던의 녹색 잔디, 근현대 테니스의 출발점이었던 센터코트에서 펼쳐지는 스타들의 승부에는 시간의 축복이 깃든 고귀한 품격이 담겨 있다.

최고 권위 윔블던의 챔피언은 곧 세계 챔피언으로 통한다. 시대를 주름잡은 테니스 전설들은 거의 예외 없이 그 시대 윔블던의 정복자였다. 로저 페더러의 등장 전까지 '역대 최고 선수'라는 찬사를 받았던 피트 샘프러스는 7차례 윔블던 단식 정상을 차지했기 때문에 최고로 인정받았다. 그 이전 세대인 존 매켄로, 보리스 베커, 비외른 보리, 지미 코너스 등은 모두 복수의 윔블던 트로피를 진열장에 전시해 놓은 전설들이다. 여자 테니스 역시 마찬가지다. 최다 우승자인 나브라틸로바를 비롯해 세리나 윌리엄스, 슈테피 그라프, 마가렛 코트, 빌리 진 킹, 그리고 20세기 초반 세계를 평정했던 수잔 랑랑에 이르기까지, 윔블던을 여러 차례 정복하지 않고서는 '시대를 대표하는 선수'라는 칭호를 얻을 수 없었다.

여자 테니스의 경우 초창기부터 전 세대에 걸쳐 테니스 역사에 기록될 만한 뛰어난 인물들이 쉼 없이 윔블던을 거쳐 탄생했다. 로티 도드, 도로시아 램버트 챔버스, 수잔 랑랑, 키티 갓프리, 헬렌 윌스, 모린 코널리, 마가렛 코트, 빌리 진 킹, 크리스 에버트, 마르티나 나브라틸로바, 슈테피 그라프와 윌리엄스 자매에 이르기까지 여자 테니스사는 곧 윔블던의 역사라 해도 과언이 아니다.

남자 선수로 넘어가면, 여자에 비해 초창기 스타를 떠올리기가 쉽지 않다. 윔블던이 초창기에 채택했던 독특한 경기 방식 탓이 컸다. 디펜딩 챔피언에게 결승전 직행 티켓을 부여하는 '챌린지 라운드' 구조 때문에, 새로운 강자의 등장이 구조적으로 억제되는 측면이 있었다. 수잔 랑랑과 같은 강렬한 임팩트를 준 최초의 남자 선수는 아마도 영국의 프레드 페리일 것이다. 윔블던 티켓 박스 근처에 자리한 페리의 동상은, 그가 윔블던과 영국 테니스에 얼마나 큰 의미를 지닌 인물인지를 보여준다. 페리는 1909년 아서 고어 이후, 무려 수십 년 만에 등장한 '영국 출신 윔블던 챔피언'이었다.

윔블던 20세기 초의 가장 위대한 명승부 가운데 하나는, 1차 세계대전 이후 처음 열린 결승전이기도 했던 램버트 체임버스와 20세 수잔 랑랑의 대결이다. 당시 체임버스는 41세였는데, 속치마를 입은 전통적인 복장의 체임버스와 무릎 위까지 오는 원피스를 입은 랑랑의 맞대결은 외모부터 확연히 대비됐다. 경기 내용은 더 극적이었다. 마지막 세트에서 체임버스는 1-4로 끌려가던 상황을 뒤집고 두 차례 매치 포인트를 잡았지만, 결국 랑랑이 10-8, 4-6, 9-7로 승리했다.

역사에 길이 남을 역전승 가운데 하나로는 앙리 코셰의 1927년 윔블던 우승을 빼놓을 수 없을 것이다. 이 해는 단식부터 혼합복식까지 모든 종목에 시드가 배정된 첫해였고, 센터 코트 경기가 처음으로 중계 방송됐다. 특히 남자 단식 8강 진출자 전원이 해외 선수였던 점도 기록할 만하다. 준결승에서 미국의 빌 틸든을 만난 코셰는 두 세트를 내주고 세 번째 세트마저 1-5까지 밀렸으나, 믿을 수 없을 정도의 반전을 만들어냈다. 이후 5게임에서 단 두 포인트만 내주며, 17개의 서브 에이스를 쏟아부은 코셰는 마지막 세트를 6-3으로 따내며 승리했다. 이 믿기 힘든 전개에 대해 당시에는 힌두교도들에게 최면을 당했다는 소문까지 돌았다. 그에 앞서 8강전에서도 두 세트 뒤지다가 승리한 코셰는 결승에서도 또다시 4-6, 4-6, 6-3, 6-4, 7-5로 역전승을 거뒀다. 마지막 세트 3-5 상황에서 발리 뒤 백핸드 위너로 세 번째 매치 포인트를 지워냈는데, 당시 많은 이들이 그 발리가 투터치였다고 보기도 했다. 그럼에도 이 경기는 윔블던이 낳은 역대 최고의 드라마 가운데 하나로 꼽힌다.

1933년 잭 크로퍼드가 엘즈워스 바인을 상대로 거둔 4-6, 11-9, 6-2, 2-6, 6-4의 승리도 한 편의 대서사시였고, 자로슬라프 드로브니가 1953년 켄 로즈웰을 꺾은 경기, 스탠 스미스가 1972년 일리 나스타셰를 이긴 결승도 명승부로 기록된다. 슈테피 그라프가 1991년 가브리엘라 사바티니를 상대로, 그리고 1993년에는 야나 노보트나를 상대로 접전 끝에 승리했던 경기 역시 팬들의 기억에 각인되었다.

그러나 최근 윔블던은 '챔피언 중의 챔피언'이 탄생하는 무대라는 타이틀이 위협받고 있는 것도 사실이다. 신세대 선수들이 바운스가 낮고 속도가 빠른 데다 미끄러지기 쉬운 잔디 코트에 적응을 잘 못하면서, 최고의 선수들만이 차지할 수 있다는 윔블던의 권위가 흔들리고 있다. 특히 여자 테니스에서 이런 현상이 두드러지고 있는데, 세리나 윌리엄스가 은퇴한 이후, 윔블던을 지배하는 안방마님이 사라지면서 거의 매해 우승자의 얼굴이 바뀌고 있다.

그럼에도 불구하고 윔블던 잔디 코트에서 열리는 경기는 여전히 특별하다. 하드와 클레이 코트와 달리, 1년에 단 한 달밖에 열리지 않는 잔디 코트 시즌의 메이저 대회라는 희소성은 시간이 지나도 변함이 없다. 파워 일변도가 아닌 서브앤발리, 드롭샷 등 다양한 기술 샷이 가장 잘 구현되는 무대이기도 하다. 한때 해가 지지 않던 대영제국은 역사의 뒤안길로 사라졌지만, 테니스 제국 윔블던의 위상에는 여전히 해가 지지 않는다.

US오픈 1881
US Open 1881

지구상에서 가장 거대한 테니스 경기장인 아서 애시 스타디움은 유일하게 2만 명 넘는 관중을 수용할 수 있다. 사실 3층 꼭대기 좌석에서 개미만 하게 보이는 테니스 선수가 그보다 더 작은 테니스공을 주고받는 모습을 관람하는 건 그리 권장할 만한 일은 아니다. 1997년, '역대 최대 규모'라는 타이틀을 내걸고 개장한 아서 애시 스타디움은 그 거대한 크기만큼이나 논란도 컸다. 영화〈고질라〉의 홍보 문구처럼 '사이즈가 중요하다'는 찬사와, 개성 없고 매력 없는 콘크리트 덩어리에 불과하다는 혹평이 엇갈렸다.

시즌의 마지막 메이저 대회인 US오픈의 상징이 된 이 경기장은 미국 최초의 흑인 테니스 챔피언 아서 애시의 이름을 따 지어졌다. 메이저 우승 횟수나 커리어 성적만 놓고 보면 아서 애시는 역대 최고 반열에 오르지는 못한다. 그러나 테니스 역사에서 그보다 깊은 족적을 남긴 선수를 찾는 것은 쉽지 않다. 인종 차별

이 법적으로 허용되던 버지니아에서 자란 젊은 흑인 선수였던 그는 백인이 지배하던 테니스 무대에서 불가능을 넘어섰다. 특히 1975년, 가히 무적이라 불리던 백인 스타 지미 코너스를 윔블던 결승에서 꺾고 우승한 장면은 많은 흑인들에게 영감을 불어넣었다. 그의 짧지만 비극적인 생애도 아서 애시라는 이름에 전설적 울림을 더했다. 1988년, 심장 수술 도중 안타깝게도 오염된 피를 수혈받아 후천적 면역 결핍증에 걸렸고, 1993년 2월 세상을 떠났다. 하지만 지금도 아서 애시는 에이즈 퇴치와 인종 차별 철폐를 위한 인권 운동의 상징으로 기억된다. 복싱의 무하마드 알리처럼, 그는 스포츠 선수 그 이상의 존재였다.

US오픈의 메인 스타디움이 인종 차별 극복의 상징이라면, 대회가 열리는 전체 공간은 여성 인권 신장과 남녀평등을 향한 진보의 결정체다. US오픈이 열리는 뉴욕 플러싱 메도우의 공식 명칭은 '빌리 진 킹 국립 테니스 센터'다. 원래는 '미국 국립 테니스 센터'였지만, 2006년부터 남녀평등의 전도사로 활동한 여자 테니스 전설 빌리 진 킹을 기리기로 했다. 이처럼 여자 선수에게 남자보다 더 큰 권위와 상징을 부여한 건 메이저 대회 가운데 US오픈이 유일하다. 1973년, 은퇴한 남자 선수 보비 릭스와의 성대결에서 승리한 빌리 진 킹은 그해 US오픈에서 자신의 신념대로 남녀 동일 상금제를 도입하는 데 성공했다. 이후 US오픈은 선수

성별에 관계없이 동등한 대우를 지향하는 메이저 대회로 자리매김했다.

US오픈은 인종, 성별, 국적, 언어 등 세상의 모든 차별을 뛰어넘자는 미국 시민사회의 철학이 집약된 늦여름 2주간의 대형 스포츠 축제다. 2020년, 코로나19 팬데믹의 광풍이 몰아친 가운데 일본 출신의 흑인 다문화 선수 나오미 오사카는 '흑인의 생명도 소중하다Black Lives Matter'라는 문구가 쓰여진 검은색 마스크를 쓰고 나와 눈길을 끌었다. 그녀의 행동은 US오픈이라는 장소가 지닌 역사적 상징성을 다시 한번 세계에 각인시켰다.

19세기 말 영국의 제임스 윙필드 치안판사가 확립한 근대 테니스는 대서양을 건너 미국에 상륙했다. 역사 기록에 따르면 미국에서 테니스 경기가 처음 열린 것은 1876년 8월의 일이다. 5년 뒤 1881년, 뉴욕 맨해튼의 5번가 호텔에서 전국 34개 테니스 클럽 회원들이 모여 잔디테니스협회를 출범시키며, US오픈의 전신인 미국 내셔널 챔피언십이 탄생했다. 윔블던에 이어 세계에서 두 번째로 오랜 역사를 지닌 메이저 대회 US오픈은 이렇게 첫발을 내디뎠다.

US오픈은 4대 메이저 대회 가운데 유일하게 잔디, 클레이, 하드라는 세 가지 코트 표면을 모두 거친 '변화의 상징'이기도 하다. 1915년부터 1977년까지 대회가 열렸던 뉴욕 포레스트 힐스의 웨스트사이드 테니스 클럽은 처음에는 윔블던과 마찬가지로 잔디 코트를 사용했다. 그런데 잔디의 품질이 좋지 않아 공의 바운스가 일정하지 않았고, TV 중계 화면에서 공을 식별하기 어렵다는 불만이 제기되자, 1975년부터 3년간 잔디 대신 클레이코트로 교체됐다. 하지만 이마저도 잠시뿐이었다. 1978년, 대회는 포레스트 힐스를 떠나 미국 국립테니스센터 본부가 새롭게 들어선 플러싱 메도우로 개최지를 옮겼고, US오픈 조직위는 코트 표면을 하드로 선택했다. 4대 메이저 대회 가운데 인공 코트인 하드 코트를 가장 먼저 도입한 결정이었다.

US오픈이 낳은 불세출의 영웅 지미 코너스는 이 세 가지 코트에서 모두 우승을 차지한 유일한 인물이다. 그는 전성기였던 1974년 잔디 코트에서 첫 우승을 차지했고, 1976년 클레이에서 다시 한번 정상을 밟았으며, 1978년, 1982년, 1983년에는 녹색 하드 코트에서 트로피를 추가해 오픈 시대 이후 가장 많은 US오픈 5회 우승의 업적을 이뤘다. 이후 피트 샘프러스와 로저 페더러가 코너스의 5회 우승을 넘기 위해 노력했지만 타이 기록에 만족해야 했다.

US오픈은 스포츠 선진국 미국에서 열리는 메이저 대회이다 보니 상업적인 색채가 강할 수밖에 없다. 뉴욕이라는 대도시 특유의 매력이 더해지면서 2023년에는 무려 93만 명의 관중이 경기장을 찾았다. 상금 규모 또한 해마다 세계 최고 기록을 경신 중이다. 2024년 US오픈의 총상금은 7500만 달러였고, 단식 우승자에게는 360만 달러가 수여됐다. 본선 1회전에서 탈락해도 10만 달러가 보장되기 때문에, 출전만 해도 우리 돈 1억 원 이상을 거머쥘 수 있다.

US오픈의 상업적 성향은 경기 일정에도 적지 않은 영향을 미쳤다. 2013년까지 US오픈은 남자 단식 준결승전과 여자 단식 결승전을 둘째 주 토요일에 치르는 전통을 유지했다. 흥행 대박을 노릴 수 있는 '슈퍼 토요일'을 만들기 위한 포석이었다. 그러나 이 제도에는 한 가지 커다란 단점이 있었다. 바로 남자 단식 준결승전과 일요일 예정인 결승전 사이에 휴식일이 없다는 점이다. 생각해 보자. 5세트, 4시간이 넘는 접전을 치른 다음 날, 다시 모든 것을 쏟아부어야 하는 결승전을 치른다? 4강 대진에서 보다 수월한 상대를 만난 결승 진출자에게 절대 유리한 방식이다 보니 비판이 끊이지 않았고, 결국 US오픈은 2014년부터 남자 단식 결승을 월요일로 미루며 하루의 휴식일을 두는 임시 조치를 시행했다. 이후 2015년부터는 다른 메이저 대회처럼 토요일에 여자 단식 결승, 일요일에 남자 단식 결승을 치르는 방식으로 일정을 정비해 오늘에 이르고 있다.

US오픈은 전통적으로 미국 선수들의 강세가 두드러진 대회다. 오픈 시대 이전 아마추어 자격으로 출전했던 리처드 시어스와 빌 틸든이 각각 7차례씩 우승했으며, 프로에게 문호가 개방된 1968년 이후 최다 우승자는 미국의 지미 코너스와 피트 샘프러스, 그리고 스위스의 로저 페더러로, 이들 모두 US오픈에서 5번씩 정상에 올랐다. 여자 단식 최다 우승자는 1915년부터 4연패를 포함해 총 8차례 정상에 오른 몰라 말로리이며, 오픈 시대 이후로는 크리스 에버트와 세리나 윌리엄스가 나란히 6차례씩 우승했다. 놀랍게도 이들은 모두 미국인이다.

또 하나 주목할 점은 1차 세계대전 직후 US오픈이 세계적 권위를 가진 대회로 자리매김했다는 사실이다. 이 시기, 빌 틸든은 무려 6년간 미국 남자 테니스를 지배했고, 여자 단식에서도 몰라 말로리와 헬렌 윌스가 절대적인 강세를 보였다. 당시 대회가 열렸던 포레스트 힐스 테니스장은 윔블던에 이어 세계에서 두 번째로 큰 규모였으며, 1920년대 경제 불황 속에서도 테니스에 대한 관심과 투자는 식지 않았다. 이 같은 기반 덕분에 세계 정상급 선수들을 꾸준히 불러들일 수 있었다. 실제로 1925년 틸든의 6연패가 마무리된 이후, 르네 라코스테, 앙리 코셰, 프레드 페리가 9년 동안 여섯 번의 타이틀을 나눠 가졌다.

특히 1926년 8강전에서 앙리 코셰가 빌 틸든을 꺾은 경기는 US오픈 초창기 50년 가운데 최고 명승부로 꼽힌다. 전략가형 선수였던 코셰는 틸든의 강서브를 정교하게 리턴하며 빠르게 네트를 점령했고, 깔끔한 발리로 포인트를 마무리했다. 경기 전 무릎 부상이 의심되었던 틸든은 불리한 상황에서도 네트 앞 위너를 앞세워 5세트 1-4의 열세를 4-4까지 따라붙었지만, 결국 코셰의 벽을 넘지 못했다. 당시 〈뉴욕 타임스〉의 저널리스트 앨리슨 단칙은 코셰의 테니스를 '역습의 예술'이라고 평했다.

2차 세계대전 기간에도 미국 테니스는 큰 타격을 입지 않았다. 전쟁 중 폭격의 후유증을 겪어야 했던 윔블던과 달리, US오픈은 비교적 빠르게 정상 궤도로 복귀했다. 1946년, 포레스트 힐스의 테니스장에는 너무 많은 관중이 몰려 입장을 통제하는 일이 자주 벌어졌다. 이는 훗날, 1968년 오픈 시대 개막 이후 모든 그랜드슬램 대회가 겪게 될 딜레마를 미리 보여준 장면이었다.

1946년 대회에서는 톰 브라운이라는 신예가 프랭크 파커와 가드너 말로이를 차례로 꺾었지만, 결승에서는 잭 크래머에게 패했다. 크래머는 윔블던에서 사상 처음으로 반바지를 입고 우승해 화제를 모은 선수다. 그가 1946년과 1947년 US오픈을 연속 제패한 뒤, 판초 곤잘레스가 바통을 이어받아 두 해 연속 우승을 차지했다. 1949년, 곤잘레스는 상대적으로 약체로 평가받던 테드 슈뢰더에게 예상 밖의 고전을 면치 못했다. 첫 세트를 18-16으로 내줬고, 특히 33번째 게임에서는 심판의 오심으로 좌절해야 했다. 2

세트마저 내줬지만, 훗날 윔블던에서 그랬던 것처럼, 곤잘레스는 상처 입은 맹수가 포효하듯 남은 세트를 6-1, 6-2, 6-4로 따내며 역전승을 일궈냈다

오픈 시대 전인 1950~60년대 US오픈의 미국 출신 우승자는 대부분 여자 선수들이었다. 폴린 베츠, 루이스 브로우, 마가렛 듀퐁, 모린 코널리, 도리스 하트, 셜리 프라이, 알시아 깁슨 등이 비교적 익숙한 이름이다.

훗날 결국 윔블던과 영국 테니스협회의 생각을 지지하긴 했지만, 미국 테니스협회가 US오픈을 끝까지 아마추어 대회로 남기려고 노력했다는 사실은 널리 알려져 있다. 오픈 시대 개막 이후 2년간 프로와 아마추어에게 동시에 문호를 개방했지만, 미국 테니스협회는 보스턴의 롱우드에서 US 아마추어 챔피언십을 계속 열었다. 반면에 포레스트 힐스에서 열린 US오픈은 10만 달러의 상금을 걸며 세계에서 가장 높은 상금이 걸린 대회로 격상됐다. 1968년 US오픈 남자 단식 결승전에서는 예상과 달리 프로 선수들이 고전하면서 아마추어 신분의 아서 애시가 결승에 진출했고, 네덜란드의 '무늬만 프로'인 톰 오케르를 꺾고 우승을 차지했다. 그러나 애시는 아마추어 신분이었기에 우승 상금을 받을 수 없었고, 소속 협회의 처분을 따라야 했다. 반면 여자 단식에서 우승한 버지니아 웨이드는 오픈 시대 US오픈 첫 여자 단식 챔피언

으로서 6000달러라는 당시로선 거액의 상금을 수령했다.

1969년은 로드 레이버의 인생에서 가장 빛나는 해였다. 그는 결승에서 토니 로체를 7-9, 6-1, 6-3, 6-2로 꺾고, 테니스 역사상 유일하게 두 차례 캘린더 그랜드슬램을 달성한 선수로 기록됐다. 그리고 그 장소는, 1938년 돈 버지가 테니스 역사상 첫 캘린더 그랜드슬램을 달성했던 곳이기도 했다.

비가 내려 결승전은 대회 3주 차 월요일로 미뤄질 수밖에 없었고, 당일에도 헬리콥터가 경기장 상공을 돌며 코트 바닥을 말리는 등 95분이나 지연됐다. 레이버는 미끄러운 잔디 탓에 신발을 갈아 신으면서도 끝내 기념비적인 우승을 일궈냈다. 하지만 관중은 고작 3,700여 명에 불과했고, 오늘날이라면 당연히 있었을 전 세계 TV 생중계도 없었다. 한편 마가렛 코트는 1970년 여자 단식에서 우승하며 캘린더 그랜드슬램을 달성했다. 그해는 타이브레이크가 처음 도입된 해였고, 켄 로즈웰이 남자 단식 챔피언이었다.

US오픈의 인기는 계속해서 높아졌다. 1973년에는 남녀 상금이 처음으로 동일하게 지급되었고, 존 뉴컴과 마가렛 코트는 각각 2만 5000달러의 우승 상금을 받았다. 1년 뒤 잔디 코트와 작별을 고한 US오픈은 크리스 에버트가 좋아하던 녹색 클레이 코트로 전환했으며, 여기에 조명을 설치해 야간 경기까지 열게 됐다.

그러나 웨스트사이드 클럽에서 열린 US오픈은 하루 두 번의 낮 경기를 치르기도 버거웠다. 결국 1977년, 웨스트사이드 클럽에서 마지막 US오픈이 열렸다. 그해 대회에는 14세의 트레이시 오스틴과 17세의 존 매켄로가 처음 출전했다. 또 트랜스젠더 선수 르네 리샤르가 1회전에서 버지니아 웨이드에게 패하며 탈락했지만, 복식에서는 베티앤 스튜어트와 짝을 이뤄 결승까지 올랐다. 이후 대회 개최지는 뉴욕 플러싱 메도우로 옮겨졌다.

맨해튼에서 가깝고, 그랜드슬램 대회를 열기에 필요한 모든 요건을 충족하는 장소를 찾는 일은 쉽지 않았다. 또 하나의 변수는 소음이었다. 새롭게 조성된 루이 암스트롱 스타디움은 라과디아 공항 가까이에 있어서 항공기 소음이 문제로 지적됐다. 하지만 뉴욕 플러싱 메도우에서 첫 대회가 열린 1978년은 US오픈 역사에서도 기념비적인 해였다. 여자 단식에서는 당시 16세였던 팸 슈라이버가 결승에 올라 에버트와 한판 승부를 벌였고, 남자 단식에서는 US오픈의 서로 다른 세 가지 코트 표면에서 우승을 맛본 유일한 선수인 코너스가 비외른 보리를 꺾고 정상에 올랐다. 이후 보리는 플러싱 메도우에서 더 이상 큰 성과를 내지 못했다.

다른 선수들은 새로운 경기장에서 승승장구했다. 1979년, 트레이시 오스틴은 16세 28일의 나이로 여자 단식 최연소 챔피언이 되었고, 로스코 태너는 시속 240km에 달하는 강서브로 센터 코트의 네트를 박살 냈을 뿐 아니라 보리의 우승 등극을 또다시 가로막았다. 존 매켄로가 이 대회 결승에서 비타스 제룰라티스를 꺾고 생애 첫 US오픈 우승을 차지했다.

    1980년 윔블던에 이어 US오픈에서도 보리-매켄로 간의 '클래식 매치'가 성사되었다. 이 경기에서 매켄로는 본인의 통산 네 차례 US오픈 우승 중 두 번째 우승을 기록했다. 1983년에는 코너스가 또 한 번 우승하며 US오픈 통산 5회 우승을 달성했고, 이후 이반 렌들이 3연패를 이루며 왕좌에 올랐다. 여자부에서는 6회 우승을 차지한 크리스 에버트와 마르티나 나브라틸로바, 슈테피 그라프, 모니카 셀레스가 시대를 풍미했다. 윌리엄스 자매는 US오픈에서 총 8차례 우승했는데 세리나가 6번, 비너스가 2번이었다.

    1990년, 피트 샘프러스가 등장했다. 그는 19세 28일의 나이로 역대 남자 최연소 US오픈 챔피언에 올랐다. 샘프러스는 커리어 내내 이곳에서 긴박하면서도 감동적인 명승부를 많이 남겼는데, 1996년 8강에서 알렉스 코레챠와 벌인 경기가 특히 인상 깊었다. 샘프러스는 분명히 몸 상태가 좋지 않아 보였지만 이를 극복하고서, 그의 코치인 팀 굴릭슨의 사망 이후 처음으로 그랜드슬램 우승을 차지하며 깊은 감동을 전했다. 이후에는 천재 로저 페더러의 시대가 펼쳐졌다. 그는 2008년 결승에서 앤디 머리를 6-2, 7-5, 6-2로 완파하며 1920년대 빌 틸든 이후 처음으로 US오픈 5회 연속 우승을 달성했다. 페더러는 이로써 윔블던과 US오픈을 5회 연속 우승한 유일한 선수로 기록됐다.

그러나 '흔들리는 미국 테니스의 아성'이라는 냉정한 현실은 21세기 US오픈 남자 단식 우승자 면면에서 확인할 수 있다. 2003년, 강력한 서브를 앞세워 생애 처음이자 마지막 메이저 대회 챔피언에 오른 앤디 로딕 이후, 미국은 아직까지 남자 단식 우승자를 배출하지 못하고 있다. 여자부는 세리나 윌리엄스라는 절대 강자가 2010년대 중반까지 자존심을 지켰지만, 그녀가 마지막으로 우승한 2014년 이후 지난 10년 동안 미국 선수의 우승은 슬론 스티븐스(2017년)와 코코 고프(2023년) 단 두 차례뿐이었다.

US오픈은 한 해 가장 마지막에 열리는 메이저 대회다. 이로 인해 새로운 챔피언이 자주 탄생하는 무대가 되기도 한다. 1979년, 트레이시 오스틴의 챔피언 등극은 아직까지도 US오픈 최연소 우승 기록으로 남아 있다. 2021년, 세계 랭킹 150위였던 에마 라두카누는 예선을 거쳐 본선에 진출했고, 마침내 여자 단식 정상에 오르며 하룻밤 사이에 스타로 떠올랐다. 당시 그녀의 나이는 18세였다. 페더러와 나달, 조코비치의 뒤를 잇고 있는 카를로스 알카라스가 메이저 우승을 신고한 곳도 19살 때 출전한 US오픈이었다. US오픈은 4대 메이저 중 가장 늦게 열리는 데다, 코트 표면이 가장 중립적인 하드 코트이기 때문에 잔디나 클레이처럼 적응이 까다로운 환경을 거쳐야 하는 젊은 선수들에게는 오히려 기회의 무대가 될 수 있다.

하지만 그만큼 불이익도 따른다. 최고의 선수들이 프랑스오픈과 윔블던을 치르며 체력 소모가 심한 상황에서 US오픈에 나서야 하기 때문이다. 시즌 첫 메이저인 호주오픈과 프랑스오픈 사이에는 넉 달 이상의 넉넉한 간격이 있다. 하지만 프랑스오픈-윔블던-US오픈으로 이어지는 일정은 선수들에게는 살인적인 강행군이다. 프랑스오픈이 6월 초에 끝나고 약 3주 뒤에는 잔디 코트의 윔블던이 열리며, 다시 하드 코트인 US오픈까지의 준비 기간은 한 달도 채 되지 않는다. 페더러, 나달, 조코비치가 득세한 빅3 시대에도 US오픈에서는 마린 칠리치, 스탄 바브링카, 도미니크 팀, 다닐 메드베데프 같은 선수들이 우승 트로피를 들어올릴 수 있었다.

US오픈은 4대 메이저 가운데 한국과 가장 인연이 깊은 대회이기도 하다. 우리가 메이저 대회에서 한국 선수의 활약상을 얘기할 때 빼놓을 수 없는 곳이다. 1981년, 한국 테니스 최초로 4대 메이저 대회에 출전한 이덕희 여사는 US오픈에서 16강까지 오르는 기적을 썼다. 그 뒤를 이은 선수가 이형택이다. 2000년 US오픈에서 이형택은 아무도 예상치 못한 16강 진출의 바람을 일으켰고, 16강에서 당대 최강 샘프러스와 1세트 팽팽한 타이브레이크 접전을 벌여 세상을 두 번 놀라게 했다. 이형택은 7년 뒤 또 한 번 US오픈 16강에 올랐는데 32강전에서 떠오르는 영국의 희망 앤디 머리를 물리치는 저력을 발휘하기도 했다. US오픈이 열리는 뉴욕에는 한인 교포들이 상당히 많다. 이형택은 교민들의 시끌벅적한 응원이 큰 힘이 되었다고 말한다.

프랑스오픈 1891
French Open 1891

두근두근 설레는 마음으로 프랑스오픈이 열리는 롤랑가로스에 도착하면, 직접 경기에 뛰지 않는 팬이라 하더라도 일단 신발에 흙이 묻는 걸 각오해야 한다. 아마도 주최 측이 일부러 그런 것 같은데, 지하철역에서 입구로 향하는 좁은 2차선 도로 옆 보행로가 비포장길이기 때문이다. 그래도 관광객들의 기분을 조금이라도 달래려 했는지, 흙길 위에는 붉은색 레드 카펫이 길게 깔려 있어 마치 칸 영화제에 입장하는 할리우드 스타가 된 듯한 착각도 들지만, 관객들 역시 흙바닥을 밟아야 비로소 붉은 벽돌을 갈아 만든 앙투카로 뒤덮인, 클레이 코트 최대 이벤트인 프랑스오픈에 들어섰음을 실감하게 된다.

    유럽 봄날의 절정인 5월 마지막 주, 세계 최고의 관광지 파리에서 열리는 프랑스오픈은 테니스 팬과 유럽 여행객들을 모두 유혹하는 강력한 콘텐츠다. 물론 이 시기에는 짓궂은 비가 자주 내려 선수와 주최 측, 팬 모두를 골탕 먹이긴 하지만, 메인 이벤트가 열리는 필립 샤트리에 코트에 2019년 이동식 지붕이 설치되면서 한층 쾌적하고 예측 가능한 관람 환경이 마련됐다. 단순히 비를 막아주는 데 그치지 않고 야간 조명이 함께 들어서면서, 일몰 후 다음 날로 순연되던 100년 넘은 비효율적 전통이 깨진 것도 체감할 수 있는 큰 변화다. 오후 2시, 뜨거운 햇살 아래 라파엘 나달의 톱스핀 포핸드가 코트 구석을 때리는 장면을 만끽하는 것도 나쁘지는 않지만, 더 많은 사람들이 경기장을 찾고 TV로도 시청할 수 있는 야간 경기의 효용 역시 무시할 수 없다.

윔블던보다 전통과 권위 면에서는 밀리고, 호주오픈이나 US오픈보다 시대 변화에 둔감하며 흥행과 인기 면에서도 위기를 겪던 프랑스오픈의 구세주는 누가 뭐래도 '흙신' 라파엘 나달이다. 2005년 혜성처럼 나타나 19세의 나이로 첫 우승을 차지한 나달의 등장 전까지만 해도 프랑스오픈은 당대 최고 선수들이 비교적 외면하던 무대였다. 십 년 단위로 테니스를 지배한 스타들이 유독 프랑스오픈에서는 최고의 기량을 펼치지 못했다. 이유는 분명했다. 강한 파워를 앞세운 강타자들에게 프랑스오픈의 느리고 무거운 클레이 코트는 불리한 조건이었기 때문이다. 피트 샘프러스, 존 매켄로, 지미 코너스, 스테판 에드베리, 보리스 베커 등 이름만 들어도 알 수 있는 스타들이 프랑스오픈 우승 없이 현역에서 은퇴한 것도 이 때문이다. 1990년대까지는 서브와 발리를 앞세운 공격적인 스타일이 강세였지만, 표면 마찰력이 높은 클레이에서는 그런 무기가 쉽게 통하지 않았다. 그래서 프랑스오픈은 그해 세계 랭킹 1위나 다른 메이저 대회에서 우승한 선수가 아니라, 클레이 코트에 특화된 스페셜리스트들이 제패하는 대회라는 인식이 강했다.

그러나 라파엘 나달이라는 불세출의 흙신이 등장하면서 프랑스오픈의 위상도 완전히 달라졌다. 클레이 코트에서 차원이 다른 독보적인 경기력을 보여준 나달과, 그를 넘어서기 위한 당대 최고의 선수들의 줄기찬 도전이 십 년 넘게 남자 테니스의 최대 화두가 된 것이다. 로저 페더러와 노박 조코비치는 나달이라는 철옹성 같은 존재에 막혀, 4대 메이저 대회를 모두 제패하는 커리어 그랜드슬램을 이십 대 후반에야 이뤄낼 수 있었다. 이 시기마다 시즌이 시작되면, 남자 테니스 최대의 관심사는 언제나 '누가 나달의 프랑스오픈 아성을 무너뜨릴 수 있을까', '페더러와 조코비치가 과연 나달이 버티고 있는 프랑스오픈을 정복할 수 있을까' 하는 질문이었다.

단일 메이저 대회 최다인 14회 우승을 일군 나달의 눈부신 활약에 고무된 프랑스오픈은 변화와 혁신, 과감한 투자를 통해 다시금 윔블던과 어깨를 나란히 하는 유럽 전통의 그랜드슬램 대회로 격을 높이고 있다. 2019년은 프랑스오픈이 대대적인 시설 개선을 통해 보다 관중 친화적인 대회로 탈바꿈하는 출발점이 된 해였다. 필립 샤트리에 코트와 두 번째 규모인 수잔 랑랑 코트에 이동식 지붕 설치 공사를 단행했고, 확장 공사를 통해 세 번째 규모의 시모네 마튜 코트가 새로 조성됐다. 시모네 마튜 코트는 20세기 초 프랑스를 대표한 여자 선수의 이름을 딴 경기장인데, 5000석 정도의 아담한 규모이지만 경기장 주변을 식물원처럼 꾸미고 인근 시설도 유럽의 한적한 정원처럼 연출해 선수와 관중 모두에게 큰 호응을 얻었다.

쇼핑과 패션의 천국답게, 프랑스오픈 현장을 방문하면 다양한 기념품 판매장이 경기장 주변 곳곳에 질서 정연하게 늘어서 있는 모습이 눈길을 끈다. 샴페인 전문 기업인 모엣샹동이 선점한 필립 샤트리에 코트 바로 앞 그늘막은 관광객들이 뜨거운 햇살을 피해 잠시 여유를 즐길 수 있는 최고의 명당으로 꼽힌다. 1, 2번 코트인 필립 샤트리에와 수잔 랑랑 코트를 오가는 대로에는 늘 수백 명의 팬들이 분주히 발걸음을 옮기면서 기념사진을 찍고 시원한 아이스커피를 마시며 흥겨운 축제 분위기를 연출한다.

지금은 프랑스오픈보다 애칭인 롤랑가로스라는 이름이 더 널리 쓰이고 있다. 불어 본토 발음으로는 '홀랑가호스'에 가까운 이 명칭은 의외로 테니스와는 큰 관련이 없는 공군 조종사의 이름에서 유래했다. 1927년 프랑스테니스협회는 남자 국가대항전인 데이비스컵 경기를 열 장소를 찾던 중 파리시의 협조를 받아, 포르트 도테이유에 있는 축구 경기장 '프랑스 스타디움' 근처 부지를 사용할 수 있게 됐다. 이 지역에 대규모 테니스장을 새로 건립했고, 1차 세계대전에서 전사한 프랑스의 공군 조종사를 기리기 위해 이곳을 '롤랑가로스'라 명명했다. 파리 당국은 롤랑가로스에 관한 기억이 앞으로 열릴 대규모 스포츠 이벤트를 통해 오래도록 기려지길 바랐다.

롤랑가로스의 메인 이벤트가 열리는 필립 샤트리에 코트는 약 1만 5000석 규모다. 필립 샤트리에는 프랑스 테니스협회장을 오래 지냈고, 테니스가 1988년 하계올림픽 정식 종목으로 다시 채택되는 데 크게 기여한 인물이다. 이 코트는 베이스라인에서 뒤쪽 벽까지의 거리가 넉넉해, 라파엘 나달이 폭넓은 코트 커버리지를 발휘하기에 최적화된 형태로 설계되어 있다.

No.2 코트인 수잔 랑랑 코트는 역사적 의미가 더 각별하다. 수잔 랑랑은 프랑스가 낳은 역대 최고의 테니스 선수라고 해도 과언이 아니다. 남녀를 통틀어 최고로 평가받는 인물이다. 랑랑은 20세기 초, 프랑스는 물론 전 세계적으로도 명성이 드높았던 압도적인 여성 스포츠인이었다. 아이러니하게도 그녀가 전성기를 구가한 1921년부터 1926년까지는 조국에서 열린 프랑스오픈이 아직 국제 메이저 대회로 자리잡기 전이었기 때문에, 당시 가장 권위 있던 윔블던에서 6차례나 우승한 기록이 커리어 최고의 성취로 남았다. 약 1만 명을 수용할 수 있는 수잔 랑랑 코트는 관중석과 코트 간 거리가 가까워 필립 샤트리에보다 훨씬 생생한 테니스 관람이 가능하다. 특히 미디어석은 베이스라인에서 불과 5m 남짓 떨어져 있어, 취재기자들은 2층 멀리 떨어진 좌석에서 휴대용 망원경을 통해서 선수의 얼굴을 확인해야 하는 필립 샤트리에 코트보다 수잔 랑랑 코트를 선호한다.

프랑스에서 열리는 국제 챔피언십답게 대회 초창기에는 자국 출신 전설들이 활약을 펼쳤다. 1925년부터 1932년까지 르네 라코스테, 앙리 코셰, 장 보로트라가 번갈아 우승을 차지했고, 데이비스컵도 이들 시대의 프랑스가 석권했다. 이후 프랑스는 또 한 번의 영광을 맛보기까지 1946년 마르셀 버나드의 등장을 기다려야 했다. 1930년대 중반부터 2차 세계대전까지 프랑스오픈의 영광은 호주와 영국, 미국 선수들이 번갈아 차지했다. 플란넬 셔츠 차림의 멋쟁이 호주 선수 잭 크로퍼드, 강력한 포핸드를 자랑한 영국의 프레드 페리, 붉은 머리카락의 미국인 돈 버지가 이 시기 프랑스오픈에서 눈부신 성과를 거뒀다.

하지만 프랑스를 더욱 자주 침공한 인물들도 있었다. 독일의 고트프리드 폰 크램은 1934년부터 1936년까지 3년 연속 타이틀을 가져갔다. 여자 테니스에서는 헬렌 윌스를 중심으로, 영국의 마가렛 스크리븐, 독일의 힐데 스컬링이 활약했으며, 1938~1939년에는 시모네 마티유가 다시 프랑스의 영광을 되찾았다.

2차 세계대전 직후인 1946년, 32세의 마르셀 버나드는 새로운 세대였던 판초 세구라, 버지 패티, 야로슬라브 드로브니, 그리고 프랑스 최고 선수이자 전후 첫 윔블던 우승자인 이본 페트라를 제치고 우승을 차지하며 모두를 놀라게 했다. 특히 혼합복식 파트너가 기권하면서 단식에 전념하게 된 것이 그에게 뜻밖의 행운이 되었다.

드로브니의 섬세한 기술은 롤랑가로스의 코트와 찰떡궁합이었다. 그러나 그가 2연패를 달성하기까지는 두 차례 준우승의 아픔을 먼저 겪어야 했다. 1948년과 1949년에는 프랭크 파커가 연거푸 정상에 올랐고, 토니 트라버트가 1954년과 1955년 정상에 오른 이후로 미국 남자 선수들은 롤랑가로스에서 지금까지도 이렇다 할 성공을 거두지 못하고 있다. 반면 여자부는 달랐다. 2차 세계대전 직후 미국의 마가렛 오스본, 도리스 하트, 셜리 프라이, 모린 코널리 등이 강력한 존재감을 드러냈으며, 이후 영국의 안젤라 모티머가 미국 성조기의 향연에 제동을 걸었다.

그로부터 10년 뒤, 남자 테니스는 눈부신 재능을 지닌 선수들이 빠르게 프로 무대로 이탈하면서 혼란을 겪는다. 켄 로즈웰,

루 호드, 로드 레이버 같은 걸출한 선수들이 승리와 함께 코트를 떠났다. 그럼에도 이탈리아의 니콜라 피에트란젤리, 스페인의 마뉴엘 산타나 등 개성 강한 유럽 선수들이 롤랑가로스에서 통산 2회 우승을 기록하며 존재감을 드러냈다. 1961년 산타나는 첫 우승을 차지하는 과정에서 피에트란젤리에게 먼저 두 세트를 내주고도 역전승을 거두며, 이탈리아 선수의 3년 연속 우승을 저지했다. 그래도 경기 뒤 눈물을 흘린 선수를 위로한 건 산타나가 아니라 피에트란젤리였다. 이듬해 로드 레이버의 우승은 더욱 극적이었다. 그는 자신의 데이비스컵 동료인 로이 에머슨에게 두 세트를 먼저 내주고 매치 포인트까지 몰린 상황에서 3-6, 2-6, 6-3, 9-7, 6-2의 대역전극을 펼치며 승리를 거뒀다.

1960년대의 롤랑가로스는 호주 선수들의 활약이 두드러진 시기였다. 에머슨은 1967년 마지막 아마추어 선수로서 우승컵을 안았고 복식에서도 정상에 오르며 총 여섯 차례 챔피언에 올랐다. 프레드 스톨, 토니 로체 같은 호주 선수들도 단식 우승자로 이름을 올리며 호주의 전성기를 이끌었다. 여자부에서도 호주 선수들이 정상에 자주 올랐다. 비록 셜리 부머, 크리스틴 트루먼, 안 헤이든, 안젤라 모티머 등 영국 선수들이 1961년까지 번갈아 트로피를 들어 올렸지만, 이후 4년간 마가렛 코트와 레슬리 터너가 영광을 나눠 가졌다.

테니스 역사상 첫 공식 '오픈' 대회는 프랑스오픈보다 몇 주 먼저 열린 본머스 대회였지만, 최초의 '오픈' 그랜드슬램은 1968년 5월 파리에서 열린 프랑스오픈이었다. 이는 공교롭게도 프랑스의 대규모 학생운동과 같은 시기에 벌어졌고, 대중교통을 마비시킨 전면 파업 속에서도 수많은 관중이 경기장을 찾았다. 이들은 켄 로즈웰이 오랜 라이벌 로드 레이버를 꺾고 15년 만에 두 번째 우승컵을 들어 올리는 장면을 지켜봤다. 그리고 이듬해, 이번에는 레이버가 우승을 차지하며 자신의 두 번째 캘린더 그랜드슬램을 완성했다.

미국의 낸시 리치는 오픈 시대 첫 그랜드슬램 여자 단식 챔피언으로 기록됐다. 그 뒤를 이어 마가렛 코트, 에본 굴라공, 빌리 진 킹, 그리고 10대 소녀 크리스 에버트 등 걸출한 스타들이 잇달아 등장했고, 남자부에선 얀 코데스, 안드레 기메노, 일리 나스타셰, 그리고 혜성처럼 나타난 18세의 금발 소년 '바이킹' 비외른 보리 등 유럽 선수들이 프랑스를 휩쓸었다. 보리는 1974년 이후 8년 동안 무려 여섯 번 우승했고, 유일한 패배는 1976년 8강전에서 아드리아노 파나타에게 당한 한 번뿐이었다.

보리가 겨우 26세의 나이에 은퇴를 선언한 지 얼마 지나지 않아, 또 다른 북유럽 출신의 유망주 매츠 빌랜더가 등장했다. 주니어 대회 우승자 출신인 그는 베테랑 기예르모 빌라스를 꺾으며

17세 9개월의 역대 최연소 우승 기록을 세웠고, 1985년과 1988년 두 차례 더 우승했다. 1983년에는 프랑스의 야니크 노아가 인상적인 경기력을 펼치며 우승 트로피를 차지했다. 노아는 프랑스 테니스협회장 필립 샤트리에가 아서 애시의 추천을 받아 카메룬 출신이던 그를 프랑스 국적으로 기용하면서 국제무대에 나설 수 있었는데, 그의 우승은 프랑스 선수가 37년 만에 롤랑가로스 단식 타이틀을 되찾았다는 점에서 상징적이었다.

이 시기 프랑스오픈 결승전은 늘 화제를 몰고 다녔다. 특히 1984년, 팬들과 언론은 그랜드슬램 결승에서 다섯 차례나 준우승에 머물렀던 이반 렌들이 마침내 우승 징크스를 깰 수 있을지 주목했다. 그런데 바로 존 매켄로가 불가사의한 컨디션 난조를 보이며 렌들의 숙제를 해결해 줬다. 매켄로는 두 세트를 먼저 따내고 마지막 세트에서도 먼저 브레이크에 성공해 4-3으로 앞섰지만, 결국 3-6, 2-6, 6-4, 7-5, 7-5로 역전패하고 말았다. 이 경기는 무뚝뚝한 체코슬로바키아 출신 렌들의 커리어를 송두리째 바꿔 놓았고, 그는 이후 프랑스오픈에서 두 번 더 우승하며 입지를 굳혔다.

당시 여자부에서는 수 바커, 미마 자우소베치, 버지니아 루지치 등이 당대 톱10 선수들의 전반적인 부진 속에서 기회를 잡았다. 그러나 1981년 하나 만들리코바가 챔피언에 오른 이후에는 크리스 에버트, 마르티나 나브라틸로바, 슈테피 그라프가 이끌었던 황금기의 라이벌 구도가 형성됐다. 이 세 선수는 1980년대 그랜드슬램 우승 트로피 40개 가운데 33개를 나눠 가졌다. 1989년 남자 단식에서 마이클 창이 젊음을 앞세워 돌풍을 일으켰다면, 여자 단식에서는 17세의 아란차 산체스 비카리오가 디펜딩 챔피언 그라프를 물리치고 깜짝 우승을 차지했다. 당시 그라프는 마지막 세트 5-3에서 서브권을 갖고 있었지만 역전패했다. 산체스는 1998년 한 번 더 정상에 오른다.

이후 여자 테니스는 새로운 '클레이의 여왕' 모니카 셀레스의 시대를 맞았다. 1993년 함부르크에서 정신 이상자의 흉기에 찔리는 불의의 사고만 없었다면, 그녀가 프랑스오픈에서 몇 번 더 트로피를 들어 올렸을지는 아무도 모른다. 그라프는 같은 해 다시 한번 프랑스오픈 우승을 차지했고, 1995년과 1996년 2연패를 이루었다. 은퇴를 앞둔 1999년, 그녀는 여섯 번째이자 마지막 프랑스오픈 타이틀을 품에 안았다.

2000년, 매리 피어스는 클레이 코트 스페셜리스트 콘치타 마르티네스를 6-2, 7-5로 물리치고 1967년 프란시스 더르 이후 처음으로 프랑스 출신 여자 단식 챔피언에 올랐다. 5년 뒤 다시 결승에 진출했지만 쥐스틴 에넹에게 완패했다. 벨기에의 에넹은 화려한 백핸드를 앞세워 자신의 두 번째 프랑스오픈 트로피를 수

집했으며, 이후 2년 연속 정상에 오르며 3연패를 기록했다.

2008년에는 세르비아의 아나 이바노비치가 깜짝 우승을 차지했고, 2009년에는 스베틀라나 쿠즈네초바, 2010년에는 이탈리아의 프란체스카 스키아보네가 각각 우승 트로피를 들어 올렸다. 2011년에는 중국 테니스 역사상 처음으로 리나가 그랜드슬램 챔피언이 되었고, 마리아 샤라포바(2012, 2014)와 세리나 윌리엄스(2013, 2015)는 각각 두 차례 우승을 나눠 가졌다. 가르비네 무구루사(2016), 엘레나 오스타펜코(2017)는 모두 이곳에서 생애 첫 그랜드슬램 타이틀을 획득했다. 이후 20세의 나이에 혜성처럼 등장한 이가 시비옹테크는 강력한 포핸드 톱스핀을 앞세워 2020년대를 지배하고 있다.

1990년대 이후 롤랑가로스에서 발견되는 가장 큰 즐거움은, 현대식 라켓과 단단해진 코트 표면이 조화를 이루며 전체적인 경기 스피드를 끌어올린 덕분에 기술이 뛰어난 선수들의 정교하고 아름다운 테니스를 감상할 수 있다는 점이다.

1991년부터 2연패를 거둔 짐 쿠리어나, 세르게이 부르게라의 연이은 성공도 이 같은 흐름 속에서 빛났고, 1995년에는 토마스 무스터가 근성과 체력을 앞세워 우승 트로피를 거머쥐었다. 1996년에는 러시아 테니스 역사상 첫 그랜드슬램 우승자인 예브게니 카펠니코프가 결승에서 마이클 스티치를 상대로 3-0 완승을 거뒀다.

    1999년에는 안드레 애거시가 안드레이 메드베데프와의 5세트 접전 끝에 승리를 거두고 세 번째 도전 만에 마침내 롤랑가로스를 정복했다. 2005년, 라파엘 나달이 화려하게 등장해 비외른 보리의 5연패 기록을 뛰어넘었고, 총 14회 우승이라는 전대미문의 대기록을 세웠다. 그 과정에서 단 4번밖에 패하지 않았는데, 그중 한 번의 패배 덕분에 로저 페더러는 2009년 프랑스오픈 우승의 숙제를 풀 수 있었고, 노박 조코비치는 2016년 우승으로 커리어 그랜드슬램을 완성할 수 있었다.

    롤랑가로스의 영웅들은 윔블던이나 US오픈의 우승자들처럼 당대를 지배한 화려한 스타는 아니었지만, 클레이 코트에 특화된 기량을 바탕으로 테니스 팬들에게 잊지 못할 명승부를 선사해 왔다. 1989년, 대만계 미국인 마이클 창은 17세의 나이에 세계 랭킹 1위였던 이반 렌들을 상대로 신체적, 체력적, 기량적 한계를 뛰어넘는 투혼을 보여주며 '다윗이 골리앗을 무너뜨린' 역사적 승리를 일궈냈다. 특히 5세트 절체절명의 상황에서 꺼낸 언더암 서브 전략은 지금도 테니스 역사상 가장 전설적인 장면으로 회자된다. 또 2001년, 롤랑가로스에서 세 번째 타이틀을 차지한 브라질의 스타 구스타부 키르텡은 코트 바닥에 라켓으로 거대한 하트 모양을 그리고 그 안에 큰대자로 누워버렸는데, 그의 우승 세리머니는 15년 뒤 노박 조코비치가 첫 우승을 차지한 뒤 오마주할 정도로 인상 깊은 장면이었다.

    롤랑가로스 남자 테니스가 라파엘 나달이라는 절대 강자의 존재로 요약된다면, 여자 테니스에서는 당대 최고의 라이벌 구도가 펼쳐졌다. 통산 80차례 맞붙으며 기네스북에 등재된 마르티나 나브라틸로바와 크리스 에버트의 숙명의 대결은 1985년 프랑스오픈 결승에서 절정을 이루었고, 클레이 코트에 강했던 에버트가 승리를 거두며 한 시대를 장식했다. 이후 이들의 라이벌 구도를 계승한 슈테피 그라프와 모니카 셀레스에게 롤랑가로스는 최대 격전지였다 해도 과언이 아니다.

    롤랑가로스는 2024년 파리 하계올림픽에서 테니스 역사의 한 페이지를 선명하게 장식했다. 1924년 파리올림픽 이후 정확히 100년 만에 다시 찾아온 하계올림픽에서, 테니스는 모든 종목을 통틀어 가장 커다란 스포트라이트를 받았다. 롤랑가로스의 제왕 라파엘 나달은 은퇴 무대로 올림픽을 선택했고, 운명처럼 2회전에서 필생의 라이벌 노박 조코비치와 맞붙었다. 나달을 꺾은 조코비치는 결승에서 나달의 후계자로 불리는 스페인의 신성 카를로스 알카라스를 상대로 극적인 승리를 거두며 조국 세르비아에 금메달을 안겼다. 이 감동적인 드라마는 올림픽 테니스 역사상 가장 뭉클한 장면으로 길이 남을 것이다. 지난 20년 파리의 붉은 클레이 코트를 수놓은 나달과 페더러, 조코비치의 시대는 저물었다. 그들의 뒤를 이을 자는 누구일까. 롤랑가로스는 새로운 흙신의 탄생을 기다리고 있다.

호주오픈 1905
Australian Open 1905

만년 꼴찌, 그것도 다른 세 명의 주자와 현격한 격차를 보이던 4등이 추월에 추월을 거듭해 선두로 올라섰다면 얼마나 짜릿한 기분일까. 4대 메이저 대회 중 역사도 가장 짧고, 오랜 시간 메이저 대회로서 제대로 대접받지 못했던 호주오픈이 2024년 최초로 총 관중 100만 명을 돌파한 건 현대 스포츠 역사에서 비중 있게 다뤄야 할 기념비적인 사건이었다.

메이저 대회의 막내 격인 호주오픈은 한때 톱 랭커들이 참가를 거부할 정도로 푸대접을 받았다. 특히 1983년부터 3년간 남자 단식 일정을 크리스마스가 포함된 12월 말에 개최한 건 최악의 결정에 가까웠다. 크리스마스 황금연휴를 즐기는 호주 관중에게야 색다른 선물이었지만 기나긴 시즌 중 가족들과 오롯이 보낼 수 있는 거의 유일한 시간인 크리스마스마저 빼앗긴 선수들에겐 납득하기 어려운 선택이었다.

대부분의 테니스 직업 선수들이 유럽과 북미에 집중되어 있던 1950년 이전까지, 남반구 오세아니아 대륙에서 열리는 호주오픈은 마땅한 이동 수단이 없어 참가가 어려운 불모지 대회에 가까웠다. 2차 세계대전을 전후해 세계적인 테니스 스타였던 빌 틸든, 르네 라코스테, 판초 곤잘레스 등은 호주오픈에 단 한 번도 출전한 적이 없다. 항공 기술의 발전으로 이동이 훨씬 수월해진 1968년 오픈 시대 이후에도, 호주오픈을 보이콧한 선수들이 적지 않았다. 스페인의 클레이 코트 스페셜리스트 마누엘 산타나, 루마니아의 챔피언 일리 나스타세 등 메이저 대회 우승 경력이 있는 1970년대 스타들은 호주오픈 출전 기록이 없다. 이들의 이름이 4대 메이저 대회를 모두 석권한 '커리어 그랜드슬램' 명단에서 빠진 것도 바로 이 때문이었다.

죽어가던 호주오픈을 살린 건 대회 개최지와 코트 표면을 동시에 바꾼 호주 테니스협회의 과감한 결단이었다. 1988년부터 현재 개최지인 멜버른 파크로 옮겼고, 잔디에서 하드로 코트 표면을 바꿨다. 효과는 즉각적으로 나타났다. 1987년 쿠용의 잔디 코트에서 열린 호주오픈의 전체 관중 수는 14만 명이었지만, 불과 1년 뒤 멜버른 파크의 녹색 하드 코트에서 열린 대회에서는 26만 명으로 두 배 가까이 증가했다.

1978년 US오픈이 가장 먼저 하드 코트 시대를 연 데 이어,

10년 만에 두 번째 하드 코트 메이저 대회가 탄생했다. 이 변화는 결과적으로 막내 격인 호주오픈이 형님 대회들을 추월할 수 있는 결정적인 게임 체인저가 되었다.

1988년 서울올림픽이 열린 해, 호주오픈이 새롭게 도입한 것은 '리바운드 에이스'라 불리는 녹색 하드 코트였다. 이 코트는 2007년까지 약 20년간 사용되었고, 이듬해부터는 지금의 호주오픈을 상징하는 파란색 하드 코트인 '플렉시쿠션'이 도입되었다. 지금이야 푸른색이 일반적인 테니스 하드 코트의 표준처럼 받아들여지지만, 2000년대 이전까지만 해도 하드 코트는 대부분 녹색이었다. 시원한 바다를 연상케 하는 파란색 코트는 시인성을 획기적으로 개선해 TV 중계에서 큰 강점을 보였고, 호주오픈의 성공 사례를 US오픈이 뒤따르면서 현재 두 하드 코트 메이저 대회의 코트는 모두 파란색으로 통일되었다.

여기서 잠깐 하드 코트의 속도 변화에 대해 살펴보자. 사실 하드 코트의 속도는 리바운드 에이스, 플렉시쿠션, US오픈의 데코터프와 같은 재질의 종류 자체보다는, 코트를 구성하는 재료의 배합 방식에 따라 조절된다. 하드 코트는 이러한 배합을 통해 표면 속도를 인위적으로 조절할 수 있다는 유연성이 특징이다. 실제로 2017년 호주오픈의 경우, 지난 10년간 사용한 것과 동일한 플렉시쿠션을 유지했지만 코트 표면의 속도를 다르게 했는데, 이로 인해 로저 페더러가 공격적인 서브와 백핸드를 앞세워 10년 넘게 메이저 대회에서 이겨보지 못했던 라파엘 나달을 꺾고 감격스러운 우승을 차지할 수 있었다. 최근에는 호주오픈이 빠른 코트를 유지해 공격적인 테니스에 조금 더 유리하며, US오픈은 이보다 다소 느린 속도의 하드 코트로 알려져 있다.

호주오픈은 '패스트 팔로워'의 진면목을 보여준 스포츠 이벤트로 평가할 만하다. 한국의 지하철이 영국이나 미국보다 훨씬 늦게 시작됐지만 시설 면에서는 한 수 위인 것처럼, 뒤늦게 팽창을 시작한 호주오픈은 다른 세 곳의 메이저 대회보다 한발 앞선 최첨단 경기장을 갖출 수 있었다. 호주 테니스가 낳은 전설 로드 레이버의 이름을 딴 로드 레이버 아레나는 1988년 첫선을 보였으며, 그때까지 어떤 테니스장도 해결하지 못했던 문제를 단번에 풀어냈다. 바로, 세계 최초로 이동식 지붕을 갖춘 테니스 경기장이었던 것이다. 사실 호주는 유럽처럼 비가 자주 내리진 않지만, 이 이동식 지붕은 우천 대비보다 남반구 여름의 불볕더위를 막는 데 더 효과적이었다. 호주오픈은 4대 메이저 대회 중 유일하게 폭염 방지 규정을 두고 있으며, 온도가 일정 기준을 넘으면 코트 지붕을 닫고 경기를 진행할 수 있다.

나는 2014년 호주오픈을 현장에서 취재한 경험이 있다. 섭씨 40도에 육박하는 한낮 기온을 직접 체감해 보니, 선수들이 얼마나 힘든 상황에서 경기를 치르는지 실감할 수 있었다. 신기한 건, 밤이 되면 거짓말처럼 기온이 선선하게 내려가는 급격한 변화였다. 호주오픈은 오후 7시부터 야간 세션이 시작되며, 하루의 메인 이벤트 경기를 저녁에 배치하는 전통을 유지해 오고 있다. 2014년은 전 세계 테니스 팬들을 놀라게 한 스탄 바브린카의 깜짝 우승이 있었던 해다. 야간 경기 메인 이벤트로 진행된 노박 조코비치와의 8강전은 4시간 30분 넘는 명승부였는데, 경기를 직관하면서 느낀 점은, 호주오픈의 야간 경기는 테니스 선수들이 최고의 경기력을 발휘하기에 안성맞춤이라는 것이다. 이 때문에 페더러, 나달, 조코비치 3인방의 트로이카 시대에는 유난히 호주오픈에서 명승부, 대첩이 많이 나온 것 같다는 생각도 든다. 지금은 클래식으로 회자되는 2005년 마라트 사핀과 로저 페더러의 4강전, 2012년 남자 단식 결승에서 5시간 53분이라는 대기록을 세운 나달과 조코비치의 대격전도 모두 야간 경기로 진행된 바 있다.

호주오픈은 4대 메이저 가운데 유일하게 한국과 시차가 크지 않아 국내 팬들의 관심과 사랑을 가장 많이 받는 대회이기도 하다. 정현과 로저 페더러가 맞붙은 2018년 호주오픈 4강전은 축구 A매치에서나 나올 법한 실시간 시청률 17%를 기록하며 큰 화제를 모았다.

롤랑가로스가 통산 14회 우승자인 나달의 텃밭이라면, 호주오픈의 권좌는 10차례나 트로피를 집으로 가져간 역대 최고의 선수 유력 후보인 노박 조코비치의 몫일 것이다. 조코비치는 2008년 스무 살의 나이에 첫 우승을 차지한 뒤 아홉 번이나 더 호주오픈 시상식에서 우승 소감을 남겼다. 빠른 하드 코트에서 최고의 경기력을 발휘하는 조코비치에게 호주오픈은 최적의 무대였고, 특히 좌우로 날아오는 공을 두 다리를 찢으며 발레리나처럼 받아치는 경이로운 유연성은 하드 코트에서 가장 빛을 발하는 그의 비장의 무기였다. 조코비치보다 이 대회에서 단식 우승을 한 차례 더 기록한 인물도 있다. 바로 역대 최다 메이저 우승(24회)을 달성한 호주의 전설 마가렛 코트다. 그녀는 고향 대회인 호주오픈에서만 11번의 우승을 차지했는데, 호주오픈 조직위원회는 그녀의 업적을 기리기 위해, 세 번째로 큰 7500석 규모의 쇼코트show court에 '마가렛 코트 아레나'라는 이름을 붙였다.

 호주오픈에서 펼쳐진 명승부는 이루 헤아릴 수 없을 만큼 많다. 가장 기억에 남는 경기 중 하나는 오픈 시대 개막을 알린 1969년 로드 레이버와 토니 로체의 남자 단식 준결승이다. 레이버는 프로 전향 이후 한동안 놓쳤던 톱시드를 다시 받은 상태였고, 로체는 4번 시드로 8강에서 복식 파트너인 존 뉴콤을 5세트 접전 끝에 물리치며 시드값을 톡톡히 해내고 있던 터였다. 1975년 윔블던 복식 준우승자인 앨런 스톤은 당시의 이 경기를 이렇게 회상

한다.

"브리즈번의 태양은 정말 뜨거웠습니다. 관중석에는 200명 남짓밖에 없었지만, 다른 선수들이 죄다 이 경기를 지켜보기 위해 몰려들었죠. 이런 분위기에서는 늘 특별한 일이 벌어지기 마련입니다. 두 선수의 샷 메이킹은 숨이 멎을 정도로 대단했고, 그야말로 명승부였습니다."

뜨거운 격전은 무려 4시간 35분간 이어졌고, 게임 수는 90게임에 달했다. 특히 2세트는 두 시간을 넘기는 접전이었다. 레이버가 결국 7-5, 22-20, 9-11, 1-6, 6-3으로 승리했지만, 타이브레이크가 아직 도입되기 전이던 시절이었다. 2세트에서는 로체가 7-6에서 세트 포인트를 3번 잡았고, 레이버는 12-11에서 2개의 세트 포인트를 잡았다. 1세트에서도 로체는 세 차례 브레이크를 당했으나 곧바로 반격에 성공했고, 3세트 2-3과 7-8 상황에서도 버텨냈다. 5세트 3-4, 15-30. 서브권은 로체에게 있었다. 이때 레이버가 친 샷은 명백히 아웃처럼 보였지만 인으로 선언됐다. 터프한 왼손잡이 로체는 듀스를 만드는 저력을 발휘했지만, 결국 그 게임을 내주었고, 마지막 서브 게임을 지켜낸 레이버가 승리를 거머쥐었다.

1975년 존 뉴콤과 지미 코너스가 맞붙은 결승전 역시 명승부였다. 두 선수의 스타일이 극명히 달랐다는 점도 있었지만, 무엇보다 '앙숙의 대결'이라는 구도가 더 큰 불을 지폈다. 코너스는 1974년 한 해 동안 103전 99승을 기록하며 호주오픈, 윔블던, US 오픈을 석권했지만, '월드 팀 테니스'라는 미국 내 리그에 참가하면서 프랑스테니스연맹으로부터 프랑스오픈 출전 금지 조치를 받아 그해 프랑스오픈에는 나가지 못한 바 있다. 코너스는 자신이 출전했다면 돈 버지나 로드 레이버처럼 캘린더 그랜드슬램을 이뤘을 것이라고 굳게 믿었을 것이다. 1973년 뉴콤이 2연승을 거둔 이후 둘의 맞대결은 처음이었다. 당시 뉴콤은 "코너스와의 대결을 손꼽아 기다려왔다"라고 말했다. 이에 코너스도 맞받았다. "뉴콤은 입보다는 라켓으로 말해야 한다. 내가 결승에 올라갈 때마다 뉴콤은 어디 가고 없었다."

실제로 뉴콤이 첫 세트를 이겼을 때 관중석에서는 "어떻게 된 거냐, 입만 살아서!"라는 비아냥이 나왔다. 그런데 코너스가 2세트를 따내고 3세트 3-3인 상황에서 서브를 넣을 때 코너스는 그의 인생에서 처음이자 마지막으로 일부러 포인트를 내주는 괴이한 행동을 저질렀다. 40-15에서 한 번도 아닌 3번이나 의심스러운 판정이 나오자, 그는 일부러 더블 폴트를 한 것이다. 결국 이 세트는 뉴콤이 6-4로 가져갔다.

이 기이한 상황에 대한 한 가지 가설은 코너스가 적대적인 관중들을 자기편으로 만들기 위해서였다는 것이다. 뉴콤은 4세트 5-3 서브권을 가진 매치 포인트 상황에서 두 번이나 코너스의 세트 포인트를 막아야 했고, 결국 타이브레이크까지 가서야 9-7로 승리했다. 경기 전까지만 해도 코너스를 향해 야유를 보내던 관중들은 174분의 혈투가 끝난 뒤 두 선수 모두에게 기립박수를 보냈다. 뉴콤은 "오늘 코너스는 챔피언이 어떻게 이기고 또 지는지를 잘 보여줬다. 그는 진정한 챔피언이다"라고 칭찬했다.

    1980년대의 명승부로는 매츠 빌랜더가 1988년 결승전에서 팻 캐시를 5세트 접전 끝에 8-6으로 꺾고 우승한 경기를 꼽을 수 있다. 멜버른 파크에서 열린 첫 결승전이기도 했던 이 경기는 한 편의 대서사시와 같았다. 여자부에서는 1981년 마르티나 나브라틸로바와 크리스 에버트의 결승전을 능가하는 경기가 아직 나오지 않았다. 바람이 거세게 불어 범실이 잦았던 쿠용의 잔디 센터코트에서 두 여자 테니스 거장은 치열한 심리전을 벌였다. 당시 나브라틸로바는 세계 1위에서 3위로 떨어져 하락세에 있었고, 첫 세트 타이브레이크마저 내주며 승부가 기운 듯 보였다. 그러나 그녀는 6-7, 6-4, 7-5로 극적인 역전승을 거뒀다. 마지막 세트에서 나브라틸로바는 3-0으로 앞선 상황에서 여섯 번의 게임 포인트를 잡았지만 그 게임을 따내지 못했고, 이후 게임스코어 5-1에서도 에버트의 저력에 밀려 5-5까지 추격당했다. 결국 마지막 안간힘을 짜내 간신히 승리를 가져온 그녀는, '처절한 명승부'란 표현이 아깝지 않을 경기력을 보여주었다.

멜버른 파크에서 열린 경기 중 빼놓을 수 없는 또 하나의 사건은 존 매켄로의 실격 사태다. 1990년, 매켄로는 심판에게 불손한 발언을 해 그랜드슬램 역사상 처음으로 실격패를 당한 선수가 됐다. 피트 샘프러스가 1995년 짐 쿠리어와의 경기에서 눈물을 쏟아내며 기적 같은 역전승을 거둔 일이나, 1996년 찬다 루빈이 아란차 산체스를 상대로 3시간 33분에 걸친 혈투 끝에 6-4, 2-6, 16-14로 승리한 것도 호주오픈의 명승부로 길이 남을 만하다. 특히 마지막 세트의 소요 시간인 2시간 22분은 여전히 깨지지 않은 기록으로 남아 있다. 이처럼 호주오픈에서 탄생한 수많은 명경기들은 앞으로도 오랫동안 기억될 것이다.

4대 메이저 가운데 하나로 당당히 자리매김한 호주오픈은 이제 선수들이 1월 달력에 기록해 놓고 시즌 시작과 함께 반드시 거쳐야 하는 이벤트로 받아들여진다. 마르티나 힝기스는 1997년부터 3년 연속 우승을 차지했고, 제니퍼 캐프리아티는 2000년과 2001년에 두 차례 우승했다. 쥐스틴 에넹, 아멜리 모레스모, 마리아 샤라포바, 세리나 윌리엄스도 단식 트로피를 들어 올린 바 있다.

21세기 남자 단식 챔피언으로는 안드레 애거시(2000~01, 2003), 로저 페더러(2004, 2006~07, 2010, 2017~18)가 있으며, 예브게니 카펠니코프, 토마스 요한손, 마라트 사핀, 스탄 바브린카도 호주오픈 정상에 올랐다. 하지만 멜버른에서 최고의 시간을 보낸 선수는 단연코 노박 조코비치일 것이다. 세르비아 출신의 이 천재 선수는 2008년 첫 메이저 타이틀을 호주오픈에서 차지한 후, 무려 9번이나 더 우승컵을 들어 올렸다. 그 과정에서 영국의 앤디 머리를 네 차례나 결승에서 꺾은 것은 영국 팬들에겐 뼈아픈 기억일 것이다.

호주오픈은 가장 늦게 출발했지만, 과감한 투자와 혁신을 바탕으로 이제는 4대 메이저 대회를 선도하는 위치가 됐다. 개최 시기인 1월에는 전 세계적으로 이렇다 할 메가 스포츠 이벤트가 없어 상대적으로 주목도가 높다는 점도 호주오픈의 성공 요인 중 하나다. 무엇보다도 충분한 비시즌 휴식 이후, 갈고닦은 기량을 처음으로 선보이는 무대라는 점에서 호주오픈은 선수들이 최고의 경기력을 발휘하는 대회이기도 하다. 여기에 또 하나 중요한 요소가 있다. 춥고 긴 겨울을 버텨내며 테니스 대회를 기다리고 기다려온 테니스 팬들의 갈증이다. 선수들의 싱싱한 경기력과 팬들의 목마른 기다림. 이 두 가지가 있기에 앞으로도 막내 호주오픈의 더 큰 성장과 약진을 기대할 수 있을 것이다.

데이비스컵 1900
Davis Cup 1900

2008년 2월 테니스 국가대항전인 데이비스컵을 취재한 건 특별한 경험이었다. 국가를 대표하는 선수들과 마찬가지로, 한 나라를 대표하는 기자로서 유럽까지 날아가 현장을 취재하는 일은 직업적인 의무라기보다는 오히려 영예로운 기회에 가까웠다. 장소는 독일 니더작센주의 도시 브라운슈바이크였다. 독일과 한국의 테니스 국가대항전 데이비스컵 월드그룹 경기는 겨울이라 소규모 실내 체육관에서 열렸다. 전문 테니스 스타디움이 아닌 탓에, 체육관 바닥에 임시로 코트를 설치했다. 홈경기를 주관한 독일은 치밀한 계산 끝에 코트 표면을 클레이로 선택했다. 슈테피 그라프, 보리스 베커라는 1980년대 슈퍼스타를 배출한 독일은 클레이 코트가 가장 널리 보급된 나라 중 하나다. 자국을 대표하는 주요 투어 대회인 함부르크 오픈, 뮌헨 오픈, 슈투트가르트 오픈 모두 클레이 코트에서 열린다. 윔블던 개막을 앞두고 6월에 열리는 워

밍업 이벤트로, 우승하면 랭킹 점수 250점이 주어지는 슈투트가르트 잔디 코트 대회가 있지만 독일을 대표하는 대회로 부르기에는 무리가 있다.

독일이 데이비스컵 홈경기에서 클레이를 선택한 건 자국 선수들이 그 코트 표면에 강한 면도 있지만, 원정팀 한국이 썩 자신 있어 하는 코트가 아니기 때문인 이유도 있었다. 20년 만에 한국 테니스 대표팀을 데이비스컵 월드그룹, 즉 세계 16강 무대에 올려놓은 일등 공신 이형택은 클레이 코트보다 하드 코트가 편안했다. 그가 한국 남자 테니스 사상 처음 투어 대회 우승이라는 기쁨을 맛본 시드니 인터내셔널 대회도 하드 코트였고, 두 차례 메이저 16강에 오른 US오픈도 마찬가지였다.

이렇게 데이비스컵은 홈경기를 주최하는 국가의 이점을 살릴 수 있는 여지가 적지 않았다. 코트 표면 선택권 외에도, 일방적인 홈팬들의 응원 역시 실력 외적인 요소로 승부에 영향을 줄 수 있다. 2008년 당시 독일의 에이스 필립 콜슈라이버와, 로빙과 슬라이스 같은 기교에 능한 플로리앙 마이어는 홈 관중의 전폭적인 응원을 등에 업고 한국 선수들을 분위기부터 압박해 나갔다. 그런 가운데서도 이형택은 진정한 영웅이었다. 세계 랭킹에서의 열세, 낯선 원정 분위기, 텃세까지 겹친 불리한 조건 속에서도, 그는 마이어와 4시간 넘게 5세트에 걸친 피 말리는 혈투를 치르고 귀중한 데이비스컵 월드그룹 원정 첫 승리의 기쁨을 안겼으니까.

가장 인상 깊었던 것은 이형택의 마음가짐이었다. 객관적인 전력상 승리를 기대하기 어려운 상황이었음에도, 그는 정말로 강호 독일을 꺾고 8강에 오를 수 있다고 굳게 믿었고, 간절한 마음으로 경기에 임했다. 첫날 단식에서 마이어와 풀세트 접전을 벌인 탓에 발바닥에 심한 물집이 잡혔지만, 그는 셋째 날 마지막 에이스 단식 대결에서 콜슈라이버를 상대로 한 세트를 따내는 투혼을 보였다. 당시 콜슈라이버는 일주일 전 열린 호주오픈에서 광속 서버 앤디 로딕을 꺾는 이변을 일으키며 가파른 상승세를 타고 있던 독일의 젊은 에이스였다. 반면 30대 중반으로 향해가고 있던 백전노장 이형택은, 물집만 아니었으면 어땠을까 하는 아쉬움 속에서 굵은 눈물을 흘리며 한국의 데이비스컵 여정을 마무리했다. 그 눈물은 어떤 의미였을까. 현장에 동행해 취재하며, 나는 국가를 대표해 뛰는 이 데이비스컵이 일반 투어 대회와는 전혀 다른 차원의 경기라는 것을 체감할 수 있었다.

"태극 마크를 달고 국가대표로 임하는 경기는 투어와 전혀 다른 느낌으로 다가옵니다. 부담이 훨씬 커요. 투어는 잘하고 못하는지에 대한 책임을 혼자만 지면 되잖아요. 하지만 데이비스컵에서는 우리나라를 대표해서 테니스 경기를 치르는 것이고, 그만큼 막중한 책임감을 두 어깨에 짊어지게 됩니다."

2007년, 한국 남자 대표팀이 '테니스의 월드컵'이라 불리는 데이비스컵 월드그룹에 진출한 것은 한국 테니스계에 매우 큰 사건이었다. 1987년 서울아시안게임 4관왕에 빛나는 유진선과 김봉수 등을 앞세워 일본을 물리치고 세계 16강 월드그룹에 진출한 이후 꼭 20년 만의 경사였다. 한국이 배출한 ATP 투어 우승자 이형택이 단식은 물론 복식까지 파트너 임규태와 책임지며 월드그룹 플레이오프에서 슬로바키아를 물리치고 본선 진출권을 획득했다. 당시 테니스인들은 이 성과를 축구 월드컵 16강 이상의 업적이라고 평가하기도 했다.

되돌아보면, 한국 테니스에서 데이비스컵의 발자취는 10~20년 단위로 등장한 스타 선수들의 계보와도 맞닿아 있다. 1980년대 유진선, 김봉수, 노갑택이 있었다면, 1990년대 후반부터 10여 년간은 이형택, 윤용일, 임규태가 활약했다. 그다음 세대인 정현, 권순우, 남지성, 송민규도 단식과 복식에서 세계적인 강자들과 맞서 싸우며 세계 16강이 겨루는 데이비스컵 최종 라운드에 진출할 수 있었다.

데이비스컵 본선 진출은 과거 축구 월드컵 본선 진출과도 비견될 만큼 모든 나라가 꿈꾸는 성취였다. 현대 테니스가 본격적인 프로화의 길을 걷기 전까지만 해도, 데이비스컵은 어떤 면에서는 4대 메이저 대회와 어깨를 나란히 하거나 그 이상으로 대접받았던 권위 있는 대회였기 때문이다.

　데이비스컵의 역사는 정확히 20세기의 시작과 궤를 함께한다. 그만큼 오랜 전통을 자랑하며, 전 세계 스포츠 역사에서 축구 다음으로 오래된 국가대항전 중 하나로 꼽힌다. 모든 스포츠 종목의 초창기가 그러했듯, 테니스 국가대항전의 창설 역시 유럽과 미국이 주도했다.

　1892년, 미국 테니스협회장 제임스 드와이트는 테니스의 종주국이라 할 수 있는 영국의 수준을 따라잡기 위한 방안으로 흥미로운 대결 형식을 고안했다. 매년 친선전의 형식을 빌려, 영국의 뛰어난 선수들이 미국을 방문해 경기를 치르도록 유도했던 것이다. 이 같은 시도는 1900년 결실을 맺는다. 미주리주 세인트루이스 출신으로 당시 하버드대학교에 재학 중이던 21세의 테니스 선수 드와이트 필리 데이비스가, 당시로는 제법 거금인 1000달러 상당의 트로피를 기증하면서 미국과 영국 간의 정기 국가대항전이 창설된 것이다. 이 트로피 이름이 '데이비스컵'으로 명명되면서 국제테니스연맹이 내놓은 최고의 주력 상품, 데이비스컵이 탄생했다.

　초기에는 영국과 미국만 참가했지만, 국제테니스연맹이 적극적으로 참가국을 확대하면서 지금과 같은 글로벌 스포츠 이벤트로 성장했다. 1923년은 그 과정에서 중요한 분기점이 됐다. 총

16개 국가가 참가해 유럽과 미국 두 지역으로 나뉘어 경쟁하는 체제가 도입된 것이다. 당시 데이비스컵은 윔블던 초기와 비슷한 방식으로 운영됐는데, 전년도 챔피언이 결승에 자동 진출해 기다리고, 다른 팀들이 도전자를 가리는 구조였다. 하지만 이는 디펜딩 챔피언에게 지나치게 유리하다는 비판이 제기되며, 1971년을 끝으로 폐지됐다.

한편 데이비스컵은 한때 존립 자체가 위협받는 위기를 겪기도 했다. 원칙적으로는 자국 협회에 등록된 아마추어 선수만 출전할 수 있었기 때문에, 프로로 전향한 최고 기량의 선수들이 출전하지 못하는 상황이 잦았던 것이다. 1973년 '윔블던 보이콧 사태' 역시 데이비스컵과 얽혀 있었다. 훗날 노박 조코비치의 스승으로 명성을 날리게 되는 니키 필리치라는 유고슬라비아의 선수가 1967년 프로로 전향해 뉴질랜드와의 데이비스컵 출전을 거부했다. 그러자 유고슬라비아 테니스협회는 그에게 9개월 자격 정지 징계를 내렸고, 이에 92명의 다른 선수들이 필리치를 지지하기 위해 윔블던 출전을 철회해 버렸다. 프로 선수들의 출전 자격 제한이 풀렸음에도 93명의 선수가 윔블던 불참을 선언한 사건이었다.

국제 교류를 바탕으로 한 스포츠답게, 데이비스컵은 정치적 위기에도 여러 차례 직면했다. 대표적인 사례가 남아프리카

공화국의 인종차별 정책(아파르트헤이트)과 관련된 보이콧 사태였다. 1974년 결승에 오른 인도는 남아공과의 맞대결을 거부했고, 1975년에는 아르헨티나가 지역 예선을 철회했으며, 멕시코와 콜롬비아도 이에 동참했다. 이러한 흐름은 결국 남아공이 '데이비스컵의 파국을 막기 위해'라는 대의명분으로 자발적 출전 정지를 선언하면서 일단락됐다. 남아공은 1992년 아파르트헤이트 정책이 공식적으로 폐기된 뒤에야 데이비스컵에 복귀할 수 있었다.

데이비스컵은 거의 100년 동안 상금이 없는 순수 아마추어 대회였다. 그러다 1981년, NEC 주식회사가 후원사로 참여하면서 처음으로 상금이 도입됐고, 2016년에는 BNP 파리바 은행이 타이틀 스폰서를 맡으면서 총상금 1400만 달러가 지급됐다. 이후 상금 규모는 더욱 확대되어, 2024년 데이비스컵 우승팀은 무려 2678만 달러를 받을 수 있게 되었다. 우리 돈 약 380억 원에 달하는 액수인데, 이 정도면 그랜드슬램 부럽지 않다. 현재 전 세계 155개국이 데이비스컵에 참가하고 있으며, 최다 우승국은 미국으로 통산 32회 챔피언에 올랐다. 그 뒤를 호주(28회), 영국과 프랑스(각 10회)가 잇고 있다.

우리가 역사 교과서에서 이름을 접했던 테니스의 초창기 전설들은 데이비스컵 무대에서 두드러진 활약을 보였다. 윔블던이 동상까지 세운 프레드 페리, 프랑스의 '4총사' 중 한 명인 르네 라코스테는 데이비스컵 역사에 이름을 아로새긴 영웅들이다. 이후 미국 테니스의 황금기였던 1970년대부터 2000년대 초반까지는 아서 애시, 존 매켄로, 피트 샘프러스가 차례로 바통을 이어받으며 데이비스컵 트로피를 들어 올렸다. 호주는 로드 레이버와 로이 에머슨이라는 슈퍼스타들을 앞세워 1960년대에만 무려 7차례나 데이비스컵을 석권했다.

데이비스컵에서 가장 큰 성공을 거둔 미국의 활약을 들여다보자. 11차례 데이비스컵에 나서 단식 17승 5패, 복식 4승 2패의 기록을 남긴 20세기 초반의 전설 빌 틸든을 필두로 아서 애시, 스탠 스미스, 존 매켄로, 피트 샘프러스가 미국의 데이비스컵 성공 시대를 이끌었다. 그중 매켄로와 샘프러스는 월드그룹 결승에서 각각 데이비스컵 데뷔전을 치렀다는 공통점이 있다. 매켄로는 1978년 영국이 예상 밖으로 호주를 물리치고 올라오자 12월 팜스프링스에서 결승 맞대결을 벌였는데, 기온이 섭씨 20도에서 영하까지 오르내리는 궂은 날씨 속에서도 존 로이드를 6-1, 6-2, 6-2로 완파하며 강렬한 인상을 남겼다.

반면 샘프러스는 1991년 프랑스 리옹에서 열린 결승에서 혹독한 데뷔전을 치렀다. 엄청난 중압감에 시달린 나머지 첫 단식 경기에서 앙리 르콩테에게 6-4, 7-5, 6-4로 패했고, 이어 기 포제에게도 7-6, 3-6, 6-3, 6-4로 무릎을 꿇었다. 프랑스는 야니크 노아의 탁월한 리더십 아래 57년 만의 데이비스컵 축배를 들었다. 1932년 우승 주역 장 보로트라가 라커룸에서 가장 먼저 축하를 건넸다.

하지만 샘프러스는 데이비스컵에서 이대로 수모만 당하지 않았다. 1995년, 모스크바의 올림픽 스타디움에서 열린 결승. 샘프러스는 러시아의 안드레이 체스노코브와의 첫 단식에서 5세트 접전 끝에 승리를 거두었다. 이어 예상 밖의 조합이었던 토드 마틴과 복식에서 승리를 챙긴 뒤, 피로가 누적된 상황에서도 러시아의 에이스 카펠리니코프를 6-2, 6-4, 7-6으로 꺾으며 미국에 3-1 승리를 안겼다. 샘프러스가 커리어 최고의 테니스를 선보인 한 편의 주말 극장이었다.

데이비스컵 사상 최다 출전의 기록은 이탈리아 니콜라 피에트란젤리가 보유하고 있다. 그는 66회 이탈리아 대표팀에 선발돼 164번의 경기를 치렀으며 단식 78승 32패, 복식 42승 12패를 기록했다. 반면에 스위스의 세계 1위 로저 페더러는 선택적으로 출전해 2016년 기준으로 27차례 대표팀에 이름을 올렸고, 40승 8패의 단식 기록을 갖고 있다.

최근까지도 테니스 스타들의 데이비스컵을 향한 열정은 변함이 없다. 라파엘 나달이란 에이스를 보유한 스페인은 21세기 들어 가장 많은 6차례 우승을 차지했고, 로저 페더러 역시 2014년 데이비스컵 우승을 위해 ATP 파이널스 결승전을 기권하는 강한 의지를 보이기도 했다. 야닉 시너를 앞세운 이탈리아는 2023년과 2024년 두 대회를 연속으로 제패했다.

하지만 데이비스컵은 상업화가 급속히 진행되고 있는 국제 테니스 환경 속에서 점차 위기를 맞고 있는 것도 사실이다. 4대 메이저 대회와 마스터스 1000 시리즈로 대표되는 투어 대회의 규모와 권위가 점점 커지고 있는 반면, 데이비스컵의 위상은 예전만 못하다. 연중 쉼 없이 이어지는 투어 일정 속에서 톱스타들이 데이비스컵 출전을 우선순위에서 내려놓는 현상이 두드러지고 있는 것이다. 위상 하락에 대한 고민은 데이비스컵 포맷 변화에서도 읽을 수 있다. 2019년부터 데이비스컵은 18개 팀이 한 장소에 모여 조별리그와 토너먼트를 결합한 방식으로 최종 챔피언을 가리는 대회로 변모했다. 과거에는 각국이 홈과 원정을 오가며 승자를 가린 후, 마지막 두 팀이 결승전을 치렀다. 하지만 이제 이러한 홈앤어웨이 방식을 폐지하고, 일정 단축과 흥행 강화를 위한 방식이 도입된 것이다.

새로운 방식은 축구 월드컵을 모티프로 했지만, 기대만큼의 반향을 일으키지는 못했다. 이런 변화 시도에도 불구하고 여전히 데이비스컵은 과거와 같은 위상을 회복하는 데 애를 먹고 있다. 이는 단순히 '돈이냐, 애국이냐'는 이분법을 넘어, 유사한 대회들의 등장이라는 외부 압력도 한몫하고 있다. 예컨대, 로저 페더러가 주도해 2017년 시작된 '레이버컵'은 유럽 팀과 월드 팀이 맞붙는 대륙간 컵 대회로, 미디어의 주목도와 스타 파워 면에서 데이비스컵 못지않은 존재감을 드러내고 있다. 2023년 시작된 혼합 국가 대항전 '유나이티드컵' 역시 호주오픈 직전에 열리고 랭킹 포인트까지 주어지면서 선수와 팬 모두에게 선호도가 높다.

여자 테니스에서도 변화가 이어지고 있다. 1963년 국제테니스연맹 창립 50주년을 기념해 출범한 페드컵은 '남녀 상금 동일 원칙'을 이끈 선구자 빌리 진 킹의 이름을 따 '빌리 진 킹컵'으로 명칭을 바꾸어 진행되고 있다. 하지만 아직까지는 데이비스컵에 버금가는 위상을 확보하지는 못한 상황이다. 빌리 진 킹컵 역시 투어 대회의 상업적 공세 속에서 정체성에 대한 고민을 안고 있다.

그러나 가슴 속에 태극마크를 단 채 네 번의 단식과 한 번의 복식을 치르는 데이비스컵은 여전히 일반 투어와 메이저 대회가 가져다줄 수 없는 특별한 매력이 있는 대회다. 당면한 숙제는 현명한 대회 일정을 찾는 것이다. 2025년 빌리 진 킹컵은 갑작스레 본선 파이널 일정을 한국 테니스의 축제 코리아오픈이 열리는 9월로 변경해 빈축을 샀다. 데이비스컵 파이널 역시 개최 장소가 스페인의 몇몇 도시로 국한되어 있는데, 대륙별 개최 원칙 등을 재정비하는 것이 요구된다. 끊임없이 커지는 투어 대회의 위상과 상업성 속에서 데이비스컵이 균형을 찾아가는 일은, 국제테니스연맹이 풀어야 할 가장 중요한 과제일 것이다.

올림픽 1988
Olympics 1988

해마다 국내에서 열리는 가장 큰 테니스 축제인 코리아오픈의 무대는 서울 송파구 방이동의 올림픽공원 센터 코트다. 이곳에 들어가기 위해서는 길게 늘어진 중앙 현관 계단을 올라가야 하는데, 오른쪽 화단 옆을 쳐다보면 작은 간판을 발견할 수 있다. 그 간판에는 독일 테니스의 전설 슈테피 그라프의 젊은 시절 사진과 함께 '골든 슬램의 전당'이라는 문구가 적혀 있다. 1988년, 대한민국에서 처음 열린 하계올림픽은 많은 유산을 남겼지만, 그 가운데서도 그라프의 여자 테니스 단식 금메달 획득은 세계 스포츠 역사에서 빼놓지 않고 언급되는 대단히 큰 사건이었다. 그라프는 그해 4대 메이저 대회와 올림픽까지 모두 석권한 유일무이한 '캘린더 골든 슬램'의 주인공으로 남아있기 때문이다. 그라프의 금메달이 탄생한 올림픽공원 센터 코트 역시 테니스 역사에서 중요한 장소가 되었다.

그렇다면, 올림픽은 테니스에서 정말 의미 있는 대회일까? 이에 대한 대답은 그라프의 사례에서 찾을 수 있다. 한 나라를 대표해 올림픽에서 메달을 목에 건다는 것은 어떤 종목에서든 특별한 성취이며, 테니스 역시 예외가 아니다. 특히 전설로 추앙받는, 세계 테니스계를 주름잡은 스타가 아마추어 경연장인 하계올림픽에 출전해 조국과 자신의 커리어에 또 하나의 영예를 보탠다면, 그 의미는 더욱 깊다. 모든 것을 이룬 사나이, 노박 조코비치 역시 그러했다.

조코비치는 100년 만에 다시 프랑스 파리에서 열리는 2024년 하계올림픽에서 다섯 번째 도전장을 던졌다. 2008년 베이징 올림픽 이래 네 차례나 문을 두드렸지만, 단 한 번도 시상대 가장 높은 자리에 오르지 못했던 그가 마침내 '4전 5기'에 나선 것이다. 글로벌 스타 조코비치의 위상은 올림픽 전 종목을 통틀어도 손꼽혔으며, 미국 농구 드림팀의 르브론 제임스, 스테픈 커리, 체조 스타 시몬 바일스와 함께 '올림픽의 얼굴'로 불렸다.

조코비치의 마지막 도전이 더욱 특별했던 이유는, 그의 숙명의 라이벌 라파엘 나달 역시 이 대회에서 '라스트 댄스'를 펼쳤기 때문이다. 2024년, 기나긴 선수 여정의 마무리를 선언한 나달은 그가 14차례나 우승 트로피를 품에 안았던 롤랑가로스 필립 샤트리에 코트의 마지막 경기에서 조코비치를 만나는 얄궂은 운명을 받아들여야 했다. 조코비치는 그 경기에서 2-0으로 승리를 거두었으며, 결국 결승까지 올라 '나달의 후계자'로 불리는 21세의 카를로스 알카라스를 꺾고, 마침내 숙원이던 금메달을 목에 걸었다. 그의 커리어를 완성시킨 감격적인 순간이었다.

조코비치와 알카라스의 결승전은 2024년 파리올림픽 전 종목을 통틀어 미디어의 스포트라이트를 가장 많이 받은 역사적인 승부였다. 이 경기를 보기 위해 전 세계 언론의 취재 요청이 빗발쳤고, 대회 조직위원회는 이를 '하이 디멘드 high-demand 경기'로 분류해 취재 인원을 제한할 정도였다.

언제부터인가 하계올림픽에서 테니스가 '메인 이벤트' 중 하나로 떠오르는 일이 잦아졌다. 2008년 베이징올림픽 때부터였던 걸로 기억한다. 로저 페더러, 라파엘 나달, 노박 조코비치, 앤디 머리. 이 빛나는 4명의 스타들이 모두 금메달을 목표로 올림픽에 출전했기 때문이다. 근 20년간 4년에 한 번 열리는 올림픽이 테니스계에서 '제5의 메이저 대회'로 취급받은 결정적인 이유다.

놀랍게도 이 금메달 경쟁의 종합 우승자는 4명 가운데 꼴찌라고 할 수 있는 앤디 머리였다. 머리는 2012년 런던올림픽 결승에서 로저 페더러를 3-0으로 꺾으며 한 달 전 윔블던 패배의 아픔을 설욕한 데 이어, 2016년 리우올림픽에선 남미 대륙의 기대를 한 몸에 받은 후안 마르틴 델 포트로를 3-1로 제압하며 올림픽 역사상 유일한 '테니스 남자 단식 2연패'의 주인공이 됐다. 반면에 일찌감치 메이저 대회를 스무 차례나 우승하면서 더 이상 이룰 것이 없어 보였던 로저 페더러만 유일하게 올림픽 단식 금메달을 획득하지 못한 채 커리어를 마감했다.

  이제 테니스 최정상급 선수들에게 올림픽 금메달은 반드시 이뤄야 할 성취 가운데 하나가 됐지만, 사실 테니스는 아마추어 경연장인 올림픽에서 퇴출당했던 종목이다. 그 이유는, 테니스가 아마추어 정신을 중시한 올림픽의 철학과 맞지 않았기 때문이다. 테니스는 1896년 프랑스의 쿠베르탱 남작이 창설한 제1회 하계올림픽에서 정식 종목으로 채택됐다. 이와 관련된 흥미로운 일화가 있다. 아일랜드 출신의 옥스퍼드 기독교 대학생 존 볼란드는 그리스 친구인 츠라시볼로스 마나오스의 '올림픽 게임의 부활'이란 강의에 영향을 받아, 부활절 연휴에 열리는 올림픽에 참가하기로 했다. 그는 아테네에 도착해 친구이자 대회 조직위원장인 마나오스의 안내에 따라 테니스 종목에 출전했다. 물론 그는 복장도 라켓도 제대로 갖추지 못한 상태였다. 가죽으로 된 신발과 라켓을 급히 구해 경기에 나선 그는 승승장구했고, 결승전에서 이집트의 디오니시오스 카스다글리스를 물리치고 올림픽 테니스 사상 첫 금메달리스트가 되었으며, 복식에서도 금메달을 추가했다. 당시 테니스는 1874년에 탄생해 불과 22년밖에 되지 않은 신생 스포츠였지만, 그 인기는 빠르게 확산되고 있었고, 볼란드의 승리는 올림픽 무대에서 테니스의 존재감을 높이는 데 이바지했다.

해가 지나면서 테니스의 위대한 선수들은 볼란드의 뒤를 이어 올림픽에 영광스러운 이름을 남기기 시작했다. 4년 뒤인 1900년 파리올림픽에서는 여자부 경기가 처음으로 도입되었고, 윔블던 3회 우승자 샬롯 쿠퍼가 역사상 첫 올림픽 여자 단식 금메달리스트가 되었다. 그러나 테니스는 오랜 암흑기를 겪게 된다. 1924년 파리 대회를 끝으로, 테니스는 올림픽 정식 종목에서 제외됐다. 국제테니스연맹과 국제올림픽위원회가 테니스의 순수 아마추어 정신에 대해 이견을 좁히지 못했기 때문이다. 더불어, 경기 시설 문제와 IOC가 ITF를 국제 스포츠 단체로 공식 인정하지 않았던 점도 한몫했다.

화해의 첫 조짐이 보인 건 1968년 멕시코올림픽에서 시범 경기가 열렸을 때였다. 하지만 테니스가 올림픽에서 떠난 지 60년째 되는 1984년, 비로소 완벽한 복귀가 가시화되기 시작했는데, 21세 이하 선수들을 대상으로 한 시범 토너먼트 대회가 로스앤젤레스에서 열렸기 때문이다. 많은 관중이 몰렸고, 훗날 세계적인 스타로 성장할 슈테피 그라프와 스테판 에드베리도 이 대회를 통해 처음 주목받았다.

테니스가 다시 올림픽의 품에 돌아온 건 1988년 가을에 '손에 손잡고' 열린 서울올림픽에서였다. 첫 포문을 연 대회부터 그라프의 대기록이 나왔고, 이로써 올림픽 우승은 4대 메이저 대회를 제패한 이들이 완성해야 할 궁극의 목표로 자리매김했다. 1996년 애틀랜타 올림픽 금메달 획득으로 안드레 애거시는 동시대의 경쟁자 피트 샘프러스는 물론, 존 매켄로와 지미 코너스 등 미국 테니스의 대선배들도 해내지 못한 '커리어 골든 슬램'을 달성한 최초의 남자 선수가 되었다. 4대 메이저 대회와 올림픽 단식에서 우승한 남자 선수는 애거시와 나달, 조코비치 3명뿐이다.

남녀를 통틀어 올림픽 테니스에서 가장 굵직한 발자취를 남긴 건 윌리엄스 자매. 언니 비너스 윌리엄스가 2000년 단식 금메달을 먼저 획득한 데 이어, 동생 세리나 윌리엄스와 함께 복식에서도 세 차례 우승해 총 네 개의 금메달을 목에 걸었다. 세리나는 2012년 런던올림픽에 가서야 단식 우승을 했다. 굳이 기록에 의미를 조금 더 부여하자면, 세리나 윌리엄스는 단식과 복식 모두에서 커리어 골든 슬램을 달성한 유일한 선수다.

올림픽 테니스의 위상은 2012년 런던올림픽이 유서 깊은 윔블던에서 열린 이후 점점 상한가를 치고 있다는 느낌이다. 당시 국내 방송사로는 유일하게 결승전을 현장 취재한 나의 관심사는 윔블던이 올림픽이라는 초대형 이벤트를 맞아 100년 넘게 이어

온 전통을 얼마나, 어떻게 내려놓을 것인가였다. 흰색 복장을 의무화하고 경기장 내 광고판을 허용하지 않는 윔블던의 고집은 지구촌 축제라는 대의 앞에 잠시 고개를 숙였다. 스위스 국기를 가슴에 새긴 새빨간 상의 차림의 로저 페더러가 윔블던 잔디 위에서 힘차게 라켓을 휘둘렀고, 경기장 뒷벽은 IOC의 상징인 오륜기와 런던올림픽의 상징색인 보라색 간판으로 뒤덮였다. 그로부터 13년 뒤에는, 윔블던의 바통을 이어받은 또 다른 테니스 성지 롤랑가로스가 올림픽의 경연장이 됐다. 약 보름간 열리는 하계올림픽에서 테니스는 그 절반인 일주일을 책임지는 최고의 흥행 카드이자, 가장 많은 관중을 끌어들이는 종목 중 하나로 자리 잡았다. 올림픽에서 테니스의 입지를 다지기 위해 애쓴 전 ITF 회장인 프란체스코 리치 비티는, 2008년 베이징올림픽을 회고하는 사진 앨범 『베이징으로의 여정』의 서문에서 다음과 같이 선언했다. "올림픽은 이제 테니스에서 가장 중요한 이벤트 가운데 하나가 됐다. 그와 동시에 테니스 역시 올림픽에서 가장 중요한 이벤트가 됐다."

  2024년 파리올림픽 금메달을 목에 건 조코비치는 돈을 얼마나 벌었을까. 국가 차원에서 주는 포상금을 제외하면, 공식적으로 메달에 대한 금전적 보상은 없다. 심지어 랭킹 포인트도 '0점'이다. 그런데도 조코비치는 금메달이 확정되는 순간, 그 어떤 메이저 대회를 우승했을 때보다 더 큰 감격에 목이 메어 눈물을 쏟았다. 이것이 바로 국가를 대표해 뛰는 국가대항전만이 줄 수 있는 불가사의한 매력일 것이다. 아직 우리나라는 올림픽 테니스에서 메달권에 근접한 선수를 배출하지 못하고 있다. 1988년 안방에서 열린 서울올림픽에서 김봉수와 김일순이 각각 남녀 단식 3회전에 진출한 것이 역대 최고 성적이다.

보통 8월에 개막하는 하계올림픽의 특성상 테니스 메이저 대회와의 일정 충돌은 불가피한 측면이 있다. 4년에 한 번이라는 희소성이 이런 한계를 상쇄하긴 하지만, 적지 않은 톱 랭킹 선수들이 일정상의 이유로 올림픽을 거른다. 2024년 세계 랭킹 1위였던 야닉 시너는 피로 회복 등의 이유로 파리올림픽 출전을 포기했다. 아마도 시너는 4년 뒤 로스앤젤레스올림픽이라는 또 한 번의 기회가 있다고 판단했을 것이다. 그럼에도 올림픽에 대한 선수들의 로망은 계속된다. 이미 천문학적인 수입을 올리고 있는 프로 선수들이지만 금전적 보상이 전혀 없는 올림픽에 출전하기 위해 4년을 기다린다. 그리고 그 긴 여정의 끝에는, 시상대 가장 높은 곳에 올라 조국의 이름으로 메달을 걸고 국가가 울려 퍼지는, 그 무엇과도 바꿀 수 없는 영광의 순간이 기다리고 있다.

스타

Star

로드 레이버
Rod Laver

1959년에 제작된 영화사에 길이 남을 대작 <벤허>가 TV 영화 채널에서 방영되면, 나는 넋을 잃고 3시간 30분이 넘는 긴 시간 동안 선망의 눈길로 화면에 몰입한다. 유다 벤허 역을 연기한 찰턴 헤스턴의 연기는 몇 번을 봐도 질리지 않는다. 이런 감정은 <바람과 함께 사라지다>의 남녀 주연 배우 비비언 리와 클라크 게이블에게도 느낄 수 있다. 이것이 바로 고전, 클래식의 힘이다.

테니스 애호가들에게 로드 레이버는 영화계의 찰턴 헤스턴, 클라크 게이블과 같은 존재다. 그의 경기를 흑백 유튜브 영상으로 감상하면 요즘 팔팔한 선수들처럼 파워풀하지도 않고, 코트를 동서남북 누비는 스피드도 떨어진다. 하지만 작고 왜소해 보이는 나무 라켓을 쥐고, 군데군데 휑하니 벗겨진 잔디 코트 위에서 절도 있는 스트로크와 발리로 상대를 제압하는 그의 모습은 현대 프로 테니스 초창기의 낭만과 멋을 그대로 담고 있다.

레이버는 어릴 적 호주 퀸스랜드 록햄프턴의 집에 있던, 오늘날 클레이와 비슷한 코트에서 톱스핀 그라운드 스트로크를 연마했다. 처음에는 포핸드가 백핸드보다 더 나았지만, 찰리 홀리스라는 코치를 만나면서 그는 백핸드로 공을 감아 치는 최초의 왼손잡이 선수로 거듭났다.

어느 날, 레이버는 아버지와 함께 브리즈번에서 '테니스 역사상 최고의 코치'로 불리는 해리 호프만을 찾아가 수업을 받았다. 당시 호프만은 삐쩍 마른 레이버를 보며 "좋아, 로켓. 한 번 해 보자"라고 했는데, 이때 붙은 별명 '로켓'은 그의 고유 명사가 되었고, 그의 감아 치는 백핸드 또한 더욱 정교해졌다.

레이버는 17세에 처음 윔블던에 출전했지만, 단식 첫판에서 이탈리아의 거인 올란도 시롤라에게 패했고, 주니어 단식에서는 결승까지 올라 론 홀름버그에게 졌다. 3년 뒤 그는 처음으로 성인부 결승에 진출했으나 알렉스 올메도에게 무릎을 꿇었다. 1960년에는 같은 호주 출신인 닐 프레이저와의 윔블던 결승전에서 보기 드문 왼손잡이 맞대결을 벌였지만 역시 패했다.

그러나 이 빨간 머리의 테니스 천재가 타이틀을 차지하는 건 시간문제였다. 1961년, 레이버는 결승에서 척 맥킨리를 꺾고 첫 우승을 차지했다. 이듬해에는 마르틴 물리건을 상대로 연승을 이어갔고, 이어 파리와 뉴욕에서 우승한 뒤 고향인 호주로 건너가 승리를 거두며, 연말에는 돈 버지와 어깨를 나란히 하는 캘린더 그랜드슬램을 달성했다. 이것이 바로 로드 레이버의 첫 번째 캘린더 그랜드슬램이었다.

당시 대부분의 윔블던 챔피언들과 마찬가지로, 레이버는 프로로 전향하면서 5년 동안 그랜드슬램 대회에 출전할 수 없었다. 그러나 윔블던 팬들의 뜨거운 사랑을 받았던 이 호주 선수는, 자신이 떠나며 남겨둔 우승컵을 되찾으며 화려하게 복귀를 자축했다. 실제로 레이버는 1960년 닐 프레이저에게 패한 이후부터 1970년 16강전에서 영국의 로저 테일러에게 아쉽게 패할 때까지, 윔블던에서 5년간 31연승의 무패 행진을 이어갔다. 이 기록은 비외른 보리가 1976년부터 1981년까지 41연승을 기록하면서 깨졌다.

1962년부터 1967년까지 출전 제한 기간을 제외하면, 그사이 결혼해 아들까지 둔 레이버는 윔블던 결승에 6회 연속으로 진출했다. 1959~1962년 그리고 1968~69년까지 이어진 이 성과는 6회 연속 결승에 오른 비외른 보리, 7회 연속 결승에 오른 로저 페더러와 어깨를 나란히 할 수 있는 기록이다.

오픈 시대 이전, 레이버는 176cm의 작은 키로 프로 무대에서 전 세계를 제패했다. 이는 메이저 대회에서 우승한 선수 가운데 가장 작은 키로, 1998년 립톤 챔피언십에서 우승한 90년대 칠

레 출신 스타 마르첼로 리오스보다도 1인치 더 작았다.

오픈 시대가 열리기 전, 레이버는 프로 무대 최고의 스타였다. 1960년대 프로 대회인 월드 챔피언십 투어^{WCT}에 출전할 당시 레이버는 '구릿빛 머리칼에 황금빛 감각을 지닌 선수'로 소개되었고, 테니스 역사상 처음으로 상금 100만 달러 시대를 연 인물이기도 하다.

레이버의 타고난 투지는 수많은 데이비스컵과 메이저 대회에서 0-2나 1-2로 뒤진 상황에서 역전승을 가능하게 한 원동력이었다. 프레이저를 상대로 5세트까지 가는 접전 끝에 8-6으로 승리하며 호주오픈 첫 우승을 차지할 때도, 그는 매치 포인트 위기를 넘겼다. 또한 1962년 첫 프랑스오픈 우승 당시에도 같은 호주 출신의 물리건과 8강전에서 매치 포인트까지 몰렸지만, 6-4, 3-6, 2-6, 10-8, 6-2로 역전승을 거두며 정상에 올랐다.

그해 레이버는 4대 그랜드슬램은 물론, 이탈리아와 독일 챔피언십까지 석권하며 최고의 시즌을 보냈다. 1959년부터 1962년, 그리고 1973년 데이비스컵 대표로 선발된 그는 24경기에서 20승을 올렸고, 윔블던에서는 총 50경기 출전에 43승을 기록했다.

로드 레이버의 일대기를 논할 때 가장 먼저 짚고 넘어가야 할 점은, 그가 테니스 현대사의 분기점 전후로 활약한 인물이라는 사실이다. 테니스는 1968년을 기점으로 '이전'과 '이후'로 나뉜다. 바로 프로와 아마추어 모두에게 대회 출전 자격이 주어진 '오픈 시대'가 시작되었기 때문이다. 1968년, 한계에 봉착한 국제 테니스계는 역사적인 결단을 내린다. 그해 3월 30일, 국제잔디테니스연맹ITLF은 그랜드슬램 대회에 아마추어뿐 아니라 프로에게도 문호를 개방하는 '오픈 시대'의 개막을 공식 선언했다. 이후 레이버는 각종 상금이 걸린 투어 대회는 물론, 품격과 권위를 자랑하는 그랜드슬램 무대에도 자유롭게 출전하며 의미 있는 기록들을 쌓아 나갔다. 오픈 시대의 탄력을 받은 그는, 1962년 이후 5년간 '그림의 떡'으로 남겨두었던 메이저 대회 트로피를 다시 수집하기 시작했고, 마침내 1969년 오픈 시대 최초로 4대 메이저 대회를 연속 석권하는 캘린더 그랜드슬램의 주인공이 됐다.

1969년 US오픈 결승전에서 로드 레이버는 라이벌 토니 로체를 꺾고 오픈 시대 처음이자, 그때는 아무도 몰랐지만, 마지막 캘린더 그랜드슬램을 달성했다. 4대 메이저 대회를 연속으로 우승하는 남자 선수가 다시 나온 건 그로부터 47년 뒤였다. 그러나 그 주인공 노박 조코비치도 레이버처럼 한 해에 모든 메이저 대회를 우승하지는 못했다. 당시 시상식에서 장내 아나운서는 마이크에 이렇게 외쳤다. "위대한 로드 레이버, 당신의 두 번째 그랜드슬램입니다. 당신은 의심의 여지 없이 역대 최고의 선수일 것입니다."

　이 말은 50년이 지난 지금까지도 대체로 유효하다. 로저 페더러, 라파엘 나달, 노박 조코비치가 각종 기록을 블랙홀처럼 빨아들이며 역사를 다시 썼지만, 로드 레이버는 여전히 '가장 위대한 선수' 가운데 한 사람으로 꼽힌다. 레이버는 메이저 대회 우승 횟수가 11회로 상대적으로 적지만, 이는 그의 전성기 5년 동안 출전 자격조차 얻지 못했던 시대적 한계를 고려해야 한다. 그는 1962년 첫 번째 그랜드슬램을 달성한 뒤, 1963년부터 1967년까지는 메이저 대회에 나설 수 없었기 때문이다.

　왼손잡이였던 레이버는 173cm의 단신임에도 '작은 거인'이라는 별명에 걸맞는 존재였다. 이 작은 체구에서 어떻게 그런 폭발적인 파워와 강력한 스핀을 뿜어낼 수 있었을까? 그 비결은 손목과 팔꿈치에 있었다. 당시 〈뉴욕타임스〉는 레이버의 손목에서 팔꿈치까지의 전완부 근육 두께가 전설적인 복서 로키 마르시아노와 맞먹는다고 보도했다. 작지만 견고한 신체를 바탕으로, 그는 당대 그 어떤 선수보다도 위력적인 샷을 날릴 수 있었고, 테니스 역사에 길이 남을 유산을 남겼다.

　레이버는 '역대 최고의 선수'냐는 질문에 늘 겸손한 태도를 보였다. 그는 이렇게 말했다.

　"두 번째 그랜드슬램 달성이 제 인생을 송두리째 바꿔놓긴 했죠. 하지만 저는 언제나 현실로 돌아왔습니다. 제가 형편없이 졌던 경기를 지금도 분명히 기억합니다. 스스로를 '역대 최고 선수' 명단에 넣어본 적은 한 번도 없습니다. 제 커리어는 잘할 때와 못할 때가 분명했으니까요. 다만 그 리스트에 제 이름이 올라갈 수 있다는 사실만으로도 정말 감사하게 생각합니다."

격동의 현대사 한복판에서 로드 레이버는 테니스의 가장 중요한 지점에서 군계일학의 영웅이었다. 오픈 시대가 열리기 전과 후, 양쪽 모두에서 최고의 선수로 공인받은 이는 오직 그 한 사람뿐이었다. 순수한 아마추어 정신의 테니스에서도, 부와 명성이 따르는 프로 무대에서도 그는 늘 정상에 있었다. 무엇보다도 레이버는 누구도 해내지 못한, '캘린더 그랜드슬램'을 두 차례 달성한 단 한 명의 선수다.

아마 요즘 젊은 세대가 옛 자료 영상 속 레이버의 경기를 본다면 실망할지도 모른다. 존 이스너의 광속 서브도, 페더러의 세련된 포핸드도, 조코비치의 무결점 투핸드 백핸드도 없다. 그러나 최근 잘 나가는 선수들에게 레이버가 사용했던 나무 라켓을 쥐어주고, 1960년대의 불규칙한 잔디 코트에서 뛰게 해보자. 과연 얼마나 잘 해낼 수 있을까? 나는 단언컨대, 같은 조건이라면 로드 레이버의 손을 들어줄 것이다.

톰 크루즈와 브래드 피트는 1960년대 활동한 찰턴 헤스턴보다 전 세계적으로 더 큰 박스오피스 흥행 기록을 보유한 배우일 것이다. 제임스 카메론 감독의 2009년 작 〈아바타〉는 1939년 개봉작 〈바람과 함께 사라지다〉보다 더 많은 수익을 올렸다. 그러나 물가 상승률을 반영하면, 역대 가장 많은 수익을 올린 영화는 여전히 〈바람과 함께 사라지다〉다. 로드 레이버는 테니스계의 찰턴 헤스턴이며, 그가 이룬 업적은 시대 보정을 가미한 〈바람과 함께 사라지다〉의 흥행 기록에 비유할 수 있다.

    축구의 전설 펠레가 메시나 호날두보다 더 뛰어난 기량을 가졌다고 말하면, 이는 다소 무리일 수 있다. 하지만 펠레가 그들보다 못한 선수였다고 단언할 수 있을까? 펠레는 자신이 뛰던 시대에 그 어떤 선수들보다 한 차원 높은 선수였다. 로드 레이버 역시 마찬가지다. 그의 가치와 위상은 시간이 흐를수록 높아지고 있다. 남자 테니스의 '최고의 황금세대'라 불리는 페더러, 나달, 조코비치조차도 레이버가 달성한 캘린더 그랜드슬램만큼은 여전히 넘지 못했다. 가장 위대한 선수를 논할 때 영원히 빠질 수 없는 이름, 로드 레이버다.

빌리 진 킹
Billie Jean King

팝스타 마이클 잭슨의 최대 히트곡인 〈빌리 진^{Billie Jean}〉이 여자 테니스의 전설 빌리 진 킹을 노래한 것이라는 일부 타블로이드의 주장은 여전히 진위 여부가 불분명하다. 하지만 마이클 잭슨이 1981년 이 곡을 발표하기 직전, 그의 프로듀서였던 퀸시 존스가 "테니스 스타 빌리 진 킹에 관한 곡으로 오해받을 수 있으니 제목을 바꾸자"고 제안했다는 일화만큼은 사실이다. 이는 빌리 진 킹이 당시 미국은 물론 전 세계적으로 얼마나 널리 알려진 여성 스포츠 스타였는지를 보여주는 대목이다. 그리고 그녀의 영향력은 시간이 흐를수록 더 크게 재조명되고 있다.

　빌리 진 킹은 오늘날 젊은 테니스 팬들 사이에서 자주 논쟁이 되는 주제와도 연결된다. 남녀 테니스 동일 상금 원칙에 관한 갑론을박은 사실 빌리 진 킹으로 인해 촉발됐기 때문이다. 남자 선수에 비해 상대적으로 인기가 떨어지고, 5세트 경기가 아닌 3

세트 경기만 치르는 여자 선수에게도 메이저 대회 상금을 동등하게 배분해야 하느냐에 대한 문제 제기. 그것은 약 50년 전 여성 테니스 선수의 동등한 권리를 주창한 빌리 진 킹의 고독한 투쟁에서 비롯됐다.

1960년대 중반부터 10년 가까이 여자 테니스계의 선두 주자였던 미국의 빌리 진 킹은 순수한 경기력으로도 위대한 선수였지만, 그보다 더 큰 사회적 의제의 중심에 선 인물이기도 했다. 이 시기 테니스 실력만 놓고 보면 호주의 마가렛 코트가 더 많은 대회에서 우승했고 경기력도 뛰어났지만, 격동의 테니스 현대사에서 가장 중요한 전환기를 상징하는 인물은 단연 빌리 진 킹이다.

빌리 진 킹은 수영 선수 출신의 어머니, 야구와 농구에 능했던 아버지를 둔 운동 가족의 일원으로 태어났다. 남동생은 메이저리그 야구 선수였다. 훗날 여성 인권 신장에 힘을 쏟게 될 그녀의 성향은 유년 시절 일화에서도 엿볼 수 있다. 11살까지 소프트볼 선수였던 빌리 진 킹은 아버지의 권유로 '좀 더 여성스러운' 스포츠인 테니스로 전향했고, 처음 라켓은 스스로 번 돈으로 마련했다. 이런 에피소드도 전해진다. 학생 선수 시절, 대회를 마치고 단체 사진 촬영에 참여하지 못한 적이 있었는데, 다른 여자 선수들이 테니스 드레스를 입고 나온 반면 그녀는 짧은 반바지를 입었다는 이유에서였다. 유년 시절부터 성평등에 대한 인식이 얼마나 강했는지를 알 수 있는 대목이다.

　1943년 태어난 빌리 진 킹은 십 대 중반부터 테니스 토너먼트 대회에 뛰어들었지만 메이저 대회 단식 우승은 한참 뒤에 이룰 수 있었다. 무엇보다 그의 앞에는 라이벌이자 당대 최강자로 군림하던 호주의 마가렛 코트가 가로막고 있었기 때문이다. 1959년 데뷔한 그녀가 윔블던에서 첫 메이저 정상에 오른 건 7년이 지난 1966년이었다. 그 대회에서 빌리 진 킹은 천적이었던 마가렛 코트를 준결승전에서 물리쳤다. 당시 킹은 승리의 비결로 "새롭게 갈고닦은 다운더라인 포핸드를 구사했다"고 밝혔다.

　빌리 진 킹은 '역대 최고의 여자 선수'라는 명성에 비하면 메이저 대회 단식 우승 횟수가 12회로 다소 부족하게 느껴질 수도 있다. 이 가운데 절반이 윔블던에서 나온 기록이며, 호주오픈과 프랑스오픈에서는 각각 한 차례씩만 정상에 올랐다. 그럼에도 당시 기준으로 역대 다섯 번째 커리어 그랜드슬램 달성자로 이름을 올렸다. 하지만 킹의 진정한 가치는 단식에만 머물지 않는다. 여자복식과 혼합복식에서도 두루 뛰어난 성적을 남긴, 진정한 전천후 선수였다.

　운동선수로는 드물게 안경을 쓰고도 네트 앞에서 활력 넘치는 플레이를 펼친 빌리 진 킹의 인생에서 가장 극적인 순간은 1973년에 찾아왔다. 바로 그 유명한 '남녀 성 대결 Battle of the Sexes'이

벌어진 해였다. 이때 킹은 이미 선수 생활의 최전성기에 있었고, 한 아이의 엄마이기도 했다. 그녀와 맞붙은 남성은 1940년대 최고의 선수 중 하나였던 보비 릭스였다. 당시 55세였던 릭스는 "여자 테니스는 남자에 비해 열등하므로 지금 이 나이에도 현역 최고의 여자 선수를 이길 수 있다"고 큰소리쳤고, 실제로 당시 최고의 여자 선수였던 마가렛 코트와 성 대결을 벌여 승리를 거둔 터였다. 그러나 빌리 진 킹은 보비 릭스의 이런 남성 우월주의적 사고를 결코 받아들일 수 없었다.

미국 휴스턴의 애스트로돔에서 당시 테니스 역사상 최다 관중인 3만 492명이 지켜보는 가운데, 29세의 킹은 55세의 보비 릭스를 6-4, 6-3, 6-3으로 꺾고 10만 달러의 상금을 거머쥐었다. 이벤트 경기였지만, 이 한 번의 매치는 여자 테니스 역사상 가장 상징적인 순간으로 남았다. 전 세계 37개국 9천만 명이 넘는 시청자가 생중계로 경기를 지켜봤고, 여자 테니스에 대한 세상의 시선을 바꿔 놓은 역사의 중요한 한 페이지였다. '여자도 남자를 이길 수 있다'는 명제를 증명한 빌리 진 킹은 평등을 위한 목소리를 더욱 힘차게 낼 수 있었고, 결국 그해 US오픈에서 남녀 동일 상금 원칙 도입이라는 혁신을 끌어냈다. 빌리 진 킹은 평생 여자 테니스의 상품 가치를 올리는 데에도 애썼다. 여자 테니스 투어 대회인 버지니아 슬림스에 당시로서는 파격적으로 글로벌 담배 회사

필립 모리스의 후원을 이끌어내는 데 성공하며 여자 테니스의 상업적 가치를 획기적으로 끌어올렸다.

초창기에는 '빌리 진 모핏'이라는 이름으로 뛰었던 그녀는 '윔블던의 여왕'이라는 별명이 가장 잘 어울리는 선수다. 다른 메이저 대회는 건너뛴 적도 있었지만, 윔블던만큼은 거의 매해 참가해 1981년을 제외하고 무려 23년 동안 22회 출전했다. 킹은 단식과 복식, 혼합복식 등 윔블던의 3대 이벤트에서 역대 최다인 총 265경기를 치렀고, 단 41패만을 기록했다. 윔블던 단식 정상에 6번 올랐고 여자복식에서 10번, 혼합복식에서도 4번이나 우승을 차지하며 총 20개의 윔블던 트로피를 손에 넣었다. 특히 '남녀 성 대결'로 전 세계적인 명성을 얻은 1973년에는 오언 데이비슨과 함께 혼합복식 우승을 차지했는데, 이 해에 그녀는 윔블던 단식, 복식, 혼합복식 3개 종목을 모두 석권한 마지막 선수로 기록되었다. 윔블던뿐 아니라 그랜드슬램 전체를 통틀어 보면, 킹은 단식, 복식, 혼합복식에서 총 39개의 타이틀을 거머쥐며 진정한 전설로 남았다.

빌리 진 킹은 1960~70년대를 거치며 또 다른 위대한 선수인 마가렛 코트와 치열한 라이벌 구도를 형성했다. 이후 마르티나 나브라틸로바와 크리스 에버트라는 더 젊고 강력한 맞수들이 등장하면서 다소 빛이 바래긴 했지만, 여자 테니스 역사상 두 명의 탁월한 선수가 나란히 한 시대를 지배한 것은 이들이 처음이었다. 이 최초의 라이벌 구도에서 킹은 코트와 총 28번 맞붙어 11승 17패를 기록했다. 특히 1970년 윔블던 결승전에서는 14-12, 11-9의 치열한 접전 끝에 마가렛 코트가 승리를 거두었는데, 그해는 코트가 생애 두 번째 캘린더 그랜드슬램을 달성한 해이기도 했다.

빌리 진 킹은 또한 여성 스포츠 역사에서 최초로 공개적으로 커밍아웃을 선언한 인물이기도 하다. 1964년, 래리 킹이라는 남성 사업가와 결혼했지만 이후 자신의 성 정체성을 깨닫고 대중 앞에서 이를 거리낌 없이 밝혔다. 이런 용기 있는 행보는 빌리 진 킹을 '위대한 테니스 선수' 그 이상으로 만들었다. 오늘날, 그녀의 이름은 단순히 한 인물을 넘어 하나의 상징이 되었다. 세계에서 가장 큰 테니스 경기장을 품고 있는 미국 국립 테니스 센터는 현재 '빌리 진 킹 내셔널 테니스 센터Billie Jean King National Tennis Center'라는 이름으로 US오픈의 무대가 되었고, 그 이름과 정신을 세계 테니스 팬들에게 영원히 각인시키고 있다.

존 매켄로
John McEnroe

컬러 TV가 막 보급되던 1980년대 초, 내 어린 시절 기억 속 테니스 황제는 단연 존 매켄로였다. TV 화면 속 누군가가 그를 그렇게 불렀고, 아이부터 어른까지 모두 한 번쯤은 들어봤을 이름이 바로 존 매켄로였다. 테니스 하면 떠오르는 상징적인 인물이었다고 해야 할까. 실제로 이 시기 매켄로는 짧은 기간이었지만, 페더러나 조코비치 못지않은 압도적인 지배력을 발휘했다. 특히 1984년은 그의 전성기이자, 테니스 역사상 가장 위대한 시즌으로 꼽힌다.

83승 3패. 승률 96%라는 이 전적은 아직도 깨지지 않고 있다. 2005년 로저 페더러가 거의 근접했으나, 시즌 마지막 경기였던 상하이 마스터스컵 결승전에서 다비드 날반디안에게 2-0 리드를 지키지 못하고 역전패하면서 매켄로의 기록을 넘지 못했다. 이후 나달도, 조코비치도 매켄로보다 더 많은 우승 타이틀을 거머칠 수는 있었지만 적어도 '1984년의 매켄로'만큼 절대적인 승률과 카리스마를 보여주지는 못했다.

매켄로의 테니스는 전무후무한 독창성의 결정체다. 그 어떤 선수도 매켄로처럼 유니크한 테니스를 구사하지 않았다. 오늘날의 기준으로 보면 그의 테니스는 마치 기본기조차 갖추지 못한 엉성한 플레이처럼 보일 수도 있다. 스윙 메커니즘조차 정석과는 거리가 멀어 보이기 때문이다.

그러나 그의 테니스는 누구도 흉내 낼 수 없는 완성도를 지녔다. 특히 매켄로 특유의 서브 동작은 보기 드문 독특함 속에 숨겨진 기술적 정수가 응축돼 있다. 자세히 보면 서브앤발리를 위한 거의 교과서적인 움직임이다. 측면을 향한 자세에서 토스를 코트 안쪽으로 던지고, 높은 타점에서 점프하듯 공을 내려친 뒤, 디딤발을 크게 내딛으며 네트로 향하는 시간을 최소화한다. 이어 빠른 발놀림으로 발리 위치를 잡고, 터치하듯 가볍게 공과 접촉하는 매켄로의 발리는 시대를 초월해 '역대 최고'라는 수식어가 전혀 아깝지 않다.

세상이 존 매켄로의 존재를 처음 알아본 건 그가 14세 때였다. 포트 워싱턴 테니스 아카데미에서 주니어 대회에 출전한 매켄로를 지켜본 이는 다름 아닌 호주의 전설적인 코치이자 데이비스컵 감독이었던 해리 호프먼이었다. 루 호드, 로드 레이버, 켄 로즈웰, 존 뉴컴 같은 위대한 챔피언들의 성장에 결정적인 영향을 끼친 호프먼은 당시 아카데미를 이끌고 있었는데, 한쪽 구석에서 빈둥거리던 왜소하고 마른 소년을 유심히 바라보다 이렇게 말했다. "저 아이를 지켜보세요. 언젠가 챔피언이 될 수도 있습니다." 물론 당시에도 매켄로는 이미 인상적인 서브와 훌륭한 그라운드 스트로크를 갖추고 있었다. 다만, 아직은 발리의 날카로움과 정교한 타이밍이 부족했고, 훗날 그 어떤 선수도 능가할 수 없을 게임 운용의 다양성 역시 미완성 상태였다. 한때 US오픈에서 비외른 보리와 니키 필리치의 경기의 볼키즈로 참여했던 그는, 이제 본격적인 도약을 앞두고 있었다. 1977년 프랑스오픈에서 모든 관심은 보리에게 쏠려 있었다. 1회전에서 호주의 앨빈 가디너를 꺾은 후 2회전에서 필 덴트에게 패한 '코트의 침입자'를 주목한 사람은 거의 없었다. 혼합복식에서 매리 카릴로와 함께 우승을 차지한 모습도 극소수만이 흥미롭게 지켜봤을 뿐이다.

    그리고 한 달 뒤, 윔블던이 시작되었다. 당시 매켄로의 목표는 남자 단식 예선 통과와 주니어 타이틀 획득이었다. 그러나 예상을 완전히 뒤엎고 그는 남자 단식 본선에 진출했을 뿐 아니라, 예선 통과자 신분으로 사상 처음 준결승까지 진출하며 지미 코너스와 맞붙었다. 매켄로가 대회 첫 출전에서 예선 통과자로 남자 단식 4강에 오른 건 아직도 깨지지 않는 기록이다.

아이러니하게도 그해 윔블던 최고의 악동은 매켄로가 아닌 코너스였다. 그는 대회 첫날 센터 코트에서 열린 100주년 기념 퍼레이드를 무시하면서 관중의 야유를 받았다. 그러나 매켄로는 그보다 앞서 이미 벌점까지 받은 상태였는데, 프랑스오픈 혼합복식 결승전에서 선심에게 고함을 지르며 징계 직전까지 몰렸기 때문이다. 윔블던에서도 상황은 비슷했다. 당시 18세의 매켄로는 4강까지 가는 과정에서, 심판인 프레드 호일스에게 거침없이 불평을 쏟아부었다.

그 이후에도 매켄로는 수많은 업적을 쌓으면서도, 종종 자제력을 잃는 언행으로 스스로의 명성에 흠집을 냈다. 그의 테니스는 그의 성격처럼 한마디로 모순투성이었다. 어떤 순간에는 눈부신 매력을 뿜어내다가도, 이내 이해하기 어려울 정도로 몰상식한 행동을 보였다. 1981년 윔블던에서 주심을 향해 "당신은 정말 최악이야"라거나 "장난하는 거야?" 같은 폭언을 던지며 당시로선 기록적인 6000달러 벌금을 부과받았다. 그러나 그는 결승전에서 4세트 만에 승리하며 보리의 윔블던 6연패 도전을 좌절시켰다.

경기장 관계자들에게만 성질을 부린 것은 아니었다. 1983년에는 체코 국적의 토마스 스미드를 향해 "공산주의자 새끼"라고 욕설을 퍼부어 벌금을 물기도 했다. 이듬해, 미국 테니스협회는 그의 불같은 성정을 이유로 매켄로를 데이비스컵 대표팀에서 제외했다.

코트 위의 인간 매켄로를 설명하는 데 가장 적절한 수식어는 지킬 박사와 하이드일 것이다. 눈부신 재능을 지닌 뉴욕 출신 왼손잡이 매켄로가 코트 위에서 보여준 지그재그 같은 기질과 성정은 지킬과 하이드의 이중성에 비견된다. 하지만 분명한 사실은, 매켄로만큼 한순간 판정과 원칙에 분노하다가도 다음 순간 정교한 기술과 컨트롤, 완벽한 집중력을 발휘하는 모습을 보여준 선수는 그 누구도 없었다는 점이다.

매켄로는 1970년대 말부터 80년대 초중반까지 미국은 물론 전 세계를 호령한 최고의 선수였다. 단식 77개, 복식 78개의 타이틀을 보유한 그는, 단복식에 두루 능통한 마스터였다. 특히 윔블던에서는 영화로도 제작된 비외른 보리와의 1980년 결승전을 통해 테니스 역사에 길이 남을 명승부를 펼쳤다. 1981년부터 1984년까지 4년 연속 세계 랭킹 1위 자리를 지켰고, 데이비스컵에는 무려 30차례 출전해 59승 10패, 이 가운데 단식에서만 41승 8패라는 대기록을 남겼다.

매켄로의 화려한 커리어를 더욱 강렬하게 각인시킨 건 아이러니하게도 그의 악동 기질이다. 불명예의 전당이 있다면, 매켄로는 아마도 가장 먼저 리스트에 이름을 올렸을 것이다. 그는 걸핏하면 심판과 판정 문제로 논쟁을 벌였는데, 매켄로의 하이드적 기질은 1990년 호주오픈에서 정점에 달했다. 심판에게 욕을 해 오픈 시대 개막 이후 그랜드슬램 역사상 실격 처리된 첫 번째 선수가 된 것이다.

매켄로는 위대한 선수의 서열을 매기는 잣대인 메이저 대회 단식 우승은 7회에 그쳤다. 이는 같은 시대에 경합했던 비외른 보리(11회)나 이반 렌들(8회)에게 미치지 못할 뿐 아니라, 다음 세대 최강자인 피트 샘프러스(14회)의 절반에 불과하다. 특히 최전성기로 꼽힌 1984년 이후 단 한 차례도 메이저 단식 우승을 추가하지 못했다. 그럼에도 불구하고 매켄로는 역대 열 손가락 안에 드는 전설로 대접받는다. 그 이유는 매켄로가 은퇴 후 한 매체와의 인터뷰에서 잘 드러난다.

"저는 테니스 역사에서 제 위치가 어디쯤인지 전혀 신경 쓰지 않습니다. 지미 코너스나 이반 렌들보다 단식에서 더 많이 우승하지는 못했지만, 저는 아직도 제 기록을 다른 사람들보다 높게 보고 있습니다. 왜냐고요? 제가 심판에게 항의하다 경기를 망친 횟수까지 포함한다면 말이죠!"

마르티나 나브라틸로바
Martina Navratilova

안경을 쓴 철의 여인. 여자 테니스의 기록 제조기 마르티나 나브라틸로바는 이렇게 기억된다. 최정상에 오른 스포츠 스타 가운데 안경을 쓴 모습으로 각인된 이는 많지 않다. 바로 직전 세대 간판 스타인 빌리 진 킹 역시 안경을 벗지 않았지만, 나브라틸로바가 '안경 쓴 스포츠 스타'의 대명사로 기억되는 이유는, 안경이 상징하는 나약함과는 전혀 거리가 먼 막강한 여전사라는 인상이 워낙 강렬했기 때문일 것이다.

그런데 사실 나브라틸로바는 안경 없이도 수없이 많은 대회에서 우승했다. 그녀가 시력 저하로 처음 안경을 쓴 건 1985년으로, 이미 1978년 윔블던 단식 첫 우승을 시작으로 여자 테니스를 평정한 이후였다. 1983년 전대미문의 86승 1패라는 기록을 남길 당시에도 나브라틸로바는 안경 없는 맨얼굴로 숱한 시상대에 올랐다. 즉, 우리가 기억하는 '안경 쓴 철녀'의 이미지는 나브라틸로바의 최전성기가 지난 후에 형성된 셈이다. 그럼에도 우리가 그녀를 떠올릴 때 안경을 빼놓지 않는 이유는, 전성기 이후의 활약이 오히려 더 인상적이었기 때문일 것이다. 나브라틸로바는 단식 선수로서 가장 좋은 시절을 보낸 이후에도, 복식 전문 선수로 더 오랜 시간 명성을 떨치며 현대 테니스의 난공불락의 기록들을 쏟아냈다.

우리는 노박 조코비치의 메이저 24회 우승, 로저 페더러의 237주 연속 세계 랭킹 1위를 대단한 기록이라며 추켜세우지만, 테니스의 진정한 대기록은 '철의 여인' 나브라틸로바의 업적으로 수렴된다. 나브라틸로바는 메이저 단식 우승 18회로 마가렛 코트(24회), 세리나 윌리엄스(23회), 슈테피 그라프(22회)보다는 적지만, 복식과 혼합복식에서는 수없이 많은 트로피를 수집했다. 단식, 복식, 혼합복식 3개 분야에서 나브라틸로바는 344개의 우승 타이틀을 쌓아 올렸는데, 이는 다른 전설들과는 비교 자체가 불가능한 숫자다. 단식과 복식을 비교적 균형 있게 잘했던 존 매켄로가 역대 2위인데, 그의 통산 우승 타이틀은 155회로 나브라틸로바의 절반에도 못 미친다.

체코슬로바키아 태생의 나브라틸로바는 18살이던 1975년, 두 차례 메이저 대회 결승에 오를 만큼 일찌감치 천재 테니스 소녀로 두각을 나타냈다. 그해 US오픈 준결승에서 크리스 에버트에게 패한 뒤, 곧바로 미국 이민국을 찾아 공산국가 체코슬로바키아를 떠나고 싶다는 의사를 표명했다. 초창기에는 자신보다 두 살 많은 에버트의 벽에 막혔지만, 이를 극복해 내는 데에는 3년이면 충분했다. 1978년 윔블던에서 나브라틸로바는 날카로운 왼손 포핸드와 발리를 앞세워 에버트를 물리치고 생애 첫 메이저 트로피를 품에 안았다.

나브라틸로바는 윔블던 역사상 남녀 통틀어 가장 위대한 선수로 꼽히는데, 여기에는 고개를 끄덕일 만한 이유가 있다. 나브라틸로바의 경기 스타일이 윔블던 잔디에 너무나도 잘 들어맞았기 때문이다. 나브라틸로바는 여자 선수들 가운데 서브가 특출나게 강한 데다, 네트 앞에서의 움직임은 차원이 달랐다. 민첩한 반사 신경과 뛰어난 선구안, 유연성과 순발력을 바탕으로 나브라틸로바는 상대의 빠른 공격을 네트 앞에서 발리나 스매시로 완벽하게 막아냈다.

나브라틸로바 전성기의 압도적인 강력함에는 왼손잡이로서의 이점도 빼놓을 수 없다. 테니스는 왼손잡이에게 유리한 점이 가장 뚜렷한 스포츠라고 해도 과언이 아니다. 일단 희소성이다. 세계 인구의 약 10%만이 왼손잡이이며, 이 비율은 프로 테니스계에도 그대로 적용된다. 그만큼 오른손잡이 선수들이 왼손잡이와 대결할 기회가 많지 않다는 뜻이기도 하다.

게다가 왼손잡이 테니스는 정반대의 속성이 있다. 오른손잡이의 일반적인 포핸드 크로스는 상대의 포핸드로 향하지만, 왼손잡이의 포핸드는 상대의 백핸드로 이어진다. 대부분의 선수들은 포핸드보다 백핸드가 약하기 때문에, 왼손잡이는 상대의 약점인 백핸드를 보다 효과적으로 공략할 수 있게 된다.

특히 나브라틸로바는 서브에서 그 강점이 두드러졌다. 왼손잡이가 구사하는 스핀 서브는 회전 방향이 반대이기 때문에, 리턴하는 입장에서는 익숙한 궤도와는 정반대로 꺾여 들어오는 까다로운 서브가 된다.

나브라틸로바는 왼손잡이라는 특수성뿐 아니라 여성 스포츠에 한 획을 그은 강인한 신체 단련을 통해 숱한 메이저 대회를 석권했다. 그녀는 정교한 기술과 기교 중심이던 여자 테니스에 힘과 체력이라는 남성적 요소를 더한 선구자였다. 여자 선수로서는 처음으로 '크로스 트레이닝' 개념을 도입한 인물로 평가받는 그녀는, 테니스코트뿐 아니라 농구장과 헬스장에서 많은 시간 훈련하며 피지컬 테니스의 새 지평을 열었다.

완벽에 가까운 서브앤발리를 앞세운 나브라틸로바는 1984년 파리의 봄날, 최고의 전성기를 맞았다. 비록 한 해 안에 이룬 것은 아니지만, 1970년 마가렛 코트 이후 처음으로 4대 메이저 대회를 모두 석권하는 역사적인 '커리어 그랜드슬램'을 달성한 것이다.

나브라틸로바는 US오픈에서 4회, 호주오픈에서 3회, 프랑스오픈에서 2회 우승을 차지했다. 특히 윔블던에서는 통산 아홉 차례 정상에 올랐으며, 이 가운데 6회 연속 우승이라는 전무후무한 기록이 포함돼 있다. 그녀가 윔블던 결승전에서 꺾은 상대는 크리스 에버트(3회)를 비롯해 안드레아 예거, 하나 만들리코바, 슈테피 그라프 등이었다.

"윔블던 우승이 그렇게 대단하지 않다고 느낄 때가 은퇴 시기라는 걸 알게 됐습니다." 22년간 윔블던 여자 단식에 출전한 왼손잡이 나브라틸로바는 이렇게 말했다. 그녀는 윔블던에서 총 279경기를 소화하며, 빌리 진 킹보다 14경기를 더 뛰는 또 하나의 기록을 남겼다.

나브라틸로바는 1970년대 후반부터 약 10년간 여자 테니스를 지배했다. 이 시기 그녀는 크리스 에버트와 테니스 역사상 가장 치열한 라이벌 관계를 형성했으며, 총 80차례 맞대결에서 43승 37패로 근소하게 앞섰다. 마치 페더러와 나달의 관계처럼, 나브라틸로바는 잔디에서 앞섰고, 에버트는 클레이에서 강했다. 1985년 나브라틸로바의 치세가 극에 달해 있을 때, 모두의 예상을 깨고 에버트가 프랑스오픈 결승에서 승리한 경기는 지금도 그랜드슬램 사상 최고의 명승부 중 하나로 회자된다.

동시대의 라이벌이 에버트였다면, 역대 최고의 여자 선수 자리를 두고 겨룬 또 다른 경쟁자도 있었다. 공격적인 포핸드와 슬라이스 백핸드가 일품인 독일 출신의 슈테피 그라프였다. 나브라틸로바는 자신보다 거의 열 살 아래 또 다른 천재의 등장에 서서히 단식 여제로서의 주도권을 내주고 권좌에서 내려왔다. 그러나 나브라틸로바의 테니스 여정은 이때부터 시즌 2가 시작됐다. 1990년 윔블던에서 마지막으로 9번째 단식 타이틀을 거머쥔 뒤, 1991년 은퇴를 선언했다가 9년 만에 다시 복식 전문 선수로 복귀한 나브라틸로바는 2006년, 49세까지 현역 생활을 이어가며 후대에도 깨지기 힘든 대기록들을 남겼다. 2006년 US오픈에서 훗날 복식 레전드로 등극하게 되는 '브라이언 형제' 중 한 명인 밥 브라이언과 혼합복식 우승을 차지한 뒤 최종 은퇴를 선언했다. 이는 32년간의 화려한 커리어를 마무리하는 데 있어 더없이 완벽한 장면이었다.

코트 밖에서의 나브라틸로바 또한 누구보다 선이 굵었다. 그녀는 양성애자임을 당당히 밝히고 커밍아웃한 뒤, 성소수자의 권리를 옹호하며 유명인으로 목소리 내기를 주저하지 않았다. 유방암 판정을 받은 뒤에도 투병 사실을 숨기지 않고 병마와 당당히 맞서 싸우며 많은 이들에게 용기를 전했다. 나브라틸로바는 슈테피 그라프, 세리나 윌리엄스와 함께 여자 테니스 역사상 가장 위대한 선수로 꼽힐 뿐 아니라, 남녀를 통틀어 가장 오랜 기간 동안 현역으로 활약한 백전노장의 상징이다. 원핸드 백핸드로 슬라이스 어프로치 샷을 친 다음 네트로 달려가 발리로 끝내버리는 '칩앤차지' 공격은 그녀의 진매특허라 할 수 있으며, 여전히 프로 선수와 동호인 고수들이 지향하는 궁극의 테니스 기술로 남아 있다.

이반 렌들
Ivan Lendl

이반 렌들처럼 전성기가 길고 한 시대를 평정한 선수도 드물지만, 그만큼 저평가된 인물 또한 찾아보기 어렵다. 많은 테니스 팬에게 렌들은 큰 무대에서 승부를 마무리하지 못한 패배자의 이미지로 각인되어 있다. 그는 누구보다 먼저 US오픈 8년 연속 결승 진출이라는 전무후무한 기록을 세웠고, 한 시즌 90% 이상의 승률을 무려 다섯 차례나 기록했지만, 몇 가지 인상적인 장면들에 의해 이 모든 성과가 묻히곤 한다. 우리에게 렌들은 170cm의 마이클 창에게 '언더암 서브'로 농락당한 패자이자, 윔블던 결승에서 보리스 베커와 스테판 에드베리의 화려한 서브앤발리에 고전한 기억으로 더 선명하게 남아 있다.

그러나 이반 렌들은 오늘날 우리에게 너무도 익숙한 베이스라인 테니스의 창시자로, 현대 테니스 역사에서 중대한 위치를 차지하고 있다. 1980년대까지만 해도 테니스는 서브와 발리로 승패가 갈리는 스포츠였다. 물론 당시에도 코트 표면 속도가 느린 클레이에서는 베이스라인에 머물며 끈질기게 스트로크를 넘기는 유형의 선수들이 우위를 점했지만, 이는 어디까지나 예외일 뿐, 보편적인 흐름은 아니었다. 지금은 완전히 달라졌다. 거의 모든 선수가 베이스라인에 머물며 포핸드와 백핸드에 강한 힘과 회전을 실어 공을 넘기고, 이 구도에서 우위를 점한 선수에게 승리의 영광이 돌아간다. 이런 방식의 테니스를 대세로 만든 이가 바로 이반 렌들이다.

그래서 테니스 평론가들은 이반 렌들을 '현대 테니스의 아버지'라 부른다. 렌들의 서브와 발리가 약했다는 뜻은 결코 아니다. 하지만 렌들의 베이스라인 플레이, 특히 포핸드를 앞세운 공격력은 그의 전성기였던 1980년대 차원을 달리했다. 베이스라인에서 렌들과 랠리 맞대결을 하는 건 자살 행위에 가까웠다. 당시 렌들과 경쟁했던 존 매켄로, 비외른 보리, 지미 코너스 같은 선수들은 정면 승부 대신 발리를 앞세운 다양한 네트 플레이로 맞섰다. 렌들의 다음 세대 대표주자인 보리스 베커, 스테판 에드베리, 피트 샘프러스도 마찬가지였다.

렌들의 키는 188cm로 오늘날 기준으로는 평범하지만, 당시에는 장신에 속했다. 기존의 챔피언들이었던 코너스, 보리, 매켄로는 모두 180cm를 넘지 않았다. 여기에 탄탄한 근육까지 더해진 렌들은, 그 이전에는 볼 수 없던 '피지컬 테니스'의 진수를 선보였다. 강한 힘과 체력을 앞세운 그의 플레이는 프랑스오픈과 US 오픈에서 특히 강한 면모를 보였다.

그러나 렌들은 어찌 보면 운이 따르지 않았다. 1년 내내 경쟁자들을 압도하는 지배력을 보이면서도 메이저 대회에서는 우승 횟수가 많지 않았기 때문이다. 그는 무려 다섯 번의 메이저 결승 도전 끝에 처음으로 정상에 올랐다. 1984년 프랑스오픈 결승전에서 렌들은 그해 남자 테니스 최고의 승률을 기록한 존 매켄로를 상대로 먼저 두 세트를 내주고도 체력과 끈기를 앞세워 3-2로 짜릿하게 역전하며 생애 첫 메이저 우승 트로피를 들어 올렸다. 이후에도 렌들은 시대의 최강자로 군림했지만, 그랜드슬램 우승 확률은 이상하리만큼 낮았다. 그는 총 19차례 메이저 결승에 올라 8번 우승하고 11번 준우승했다.

이것을 단순히 큰 무대에 약한 '메이저 울렁증'으로 치부할 수 있을까. 그렇게 평가하는 것은 공정하지 않다. 렌들은 정말 막강한 시대에 테니스를 쳤다. 그보다 앞선 세대에는 지미 코너스, 비외른 보리, 존 매켄로 같은 역대 열 손가락 안에 드는 전설들이 있었고, 렌들이 이들을 넘어 정상에 오른 뒤에는 곧바로 매츠 빌랜더, 보리스 베커, 스테판 에드베리 같은 새로운 세대가 등장했다. 말년에는 안드레 애거시와 피트 샘프러스라는 젊은 천재들까지 가세했다. 렌들은 그가 훗날 코치로 가르침을 준 앤디 머리처럼, 어느 때보다 막강한 적수들을 전후좌우에 두고 있었기 때문에 독주가 허용되기 어려운 환경에서 커리어를 보낸 것이다.

'별들의 전쟁'이라 불릴 만한 시대에 라켓을 잡은 이반 렌들의 기록은 그래서 더 위대하다. 렌들의 가장 빛나는 업적은 한 시즌 승률 90%를 넘긴 시즌이 역대 최다인 5번이라는 것이다. 1982년, 1985년, 1986년, 1987년, 1989년에 기록했다. 이는 1980년대 중반, 렌들이 얼마나 압도적인 존재였는지를 보여준다. 심지어 로저 페더러조차 90% 이상의 시즌 승률을 기록한 해는 2004년부터 단 3년에 불과하다. 렌들은 페더러가 기록을 깨기 전까지 통산 270주 동안 세계 1위를 지켰고, 연말 랭킹 1위도 네 차례 기록했다. 종합적으로 평가하자면, 렌들은 페더러나 조코비치에 비견될 만큼 압도적인 지배력을 오래 유지했지만, 경쟁의 양과 질이 너무 치열했던 탓에 메이저 대회 우승과 많은 인연을 맺는 데에는 실패한 선수라고 볼 수 있다.

렌들은 주니어 시절부터 세계 최정상급이었다. 1978년 윔블던과 프랑스오픈의 양대 주니어 대회를 석권하고 세계 1위에 올랐고 곧바로 프로로 전향했다. 그의 이름이 본격적으로 프로 무대에서 주목받기 시작한 건 1980년이었다. 당시 남자 테니스는 보리와 매켄로의 라이벌 구도가 정점에 이르렀었는데, 렌들은 조용히 7개의 투어 타이틀을 획득하며 이들의 지배력에 도전장을 던졌다. 이듬해 그는 한층 더 성장해 총 10개 대회에서 우승을 차지했다. 그러나 문제는 그랜드슬램이었다. 1981년 연말 왕중왕전 격인 마스터스 그랑프리 타이틀을 차지했지만, 메이저 대회와는 여전히 상당한 거리가 있었다. 그해 프랑스오픈 결승에서는 비외른 보리에게 패했고, 이듬해 US오픈 첫 결승에서도 지미 코너스의 벽에 막혔다. 그래도 점점 목표 지점에 가까워지고 있었다. 1983년 호주오픈과 US오픈의 결승에 올랐고, 프랑스오픈 8강, 윔블던은 4강에 진출하며 꾸준히 성과를 쌓아갔다.

    렌들은 결국 프랑스오픈에서 4전 5기를 달성했다. 첫 번째 메이저 우승을 차지한 뒤 거침없이 나아가는 듯했지만, 앞서 언급했듯 그는 '샌드위치 세대'의 운명을 피할 수 없었다. 1985년, 윔블던에 혜성처럼 등장한 17세의 보리스 베커는 렌들이 윔블던 고비마다 마주쳐야 할 새로운 적수로 떠올랐고, 렌들은 끝내 윔블던 우승의 영광을 맛보지 못한 채 커리어를 마무리했다. 렌들이 가장 강세를 보인 대회는 단연 US오픈이었다. 그는 1982년 첫 결승에 오른 이후 1989년까지 무려 8년 연속 결승에 진출했고, 그중 세 번 우승을 차지했다. 8년 연속 결승 진출은 피트 샘프러스도, 지미 코너스도, 로저 페더러도 해내지 못한 대단한 기록이다. 그러나 렌들은 그토록 많은 기회를 잡았음에도 불구하고 결국

US오픈에서도 세 차례 우승에 그쳤다. 그가 결승에서 상대해야 했던 선수들을 보면 그 이유를 짐작할 수 있다. 지미 코너스, 존 매켄로, 미로슬라브 메시르, 매츠 빌랜더, 보리스 베커. 메시르 정도를 제외하면, 렌들의 전후 시대를 대표하는 당대 최고의 선수들이었다. 결국 하늘이 렌들에게 '독주'의 기회를 허락하지 않았다고 봐야 할까.

아이러니한 건 렌들이 은퇴 후 처음 지도한 선수가, 자신과 매우 비슷한 커리어를 밟고 있던 앤디 머리였다는 사실이다. 렌들은 2012년, 메이저 첫 우승을 간절히 염원하던 영국의 희망 앤디 머리의 전담 코치를 맡았다. 당시 머리는 2008년 US오픈에서 첫 결승에 오른 이후 네 차례나 준우승에 그치고 있었는데, 이는 초창기 렌들의 행보와 놀랍도록 닮아 있었다. 렌들 역시 보리, 코너스, 빌랜더와의 메이저 결승에서 연달아 패한 뒤 5번째 도전 만에 첫 우승을 거머쥐었기 때문이다. 그리고 마침내, 렌들의 도움을 받은 앤디 머리는 4전 5기 끝에 2012년 US오픈에서 조코비치를 꺾고 감격적인 첫 메이저 우승을 차지했다. 렌들이 매켄로를 5세트 접전 끝에 누르고 첫 트로피를 들어 올렸던 것처럼, 머리도 조코비치를 상대로 5세트 대혈전을 벌였다. 이쯤 되면 평행이론이라 해도 과언이 아니다.

렌들의 별명은 '터미네이터'였다. 압도적인 피지컬에서 뿜어져 나오는 힘은 상대에게 공포를 안겼다. 하지만 피도 눈물도 없을 것 같은 터미네이터란 별명이 무색하게 렌들은 참 가슴 아픈 패배를 많이 당한 가엾은 존재이기도 하다. 끝내 윔블던 잔디와 인연을 맺지 못해 커리어 그랜드슬램 달성을 못한 건 아마도 평생의 한으로 남았을 것이다. 그래도 렌들에게는 작은 위안이 있었다. 자신이 코치로 힘을 보탠 앤디 머리가 2012년과 2016년 두 차례 윔블던 정상에 오르며, 그의 오랜 숙원을 대신 이뤄줬기 때문이다.

슈테피 그라프
Steffi Graf

슈테피 그라프가 여자 테니스 역사상 최고의 선수인가라는 질문에는 한 가지 가정을 물음표로 둔다면 '글쎄'라는 답이 나온다. 그 가정은 '1993년 4월 독일 함부르크에서 열린 끔찍한 사건이 만약 일어나지 않았다면'이다. 그라프의 광팬을 자처한 한 남성이 당시 세계 1위였던 모니카 셀레스의 등을 칼로 찌른 충격적인 사건이었다. 그라프의 '천적'으로 그녀의 앞길을 막고 있던 셀레스가 부상을 당하지 않았다면, 과연 그라프가 메이저 통산 22회 우승과 통산 377주 세계 랭킹 1위라는 경이로운 기록을 세울 수 있었을까. 셀레스가 불의의 사고로 잠시 자리를 비운 사이, 그라프는 예전의 지배력을 회복했고, 나브라틸로바와 크리스 에버트가 세운 위업을 실질적으로 뛰어넘었다. 물론 역사에 가정을 덧붙이는 일은 흥미롭지만, 결국 우리는 사실 앞에 겸손해야 한다. 그라프는 다시 나오기 힘든 위대한 기록을 남긴, 명실상부한 테니스 여제다.

　1987년 프랑스오픈 결승전에서 그라프는 당시 일인자로 군림하던 나브라틸로바를 물리치고 첫 우승 트로피를 안았다. 거대한 세대교체의 신호탄이었음은 이듬해 더 명백해졌다. 테니스 역사에서 가장 중요한 해로 기록될 1988년. 그라프는 4대 메이저 대회와 올림픽을 동시에 석권한 전무후무한 선수가 됐다. 한 걸음 더 들어가 보면, 그해 그라프의 행보는 만화 같은 일이었다. 프랑스오픈 결승에서는 나타샤 즈베레바를 단 34분 만에 6-0, 6-0으로 완파했다. 16강에서 나브라틸로바를 꺾으며 돌풍을 일으킨 즈베레바가 그라프를 상대로 따낸 포인트는 고작 13점에 불과했다. 메이저 결승 역사상 가장 일방적인 압승이었다. 1989년, 많은 전문가들이 그라프가 2년 연속 그랜드슬램을 휩쓸 것이라고 예상했는데, 프랑스오픈 결승에서 클레이에 강한 스페인의 아란차 산체스를 만나 뜻을 이루지 못했다. 그라프에게 실질적인 견제자로 떠오른 모니카 셀레스가 메이저 우승을 차지하기 시작한 건 1990년부터다. 그 전까지 약 3년간, 그라프는 '무적'이라는 수식어가 허투루 붙지 않을 정도의 절대적인 존재였다.

　이 모든 기록은 금발의 파워풀한 운동능력을 지닌 선수가 세운 업적의 일부에 불과하다. 그라프가 테니스를 선택하지 않았다면 400m 육상에서 두각을 나타냈을 것이라는 이야기도 있다. 실제로 1988년 그녀의 400m 기록은 서울올림픽 독일 육상 대표 후보군 가운데서도 3위에 해당하는 수준이었다는 사실이 밝혀졌다.

그라프의 첫 번째 큰 성공은 1986년 힐튼 헤드 대회에서, 통산 8회 챔피언 크리스 에버트를 꺾은 데서 시작됐다. 이듬해 프랑스오픈에서는 18세 생일을 며칠 앞두고 나브라틸로바를 6-4, 4-6, 8-6으로 물리치며 생애 첫 메이저 타이틀을 차지했다. 그리고 1988년, 4대 그랜드슬램에 올림픽 금메달까지 더한 '골든 슬램'을 달성하며 테니스 역사에 길이 남을 해를 보냈다. 그해 그라프는 총 8개의 타이틀을 거머쥐었고, 71승 3패라는 놀라운 기록을 남겼다. 세 번의 패배는 가브리엘라 사바티니(2회)와 팸 슈라이버에게 당한 것이었는데, 사실 슈라이버에게 버지니아 슬림 챔피언십에서 패할 때는 감기 몸살로 컨디션이 좋지 않았다. 그때 그라프의 46연승 행진도 끝났다.

그 전설적인 1988년을 좀 더 들여다보자. 사실 그라프는 1988년 이전까지는 호주오픈에서 두각을 나타내지 못했다. 1983년 첫 출전 당시, 쿠용의 젖은 잔디에서 미끄러져 오른쪽 엄지발가락을 다치는 사고를 겪었다. 그러나 5년 뒤, 멜버른 야라강 건너의 새로운 하드 코트가 깔린 경기장에서 톱시드를 받은 그라프는 결승까지 12세트 동안 단 22게임만 내주며 순항했고, 결승에서는 앞선 세대의 최강자 에버트와 맞붙었다. 그라프가 2-1로 앞서던 상황에서 갑자기 하늘이 회색빛으로 변하더니 굵은 빗줄기가 쏟아졌다. 코트 지붕이 닫히며 그랜드슬램 역사상 최초의 실내경기가 펼쳐졌는데, 경기가 재개되기까지는 89분이 소요됐다. 그라프는 6-1, 5-1로 리드한 상태에서 서브권을 잡았지만, 에버트의 끈질긴 투지에 밀려 2세트 타이브레이크까지 끌려갔다. 하지만 그라프는 강력한 포핸드와 파워 넘치는 서브로 에버트를 제압하며 타이브레이크 스코어 7-3으로 우승을 확정지었다.

그랜드슬램의 다음 정거장은 프랑스 파리였다. 디펜딩 챔피언이던 그라프는 이 대회에서 총 5시간 30분만 코트에 머무르며 우승을 차지할 정도로 압도적인 실력을 보였다. 에버트는 3라운드에서 아란차 산체스에게 패했고, 나브라틸로바도 16강에서 나타샤 즈베레바에게 덜미를 잡히며 일찌감치 탈락했다. 그 대회에서 그라프를 상대로 의미 있는 경기를 펼친 유일한 선수는 사바티니였으며, 3-6, 6-7로 아쉽게 무릎을 꿇었다. 반면 즈베레바는 결승전에서 긴장한 나머지 제 실력을 발휘하지 못했고, 경기 시작 32분 만에 6-0, 6-0으로 완패했다. 1911년 도로시아 램버트 챔버스가 도라 부스비를 제압한 이래로 여자 그랜드슬램 결승에서 처음 나온 '베이글 스코어'였다.

윔블던에서 그라프는 1회전을 6-0, 6-0으로 가볍게 시작해 결승까지 단 17게임만 내주는 완벽한 행보를 이어갔다. 그러나 결승에서는 5-7, 0-2로 뒤지며 다시 한번 나브라틸로바의 공격 테니스의 희생양이 되는 듯 보였다. 하지만 그라프는 갑자기 드라마틱하게 변속을 시도하더니, 쇠망치 같은 포핸드를 앞세워 분위기를 반전시켰다. 6게임을 잇달아 내준 뒤, 무려 9게임을 연달아 가져오며 5-7, 6-2, 6-1로 대역전승을 거둔 것이다.

플러싱 메도우에서도 마찬가지였다. 에버트가 준결승에서 부상으로 기권하면서, 그해 유일하게 그라프에게 승리를 거뒀던 사바티니가 다시 한번 승리의 방정식을 들고 나왔다. 그러나 그라프의 강인한 정신력과 강력한 포핸드는 6-3, 3-6, 6-1의 승리와 함께 캘린더 그랜드슬램을 완성하게 했다. 두 선수는 이어 올림픽 금메달 결정전에서도 재회했는데, 이번에도 그라프는 8강전에서 라리사 사브첸코에게 잠시 흔들렸을 뿐, 결승에서는 폭포수처럼 쏟아지는 포핸드 위너를 작렬하며 역사적인 한 해에 영광스러운 마침표를 찍었다. "너무 기뻤어요. 뉴욕 이후로는 정말 많이 지쳐서 큰 기대는 하지 않았거든요. 아마 이건 후배 선수들이 쉽게 이루기 어려운 성취일 겁니다."

그 뒤로 약 10년간, 그라프의 코트 위 기쁨은 사생활과 건강 문제와 뒤섞이게 된다. 그녀는 무릎, 발, 그리고 유전적인 원인으로 인한 부상 등으로 네 차례 수술대에 올랐고, 아버지의 사생활

이 구설에 오르며 논란이 되기도 했다. 그는 딸보다 본인이 더 자주 언론의 중심에 섰고, 결국 세금 사기로 수감되며 2000만 달러의 보상금을 지불해야 했다. 이런 복잡한 상황 속에서도 위대한 성취를 거둔 그라프의 결단력과 위엄은, 그녀를 역대 최고의 선수 반열에 더욱 확고히 올려놓았다. 1999년 프랑스오픈 우승을 끝으로 그라프는 은퇴했다.

그라프가 평론가들로부터 높은 평가를 받는 이유는 단지 독보적인 성적 때문만은 아니다. 기술적인 측면에서도 그녀는 여자 테니스의 새로운 지평을 열었다. 이반 렌들이 비슷한 시기 베이스라인 파워 포핸드 테니스를 대세로 만든 것처럼, 그라프 역시 이전 세대에서는 볼 수 없었던 강력한 포핸드를 기반으로 한 새로운 스타일을 녹색 코트에 심었다. 나브라틸로바도, 크리스 에버트도 포핸드를 주무기로 삼은 선수는 아니었다.

기술적으로도 그라프의 플레이는 여전히 연구 대상이다. 그녀는 발리나 서브에 사용하는 컨티넨털 그립을 그대로 유지한 채 가공할 속도로 라켓을 휘두르며 총알처럼 코트 구석을 찔렀다. 특히 발이 굉장히 빨라, 백핸드 쪽으로 오는 공을 빠르게 돌아서 포핸드로 받아치는 인사이드-아웃 포핸드가 특기였고, 이 기술은 그라프만의 독보적인 무기였다.

그라프는 커리어 초창기까지 백핸드 드라이브를 사용했지

만, 1990년대 이후부터는 완전히 백핸드 슬라이스에 집중했다. 백핸드로 오는 거의 모든 공을 예외 없이 슬라이스로 받아쳤는데, 그라프의 슬라이스는 단순한 수비형이 아니었다. 무게중심을 앞으로 향한 채 온몸에 힘을 가해 고기를 칼로 저미듯 강하게 내뻗은 슬라이스는 빠른 속도로 코트 바닥에 낮게 미끄러져 상대를 수비하게끔 했고, 이어지는 공을 포핸드 강타로 마무리하는 그라프 특유의 공격 방정식은 지금 봐도 감탄을 자아낸다.

아마도 이런 기술적 진일보 덕분에 그라프에 대한 평가는 더욱 높아졌을 것이다. 그라프의 테니스에 영감을 받은 16세의 모니카 셀레스는 파워 면에서는 오히려 그라프보다 한 단계 더 높다고 볼 수 있는 테니스를 장착하고 라이벌 구도를 형성했지만, 함부르크 피습 사건으로 인해 그라프의 독주 체제는 더욱 공고해졌다. 1999년, 그라프의 '라스트 댄스'라고 할 수 있는 프랑스오픈 결승전에서 당시 떠오르던 스타 마르티나 힝기스를 상대로 2-1 역전극을 완성하며 통산 22번째 메이저 트로피를 들어 올릴 때까지, 그녀는 10년 넘는 세월 동안 여자 테니스를 실질적으로 지배한 1인자였다. 마가렛 코트에게 빌리 진 킹이 있었고, 나브라틸로바에게 에버트가 있었지만, 그라프의 전성기에는 뚜렷한 경쟁자가 없었다고 해도 과언이 아니다. 셀레스의 도전이 본격화되기도 전에 피습 사건으로 멈춰 섰다는 점도 있지만, 어쩌면 그라프는 세리나 윌리엄스처럼 끝없이 자신과 싸우는 선수였는지도 모른다.

그라프는 4대 메이저 대회에서 각각 4회 이상 우승한 유일한 선수다. 윔블던에서 가장 많은 7차례 우승했고, 프랑스오픈 6회, US오픈 5회, 호주오픈에서도 4회 정상에 올랐다. 빠른 코트에서도, 느린 코트에서도 그녀는 언제나 최강자였다. 크리스 에버트는 후배 그라프의 위대함을 다음과 같이 평가한다.

"나브라틸로바가 빠른 코트, 예컨대 잔디와 하드 코트에서 잘했다면 저는 클레이와 같은 느린 코트에서 강점이 있었죠. 하지만 그라프는 빠른 윔블던에서도 최고였고, 느린 프랑스오픈에서도 최고였습니다. 그라프는 모든 방면에서 뛰어난 최고의 선수입니다."

그라프는 은퇴 후 '내조의 여왕'으로도 명성을 떨쳤다. 할리우드 여배우 브룩 쉴즈와의 결혼을 포함해 화려한 사생활로도 주목받았던 미국의 안드레 애거시와 1999년에 만나 2년 후 결혼에 골인했다. 한때 세계 100위 밖으로 떨어졌던 애거시는 그라프를 만난 이후 거짓말처럼 다시 세계 최정상에 우뚝 섰다. 이들 부부는 최근 테니스의 유사 종목인 피클볼의 전도사로 나서며 미디어와 활발히 소통하고 있다.

피트 샘프러스
Pete Sampras

피트 샘프러스가 현역에서 은퇴한 뒤 공식 석상에 처음 모습을 드러내 다시 라켓을 힘차게 휘두른 장소는 놀랍게도 대한민국 서울이었다. 2007년 11월, 샘프러스는 테니스 황제 바통을 이어받은 로저 페더러와 '현대카드 슈퍼 매치'라는 타이틀로 신구 황제 맞대결 이벤트 경기를 펼쳤다. 5년 만에 몸을 푼 탓인지 샘프러스는 발놀림이 예전 같지 않았고, 예상대로 페더러에게 졌다. 승패 자체에는 아무런 의미가 없는 호기심 충족형 이벤트였지만, 그때조차 샘프러스의 최대 무기인 서브만큼은 여전히 현역 페더러 못지않았던 것으로 기억된다.

샘프러스는 2002년, 테니스에서 그 누구도 해내지 못했던 '박수칠 때 떠나라'를 실천에 옮긴 선수였다. 그의 마지막 공식 경기는 2002년 US오픈 결승전으로, 안드레 애거시를 3-1로 꺾고 메이저 트로피를 들어 올렸다. 현역 생활의 마지막 순간에 승리와 함께 테니스계에서 가장 영광스러운 우승을 거머쥐며 역사의 뒤안길로 사라진 것이다. 물론 엄밀히 말하면 샘프러스가 완벽하게 '박수칠 때 떠난' 건 아니다. US오픈 우승 이후에도 은퇴 여부를 명확히 밝히지 않은 채 1년을 보냈고, 2003년 US오픈에서 은퇴식을 열며 공식적으로 정든 테니스 코트를 떠났다.

샘프러스가 2002년, 31세의 나이에 다섯 번째 US오픈 우승을 차지한 후 은퇴를 고민한 건 충분히 이해할 만한 선택이었다. 더 이상 이룰 목표가 남아 있지 않았기 때문이다. 그는 윔블던에서 7회, US오픈에서 5회 우승하며 두 대회에서 역대 최다 우승자가 되었고, 메이저 대회 통산 14회 우승으로 당시 호주의 로이 에머슨이 보유하던 종전 기록(12회)을 넘어 역대 최다 우승 기록 보유자가 되었다. 세계 랭킹 1위 재임 기간도 286주로, 당시에는 그 누구도 범접할 수 없는 기록처럼 여겨졌다. 당시까지는 말이다.

그러나 그로부터 불과 7년 뒤, 스위스 태생의 로저 페더러가 그의 기록을 하나둘 넘어설 줄은 샘프러스는 물론, 그 어떤 전문가도 쉽게 예측하지 못했다. 페더러는 샘프러스보다 훨씬 많은 20회의 메이저 우승을 달성했지만, 이후 라파엘 나달과 노박 조코비치가 잇달아 이 기록을 경신하면서 현재는 이 부문에서 역대 3위로 밀려난 상태다. 결국 역사는 늘 새로 쓰이기 마련이며, 섣부른 예단은 금물이라는 교훈을 남긴 셈이다.

그럼에도 샘프러스가 남긴 족적은, 역대 최고의 선수 가운데 한 명으로 손꼽기에 부족함이 없다. 1990년 US오픈에서 19세의 나이로 이반 렌들, 존 매켄로 등 당대 최고 선수들을 차례로 꺾고 우승한 건 30년이 넘은 지금까지도 깨지지 않은 최연소 우승 기록이다. 1993년부터 2000년까지 8년간 샘프러스는 윔블던에 출전해 무려 7번 우승을 차지했는데, 이는 1990년대 빠른 잔디코트 환경과 맞물려 다시는 보기 힘든 위업일 것이다.

샘프러스의 위대한 여정은 '순간의 선택이 10년을 좌우한다'는 격언을 떠올리게 한다. 어린 시절, 그는 초창기 코치였던 피트 피셔의 권유로 두 손 백핸드에서 한 손 백핸드로 전향했다. 피셔는 샘프러스를 '오른손잡이 로드 레이버'로 만들고 싶다고 설득했고, 그 선택은 훗날 샘프러스가 윔블던에서 7번 우승을 차지하며 결실을 맺었다.

샘프러스의 명승부는 헤아리기 어려울 정도로 많지만 1995년 모스크바에서 열린 데이비스컵 결승을 빼놓을 수 없을 것이다. 샘프러스는 단식과 복식에서 모두 빼어난 활약을 펼치며 미국의 3-2 승리를 이끌었다. 그보다 샘프러스를 의심하는 이들에게 보기 좋게 한 방 먹인 더 중요한 경기는 1994년 윔블던 8강 마이클 창과의 대결이었다. 물론 당시에도 잔디 코트에서는 샘프러스가 창보다 우위에 있다고 많은 사람들이 생각했을 것이다. 그러나 그가 6-4, 6-1, 6-3으로 이기는 과정은 굉장히 인상적이었고, 서브를 제외한 모든 영역에서 정말 소름 끼치게 훌륭했다. 창은 당시 상대 전적에서 앞서 있었음에도 샘프러스의 정교하고 지속적인 위너에 속수무책으로 당했다.

샘프러스의 코칭 스태프는 피셔를 시작으로 조 브랜디, 팀 굴릭슨, 그리고 마지막에는 굴릭슨의 추천으로 팀에 합류한 폴 아나콘으로 이어졌다. 1995년 호주오픈 당시, 43세였던 굴릭슨이 뇌종양을 앓고 있었음에도 샘프러스의 마지막 연습을 도운 뒤 라커룸에서 쓰러졌다. 그날 8강전에서 짐 쿠리어와 맞붙은 샘프러스는 경기 중 두 번이나 눈물을 흘렸고, 먼저 두 세트를 내준 뒤 극적으로 역전승을 거뒀다. 이 경기는 그랜드슬램 역사상 가장 감동적인 승부로 꼽힌다.

1996년 US오픈에서 샘프러스는 알렉스 코레차와의 경기에서 놀라운 투혼과 결단력을 보여줬다. 심한 탈수 증상으로 몇 차례 라켓에 몸을 기대며 거의 쓰러질 듯한 모습을 보였지만, 5세트 타이브레이크에서 6-7 매치 포인트 위기를 극복한 뒤 8-7로 역전승을 거뒀다. 마지막 순간 코레차의 더블 폴트로 경기가 끝나면서, 샘프러스는 또 한 번 극적인 명승부를 만들어냈다.

굴릭슨 코치가 1996년 3월 세상을 떠나자, 샘프러스는 미국 암학회에 가입했다. 이듬해인 1997년, 그는 '서브 에이스 자선 캠

페인Aces for Charity'을 시작해 에이스를 기록할 때마다 100달러씩 기부하기로 했으며, 첫해에만 6만 2000달러를 모았다.

짙은 눈썹이 인상적인 그리스계 미국인 이민자 출신의 샘프러스는 특정 기술의 영원한 일인자로 불릴 만하다. 바로 지금은 거의 사라지다시피 한 서브앤발리 테크닉이다. 샘프러스는 코트 표면 속도가 지금보다 훨씬 빨랐던 1990년대 잔디와 하드 코트에서 서브앤발리를 앞세워 누구도 쉽게 흉내 낼 수 없는 완성도 높은 경기를 선보였다. 존 매켄로와 로드 레이버 같은 과거의 전설들 또한 서브앤발리가 주무기였지만, 샘프러스처럼 강력한 서브와 정교한 발리를 동시에 갖춘 선수는 드물었다. 특히 샘프러스는 첫 서브가 아닌 세컨 서브를 넣고도 주저 없이 네트로 돌진하며 발리를 시도했는데, 이 전략이 주효할 수 있었던 이유는 그의 세컨 서브가 첫 서브 못지않게 강하고 빠르게 들어갔기 때문이다. 선수 생활 후반에는 이 서브앤발리의 빈도를 더욱 극단적으로 높였는데, 2002년 애거시와의 마지막 대결에서 전문가들의 예상을 깨고 승리할 수 있었던 것도 바로 이 서브앤발리에 대한 확신과 자신감 덕분이었다.

샘프러스는 페더러, 나달, 조코비치와 더불어 역대 최고의 선수 중 한 명으로 손꼽히지만, 뚜렷한 약점이 하나 있다. 클레이 코트에 약하다는 꼬리표다. 프랑스오픈에서는 끝내 우승을 하지 못했으며, 1996년 4강 진출이 최고 성적이다. 그의 동시대 라이벌이었던 안드레 애거시는 4대 메이저 대회를 모두 제패해 커리어 그랜드슬램을 달성했지만, 샘프러스는 그 대열에 오르지 못했다. 강한 서브와 발리를 주무기로 하는 샘프러스가 리턴과 그라운드 스트로크에 유리한 느린 클레이 코트에서 고전한 건 어찌 보면 당연한 결과였다. 다만 여기서 짚고 넘어가야 할 점은, 하드, 잔디, 클레이로 대표되는 세 가지 코트 표면에서 모두 고른 성과를 낸 선수는 1990년대까지만 해도 극히 드물었다는 것이다. 특히 당시에는 코트 표면 속도의 차이가 지금보다 훨씬 극명했기 때문에, 빠른 코트에서 절대적인 강세를 보였던 샘프러스가 느린 클레이에서까지 같은 성적을 내는 건 오히려 예외적인 일이었다.

샘프러스는 1990년대 국제 스포츠계의 글로벌화, 상업화에 발맞춰 테니스의 인기를 격상시키는 데 적지 않은 공헌을 했다. 그는 스타일과 성격 면에서 대척점에 있는 안드레 애거시와 치열한 라이벌 구도를 형성하며 미국 테니스의 마지막 전성기를 이끌었다. 뉴욕 길거리 한복판에서 게릴라 콘서트처럼 간이 네트를 치고 랠리를 주고받던 나이키 TV 광고는, 여전히 테니스가 낳은 역대급 CF로 회자된다. 창과 방패처럼 모순적인 대결을 펼쳤던 샘프러스와 애거시는 총 34번 맞붙어, 샘프러스가 20번 승리하며 판정승을 거뒀다. 특히 2001년 US오픈 8강전에서 벌인 타이브레이크 접전은 서로의 서브를 단 한 차례도 브레이크하지 못한 채 진행된 '모순 대결'의 극치였으며, 메이저 대회 결승전이 아닌 경기 중에서는 단연 역대 최고의 명승부로 꼽힌다.

 이제는 아련한 과거의 추억이 되었지만, 샘프러스가 윔블던 센터 코트에서 선보인 서브앤발리 테니스는 요즘 세대들에게 희소가치가 높은 볼거리로 다시 주목받고 있다. 베이스라인에서 팔씨름하듯 힘 대 힘으로만 맞붙는 단조로운 테니스와는 전혀 다른 매력이 있다. 물론 샘프러스 역시 전성기 당시에는 비슷한 비판을 받았다. 1994년 윔블던 결승에서 또 다른 서브의 달인 고란 이바니세비치와 맞붙었는데, 5구 이상 랠리가 경기 전체를 통틀어 단 3번뿐이었다. 이후 윔블던이 2002년부터 보다 느린 성질의 잔디 품종으로 교체한 것도 이러한 문제의식에서 비롯되었다. 그러나 샘프러스의 테니스가 단조로웠다고 보기는 어렵다. 그는 서브를 넣을 때와 리턴할 때 전혀 다른 스타일의 경기를 선보이며 관중에게 두 얼굴의 테니스를 보여줬다. 서브 게임에서는 강력한 서브와 정교한 발리로 짧게 끝내는 서브앤발리를 구사했지만, 리턴 게임에서는 베이스라인 뒤에서 좌우로 빠르게 움직이며 러닝 포핸드로 강한 스트로크를 날리는 능력도 갖추고 있었다. 나는 요즘도 가끔 젊은 선수들의 무한 랠리 반복에 싫증이 날 때면, 샘프러스의 과거 영상을 찾아본다. 그리고 상상해본다. 나도 동네 코트에 나가 서브를 넣고, 무작정 네트 앞으로 대시해 끝내기 발리로 반대편 구석을 찌르는… 샘프러스가 되는, 실현 불가능한 상상을 말이다.

마르티나 힝기스
Martina Hingis

십 대 시절 그랜드슬램 트로피를 들어 올리는 경우가 남자보다 여자 선수에게서 훨씬 자주 나타나는 걸 보면, 여자 테니스의 문턱이 남자만큼 높지는 않다는 생각이 든다. 남자 테니스에서 최연소 메이저 챔피언은 17세로, 이 나이에 우승을 차지한 선수는 프랑스오픈의 마이클 창과 윔블던의 보리스 베커, 단 두 명뿐이다. 반면 여자 테니스로 시선을 옮겨보면 16세에 메이저 대회를 제패한 사례가 여럿 발견된다. 오픈 시대 개막 이후 1979년 미국의 트레이시 오스틴이 16세에 US오픈을 제패했고, 왼손잡이 천재 모니카 셀레스, 그리고 이 장의 주인공 마르티나 힝기스도 16세에 그랜드슬램 우승을 차지했다. 그 가운데 역대 최연소 메이저 챔피언은 바로 힝기스다.

1997년은 테니스 통계 자료집의 '최연소' 기록에 지각변동을 일으킨 해였다. 체코슬로바키아 혈통을 지닌 스위스 국적의 마르티나 힝기스는, 16세 3개월이 막 지난 시점에 시즌 첫 메이저 대회인 호주오픈에서 우승을 차지하며 20세기 최연소 기록을 수립했다. 그러나 이 기록은 시작에 불과했다. 호주오픈 우승을 발판 삼아 힝기스는 그해 3월 마이애미 오픈에서도 우승을 차지한 뒤 세계 랭킹 1위에 올랐는데, 이는 종전 슈테피 그라프를 뛰어넘는 최연소 기록이었다.

그라프와 셀레스의 계보를 잇는 10대 천재 소녀의 탄생은 전 세계 테니스계를 흥분의 도가니로 몰아넣었다. 힝기스는 당시까지만 해도 테니스계에서 큰 영향력을 발휘하지 못하던 유럽의 중립국 스위스 출신이었고, 여기에 빼어난 외모까지 더해져 스타 기근에 빠져 있던 여자 테니스계에 신선한 활력을 불어넣었다. 힝기스의 상품 가치는 경기력 이상의 것이었고, 경제 전문지 〈포브스〉에 따르면 그녀는 1997년부터 5년 연속 세계에서 가장 많은 수입을 올린 여성 스포츠 스타였다.

1997년은 16살 힝기스를 위한 해였다. 프랑스오픈을 제외한 나머지 세 메이저 대회에서 모두 우승했고, 시즌 전적은 무려 78승 5패에 달했다. 그해 4월 승마 도중 부상을 입지만 않았더라면, 아마도 프랑스오픈 결승에서도 승리해 최연소 캘린더 그랜드슬램을 완성했을 것이라는 가정은 충분히 설득력이 있다. 힝기스의 테니스는 접근 방식부터가 유쾌하고 신선했다. 1997년 호주오픈 경기 중간중간, 멜버른 파크 주차장에서 롤러블레이드를 타는 모습이 포착될 정도였다. 그러고도 그녀는 1998년과 1999년 호주 오픈에서 연속 우승하며 타이틀 방어에도 성공했다.

    최연소 기록의 상징적 인물답게 힝기스의 테니스 시작은 남달랐다. 보통 위대한 선수들의 전기를 살펴보면 3~4살 무렵 처음 라켓을 잡았다는 이야기가 많지만, 힝기스는 이 부문에서도 '최연소'였다. 도대체 어떻게 가능했는지는 알 수 없지만, 그녀는 2살에 처음 라켓을 휘둘렀다고 전해진다. 힝기스는 체코슬로바키아 출신의 전직 프로 테니스 선수였던 어머니 멜라니 몰리터와 함께 7살 때 스위스로 이주했다. 멜라니는 자신의 어린 시절 우상이었던 마르티나 나브라틸로바의 이름을 딸에게 지어주었다고 하니, 될성부른 떡잎이 될 가능성이 충만했던 셈이다.

    1980년생인 힝기스는 1993년, 12세의 나이에 프랑스오픈 주니어 부문을 제패하며 그랜드슬램 주니어 대회를 석권했다. 이 역시 최연소 기록이었다. 이미 이 시점에서 세계 최정상 주니어 선수였던 힝기스는, 2년 뒤인 1995년에도 다시 프랑스오픈 주니어 대회에서 우승했고, 윔블던 주니어 대회 역시 제패했다. 같은 해 US오픈 주니어에서는 준우승을 차지했다. 힝기스는 주니어 무대에서는 더 이상 증명할 게 없는, 독보적인 존재가 되어 있었다.

사실 힝기스의 첫 그랜드슬램 타이틀은 단식이 아닌 복식에서 먼저 찾아왔다. 단식 정상은 16세에 이루었지만, 그보다 앞서 1996년 윔블던 복식에서 헬레나 수코바와 짝을 이뤄 우승하면서, 15세 9개월의 나이로 역대 최연소 그랜드슬램 챔피언이 되었다. 그리고 이듬해, 힝기스는 단숨에 세계 랭킹 1위에 오르며 본격적인 전성기를 맞이했다. 당시 그녀는 한 해 동안 4개의 메이저 대회 결승에 모두 진출했고, 세 차례 우승을 차지하는 전례 없는 행보를 보여주었다.

너무 빨리 핀 꽃이 일찍 진다고 했던가. 힝기스의 영광의 시간은 그리 길지 않았다. 1998년 이후 메이저 대회 우승은 호주오픈을 제외하고 더는 없었다. 특히 1999년 프랑스오픈 결승전이 가장 아쉬운 순간으로 남았다. 커리어 그랜드슬램 달성을 눈앞에 둔 중요한 경기였고, 상대는 전설적인 선수 슈테피 그라프였다. 경기 내용에서는 앞섰지만, 마지막 불꽃을 태운 그라프와 전설의 라스트 댄스를 응원하려는 프랑스 관중의 일방적인 분위기 속에서 뼈아픈 역전패를 당하고 말았다. 당시만 해도 그 경기가 힝기스의 마지막 메이저 우승 도전이 될 줄은 아무도 몰랐을 것이다. 이후 힝기스는 다시는 메이저 대회 우승을 차지하지 못했다. 호주오픈 결승 무대에 여러 차례 다시 올랐지만, 린제이 데븐포트, 제니퍼 캐프리아티 같은 신흥 강자들을 넘어서지 못했다.

힝기스는 거듭된 발목 부상에 제동이 걸렸다. 하지만 그녀의 퇴조가 오로지 부상 때문만은 아니었다. 그라프와 셀레스의 뒤를 잇는 실력 있는 신세대 선수들이 본격적으로 등장하기 시작했기 때문이다. 여자 테니스에 파워를 장착한 새로운 시대의 선구자 윌리엄스 자매가 힝기스와 거의 동시에 프로 커리어를 시작했고, 린지 데븐포트, 제니퍼 캐프리아티, 아멜리에 모레스모 등 21세기 여자 테니스를 이끌 거물급 인재들이 차례로 두각을 나타냈다. 빠른 발과 창의적인 샷으로 가장 먼저 최정상에 도달했던 힝기스는 잦은 부상 속에서 자기 발전에 실패했고, 결국 22세라는 이른 나이에 은퇴를 선언하는 충격적인 결정을 내렸다. 최연소 기록이 하나 더 추가된 셈이었다.

그러나 힝기스의 테니스 인생은 거기서 끝나지 않았다. 2006년, 복귀를 선언한 그녀는 주로 복식 종목에 출전해 여전히 녹슬지 않은 기량을 과시했다. 하지만 또 한 번의 치명적인 시련이 찾아왔다. 금지 약물 양성 반응으로 2년간 자격 정지 징계를 받은 것이다. 힝기스는 극소량이 검출됐을 뿐이라며 고의성이 없다고 항변했지만, 세계반도핑기구는 단호했다. 그럼에도 힝기스는 포기하지 않고 다시 돌아왔다. 2013년, 이번에는 진정한 복식 전문 선수로 마음을 다잡고 코트에 섰다. 이후 2017년 최종 은퇴를 선언하기까지, 레안더 파에스, 사니아 미르자 등 인도계 선수들과 함께 메이저 대회 여자복식과 혼합복식에 출전해 의미 있는 성과를 냈다. 4대 메이저 대회 복식과 혼합복식에서 모두 우승하며 커리어 그랜드슬램을 달성했고, 2016년 리우 하계올림픽에서는 조국 스위스에 은메달을 안겼다. 특히 은퇴를 선언한 2017년에는 윔블던과 US오픈 복식을 석권하며, 여자복식 세계 1위 자리에서 박수칠 때 떠날 수 있었다.

힝기스는 내가 대학 시절 동아리 활동을 하던 당시, 국내 팬들 사이에서 절대적인 지지를 받던 우상이었다. 신입 부원을 모집하려고 학생회관 앞에 대형 포스터를 내걸었을 때, 간판 모델로 선택된 인물은 샘프러스도, 애거시도 아닌 힝기스였던 걸로 기억한다. 전성기는 짧았지만, 힝기스는 인생의 굴곡과 부침 속에서도 25년 가까이 국제 테니스계에서 활약을 이어간, '짧지만 가장 강렬했던' 테니스 전설이다.

로저 페더러
Roger Federer

로저 페더러는 역사상 가장 성공한 테니스 선수이자, 동시에 가장 쓰라린 실패를 경험한 패자라고 정의하고 싶다. 20년이 넘는 선수 생활 동안 누구보다 압도적인 성공의 시대를 열었지만, 그 화려한 성과의 이면에는 경력의 절반 가까이를 도전과 좌절 속에서 보내야 했던 시간이 자리하고 있기 때문이다.

페더러가 2004년부터 2007년까지 보낸 4년간, 보다 정확히는 세계 랭킹 1위를 연속으로 유지한 237주 동안 그는 역사상 가장 막강한 테니스 전사였다. 그러나 그 시기조차 페더러에게 아픔이 없지는 않았다. 간절히 바랐던 프랑스오픈 우승을 끝내 이루지 못했기 때문이다. 클레이 코트의 황제이자 천적인 라파엘 나달에게 번번이 가로막혔다. 2009년 프랑스오픈에서 나달이 스웨덴의 복병 로빈 소더링에게 일격을 당한 덕분에 생긴 빈틈을 놓치지 않고 파고들어 마침내 커리어 그랜드슬램을 달성하긴 했지만, 전성기 시절에도 페더러의 마음이 편치만은 않았던 건 분명하다.

2008년 1월 호주오픈에서 페더러는 무섭게 치고 올라온 스무 살의 노박 조코비치에게 패하며, 무적의 페더러 시대는 공식적으로 막을 내렸다. 그해 프랑스오픈과 윔블던에서 연이어 나달에게 무릎을 꿇으면서, 남자 테니스는 기나긴 '빅3'의 시대로 접어들게 된다. 하지만 말이 빅3이지, 엄밀히 말하면 2011년 조코비치가 세계 1위에 오른 이후부터 페더러가 은퇴를 선언한 2022년까지, 그는 늘 도전자에 가까운 신세였다.

물론 페더러는 2009년 롤랑가로스와 윔블던을 동시 제패하며 샘프러스의 메이저 최다 우승 기록을 경신했고, 2012년에는 앤디 머리를 꺾고 윔블던 정상에 올라 다시 세계 1위 자리를 탈환했다. 또 2017년에는 무릎 부상으로 인한 6개월의 공백 이후 코트에 복귀해 호주오픈과 윔블던을 제패하며 온갖 '최고령 관련 기록'을 다시 써 내려갔다. 하지만 이런 간헐적인 영광의 순간들보다, 나는 페더러의 지난 15년을 나달과 조코비치라는 희대의 천재들을 상대로 수없이 맞서 싸우며 좌절과 아픔을 견뎌야 했던 '절치부심의 시간'으로 규정하고 싶다.

실제로 페더러의 명승부를 떠올리면, 승리보다 패배가 더 강하게 기억된다. 특히 그와 함께 '역대 최고' 자리를 다투는 나달과 조코비치에게 아주 근소한 차이로, 테니스 역사상 가장 크고 영광스러운 무대에서 패한 경우가 많았기 때문이다. 페더러의 커리어에는 수많은 명승부가 존재하지만, 그중 상당수가 가슴 아픈 패배로 남아 있다. 2008년 나달과의 윔블던 결승, 2009년 나달과 다시 만난 호주오픈 결승, 2014년과 2019년 조코비치와 맞붙은 윔블던 결승전은 모두 5세트 클래식이지만, 그처럼 극한의 피지컬과 멘털 싸움에서 페더러가 최종 승자가 된 경우는 드물었다. 2017년 부상에서 돌아와 17번 시드를 받고 결승에 올라 숙적 라파엘 나달에게 10년 만의 메이저 승리를 거둔 호주오픈 결승전이 거의 유일한 예외였다.

페더러의 심정을 상상해보자. 중고등학교 6년 내내 전교 1등을 놓치지 않았을 뿐 아니라, 학교 100년 역사상 최고의 성적으로 졸업할 예정인 학생이 있다. 그런데 졸업을 앞둔 고3 시절, 두 명의 괴짜 천재가 1학년으로 입학한다. 둘 다 무서운 속도로 성적을 올리더니, 결국 누적 성적에서 그를 역전할 기세다. 한 명은 어떤 어려운 수학 문제도 끈질기게 파고들어 결국 정답을 찾아내는 괴물이고, 다른 한 명은 수학은 물론 국어, 영어, 과학 등 모든 과목에 완벽한 실력을 갖추고 약점이라곤 도통 찾아볼 수 없는 컴퓨터 같은 존재다. 자신은 졸업을 앞둔 입장이기에 더 싸워볼 시간도 없다. 결국 누적 졸업 점수 3등으로 졸업장을 받았다. 이런 상황에서 과연 그는 여전히 역사상 가장 성공한 테니스 황제로 어깨에 힘을 줄 수 있을까?

그러나 승리보다 패배가 더 선명히 기억되는 로저 페더러의 커리어에 대한 역사의 평가는 결코 인색하지 않다. 메이저 최다 우승 기록은 나달과 조코비치에게 내주었지만, 여전히 많은 팬과 평론가들은 페더러를 '역대 최고의 선수' 후보로 꼽는다. 그는 나달에게 상대 전적 16승 24패로 밀렸고, 프랑스오픈에서는 조코비치가 세 차례 우승한 데 반해 단 한 차례만 정상에 오르며 클레이코트에서는 뚜렷한 약점을 드러냈다. 그럼에도 페더러는 수많은 이들의 마음속에 '올타임 넘버원'으로 자리 잡고 있다. 왜일까? 페더러의 위대함은 단순한 숫자나 기록에 가둘 수 없는, 그 이상이기 때문이다.

중요한 건 그보다는, 페더러가 테니스라는 종목에 남긴 독보적인 흔적이다. 테니스를 떠올릴 때 가장 먼저 그려지는 교과서적인 자세, 테니스를 한 차원 높은 글로벌 스포츠로 끌어올린 상징적 기여, 그로 인해 페더러는 그 누구도 대체할 수 없는 '테니스의 아이콘'이 되었다는 평가다. 경기력 면에서 나달과 조코비치에게 이미 역전당한 이후에도, 그는 은퇴 직전까지 무려 19년 연속으로 ATP가 선정한 '팬이 뽑은 인기 선수상'을 독식했다. 심지어 단 한 개의 우승 트로피도 건지지 못했던 2021년에도 나달과 조코비치를 제치고 전 세계에서 가장 많은 수입을 올린 테니스 선수 1위에 이름을 올렸다. 페더러가 동시대 모든 경쟁자를 제압한 '최강의 선수'는 아닐지라도, 그가 뛴 약 20년은 '페더러의 시대'라고 부를 만하다.

페더러는 늘 뛰어난 재능으로 주목받았다. 1998년 윔블던 주니어에서 우승한 뒤 이듬해 18세 4개월의 나이로 세계 랭킹 100위 안에 진입했다. 2001년 윔블던 16강에서 샘프러스를 꺾었음에도, 정상에 오른 것은 그로부터 2년 뒤인 2003년 윔블던에서 처음 메이저 우승을 차지하면서였다. 그는 비외른 보리, 팻 캐시, 스테판 에드베리에 이어 주니어와 시니어 윔블던 트로피를 모두 들어 올린 네 번째 선수로 이름을 남겼다.

윔블던 우승은 페더러 커리어의 전환점이었다. 왜냐하면 그 이후로 페더러는 그랜드슬램 대회에서 거의 무적의 행보를 보이며 17번의 메이저 대회에서 12번의 우승을 차지했기 때문이다. 유일하게 그가 이루지 못한 건 프랑스오픈 우승이었는데, 이마저도 2009년 결국 정상에 오르면서 커리어 그랜드슬램을 완성했다. 2022년 무릎 부상으로 은퇴할 때까지, 그는 ATP 투어 통산 103개 단식 타이틀, 마스터스 1000 시리즈 28회 우승, 연말 파이널 6회 우승이라는 대기록을 남겼다.

페더러의 압도적인 전성기는 2004년 꽃을 피웠다. 그해 그는 매츠 빌랜더 이후 처음으로 한 해 세 개의 메이저 대회를 석권했고, 이는 오픈 시대 이후 지미 코너스(1974), 로드 레이버(1969)를 포함해 단 네 명만 해낸 일이었다. 이 위업을 페더러는 2006년에 한 번 더 달성하며, 이 기록을 두 번 이룬 첫 번째 선수가 되었다. 2004년 그는 톱10 선수에게 단 한 번도 패하지 않았으며, 2009년에는 샘프러스의 메이저 14회 우승 기록과 동률을 이룬 데 이어, 이듬해 호주오픈에서 메이저 통산 16회 우승을 거두며 새로운 이정표를 세웠다.

2005년 그는 연중 내내 세계 랭킹 1위를 유지한 역대 다섯 번째 선수로 기록되었고, 이 성과를 2006년과 2007년에도 반복했다. 2003년부터 2008년 윔블던까지 페더러는 잔디 코트 무패 기록을 71연승까지 이어갔다. 2007년 이 스위스의 거장은 윔블던과 US오픈을 나란히 4연패한 사상 첫 선수로 역사에 이름을 새겼다.

그의 부드럽고 힘을 들이지 않는 듯한 게임 스타일은 보는 이의 눈을 즐겁게 한다. 근육질의 숙적 라파엘 나달과는 극명한 대조를 이룬다. 2006년 나달은 결승전에서 페더러의 첫 프랑스오픈 우승을 저지했을 뿐 아니라 윔블던에서 한 세트를 따낸 데 이어, 2008년에는 결국 페더러의 윔블던 연승 행진에 마침표를 찍는다.

페더러는 코트 커버 능력이 뛰어나고, 중요한 순간마다 경기력을 끌어올리는 데 탁월하다. 압박감에 흔들리는 법이 거의 없어, 그를 상대하는 선수들은 코트에 올라서는 순간부터 이미 심리적으로 밀린 듯한 모습을 보이곤 한다. 그는 스핀과 슬라이스, 속도와 각도를 자유자재로 조절하며 포인트를 지배하는 기술의 달인이며, 흔들림 없는 강력하고 정확한 서브로 이를 뒷받침한다.

전성기가 지났다고 여겨지던 2016년, 부상 치료를 이유로 한동안 자취를 감췄던 페더러는 2017년 완전히 달라진 모습으로 돌아왔다. 그는 호주오픈 결승에서 자신의 위대한 라이벌 나달을 5세트 접전 끝에 물리치고 우승했고, 이어 윔블던에서 통산 최다인 8회 우승 기록을 세웠다. 페더러의 마지막 그랜드슬램 우승은 2018년 1월 호주오픈에서였는데, 마린 칠리치를 5세트 끝에 물리치고 메이저 통산 20회 우승을 완성했다.

코트 위에서의 냉철한 모습과는 달리, 페더러는 부드러운 말투와 예의 바른 태도, 넘치는 자신감으로 팬들의 사랑을 받았다. 그는 자선 활동에도 적극적이었다. 유니세프 친선대사로 활동하며 자신의 이름을 딴 로저 페더러 재단을 통해 남아프리카 어린이들을 도왔고, 쓰나미와 허리케인 카트리나 같은 재난이 닥쳤을 때도 가장 먼저 온정의 손길을 내밀며 글로벌 테니스 홍보대사로서 역할을 톡톡히 해냈다.

페더러가 현역 시절 쌓은 많은 기록은 나달과 조코비치라는 후배들에 의해 하나둘 무너졌다. 하지만, 그는 남자 테니스 역사상 처음으로 메이저 대회 20회 우승 고지를 밟은 선수였고, 237주 연속 세계 1위 기록은 여전히 남녀 통틀어 독보적인 수치로 남아 있으며, 2003년 윔블던부터 2010년 프랑스오픈까지 무려 7년 동안 모든 메이저 대회에서 4강 이상 진출한 진기록도 그만의 유산이다. 최전성기만 놓고 본다면, 테니스 역사상 그처럼 시대를 압도한 선수는 전에도 없었고 이후에도 없었다.

세대마다 의견은 갈릴 수 있겠지만, 여전히 동호인들 사이에서는 "와, 저 친구 참 테니스를 멋지게 치네. 페더러 같아"라는 말이 심심찮게 들린다. 그의 테니스는 교과서적이며, 테크닉의 정수를 응축한 집합체다. 축구로 비유하자면 지네딘 지단의 우아함과 데이비드 베컴의 인기를 동시에 갖춘 이상적인 존재. 로저 페더러는 테니스 지도자와 프로 선수들이 추구하는 이데아의 구현이며, 테니스를 사랑하는 팬들에게는 영원히 지워지지 않을 우상이다.

세리나 윌리엄스
Serena Williams

세리나 윌리엄스가 역사상 가장 위대한 여자 테니스 선수일까? 그녀와 경합하는 후보군은 이름만 들어도 가슴이 웅장해지는 슈테피 그라프와 마르티나 나브라틸로바다. 세리나가 이들보다 위대하다고 보는 가장 직접적인 근거는 메이저 대회 단식 우승 횟수일 것이다. 그녀는 총 23차례 우승컵을 들어 올려 그라프보다 하나 더 많고, 나브라틸로바보다는 다섯 개 앞섰다. 하지만 메이저 대회 성적만으로 선수의 위대함을 단정짓기는 어렵다. 투어 전체 성적을 살펴보면 세리나는 1980~90년대를 풍미한 전설들만큼 오랜 기간 압도적인 지배력을 유지한 것은 아니었다. 1995년 프로에 데뷔한 세리나는 수많은 부상과 침체기를 겪었고, 통산 73개의 단식 타이틀을 거머쥐었다. 이는 나브라틸로바(167회)나 그라프(107회)에 비해 떨어지는 수치다.

그러나 세리나 윌리엄스가 테니스 역사상 가장 위대한 흑인 선수라는 점에는 이견이 없을 것이다. 그녀는 언니 비너스와 함께, 여전히 인종적 편견이 뿌리 깊던 테니스 무대를 완전히 장악했다. 두 사람의 성공 뒤에는 아버지 리처드 윌리엄스의 엄격하고도 독특한 훈육 방식이 있었고, 이 드라마틱한 이야기는 최근 아카데미 시상식에서 손찌검을 해 논란의 중심에 섰던 배우 윌 스미스 주연의 영화로 탄생하기도 했다.

세리나는 비슷한 또래의 마르티나 힝기스가 16세의 나이에 온갖 메이저 대회를 휩쓸며 스타 대접을 받고 있던 1997년, 서서히 여자 테니스계를 접수할 준비를 하고 있었다. 힝기스의 쇠락은 사실 윌리엄스 자매의 약진과 떼어놓을 수 없다. 세리나는 언니 비너스보다 먼저 1999년 US오픈에서, 당시 18세의 나이로 첫 메이저 우승을 차지했다. 2002년 프랑스오픈에서 두 번째 메이저 우승을 거머쥔 뒤, 그해 윔블던과 US오픈, 이듬해 호주오픈까지 석권하며 슈테피 그라프 이후 14년 만에 4대 메이저 대회를 연속으로 우승한 선수가 됐다. 미국 언론은 2년에 걸쳐 이뤄진 그녀의 대기록을 두고 '세리나 슬램 Serena Slam'이라는 이름을 붙여 찬사를 보냈다.

캘리포니아 콤프턴의 공공 테니스장에서 세 살 때부터 언니 비너스와 함께 아버지 리처드 윌리엄스의 지도를 받은 세리나 윌리엄스. 출발은 순탄치 않았다. 1995년, 14세의 세리나는 퀘벡시에서 열린 대회 예선 1라운드에서 애니 밀러에게 단 두 게임만 따내며 완패했다. 그러나 1998년에 접어들며 세계 랭킹 100위 안에 진입했고, 프랑스오픈 16강에도 오르며 가능성을 입증했다. 같은 해, 세리나는 프로 경기 출전 단 16경기 만에 톱10 선수에게 다섯 차례 승리를 거두며 역대 최단 기록을 세웠다. 당시 겨우 17세에 불과했지만, 그녀는 이미 세계 정상급 선수들도 쉽게 상대하기 어려운 경기를 펼치고 있었다.

따라서 1999년 세리나가 거둔 대성공은 놀라운 일이 아니었다. 세리나는 생애 첫 WTA 투어 단식 타이틀을 포함해 총 다섯 번의 우승을 기록했고, 그중에는 US오픈 결승에서 마르티나 힝기스를 6-3, 7-6으로 꺾고 거머쥔 첫 그랜드슬램 타이틀도 포함되어 있었다. 또 언니 비너스와 짝을 이뤄 메이저 대회 복식에서도 통산 14회 가운데 첫 우승을 차지하기도 했다.

2001년 US오픈 단식 결승에서는 역사적인 순간이 펼쳐졌다. 1884년 왓슨 자매 이후 처음으로, 그랜드슬램 결승 무대에서 자매가 맞붙은 것이다. 당시에는 동생 마우드 왓슨이 언니를 꺾었지만, 역사는 반복되지 않았고 이번에는 언니 비너스의 6-2 6-4 승리로 끝났다.

세리나는 이 패배에 주저앉지 않고 곧바로 반격에 나섰다. 호주오픈에서는 발목 부상으로 기권했지만, 이후 프랑스오픈,

윔블던, US오픈에서 모두 언니를 꺾고 우승을 차지했고, 마침내 2002년 시즌을 세계 랭킹 1위로 마무리했다.

2003년 호주오픈 우승으로 세리나는 여자 테니스 역사상 5번째로 4대 메이저 대회를 연속으로 제패한 선수가 되었다. 모린 코널리, 마가렛 코트, 마르티나 나브라틸로바, 슈테피 그라프에 이어 달성한 위업이었다. 동시에 그녀는 커리어 그랜드슬램을 완성한 여자 테니스 9인방 가운데 하나로 기록됐다.

그랜드슬램 연속 우승 기록은 2003년 프랑스오픈 4강에서 쥐스틴 에냉에게 2-6, 6-4, 5-7로 아쉽게 패하며 마무리되었지만, 윔블던에서 통산 두 번째 우승을 차지하며 다시 한번 정상을 밟았다. 그러나 이후 왼쪽 무릎 수술로 시즌을 접어야 했다.

2002년과 2003년이 완벽한 성공의 시기였다면 2004년과 2005년은 회복의 기간이었다. 세리나는 2005년 호주오픈 결승에서 린지 데븐포트를 꺾고 그랜드슬램 우승을 단 하나 추가했을 뿐이었다. 왼쪽 무릎 부상으로 2006년 시즌 대부분을 소화하지 못했고, 단 4개 대회에만 출전한 채 프랑스오픈과 윔블던을 모두 건너뛰었다. 세계 랭킹도 한때 95위까지 추락했다.

2007년 세리나는 호주오픈 결승에서 마리아 샤라포바를 물리치고 우승을 차지했다. 당시 그녀의 세계 랭킹은 81위로, 그랜드슬램 역사상 네 번째로 낮은 순위의 우승자로 기록됐다. 하지만 그게 전부였다. 그해 나머지 세 메이저 대회에서는 모두 8강에서 탈락하며 큰 성과를 거두지 못했다.

2008년 윔블던 결승에서 언니 비너스에게 패했지만, US오픈 결승에서는 옐레나 얀코비치를 꺾고 통산 아홉 번째 메이저 트로피를 들어 올리는 동시에, 2003년 이후 처음으로 세계 랭킹 1위 자리에 복귀했다. 무려 5년 1개월 만의 복귀로, 당시까지 남녀를 통틀어 세계 1위 공백 기간이 가장 긴 기록이었다. 세리나는 이렇게 자신의 부활을 확실히 알렸다.

2009년에는 더 확실하게 살아났다. 호주오픈과 윔블던을 제패했고, 그 똑같은 위업을 2010년에도 그대로 반복했다. 하지만 다시 부상이 그녀의 발목을 잡았다. 2011년 상반기를 통째로 쉬었던 세리나는 6월 잔디 시즌에 복귀했지만, 윔블던에서는 컨디션이 정상이 아니었고 결국 16강에서 마리온 바르톨리에게 패했다. US오픈 결승에는 올랐지만 샘 스토서에게 한 세트도 따내지 못한 채 무너졌고, 많은 이들은 만성적인 부상, 특히 왼쪽 무릎 부상으로 이제는 세리나의 시대가 막을 내릴 거라고 예측했다.

하지만 2012년, 세리나는 또 한 번 세간의 예상을 뒤엎었다. 호주오픈에서는 16강에서 탈락했지만, 이후 4월부터 무려 48승 2패의 기록을 세우며 윔블던과 US오픈에서 각각 통산 14번째와 15번째 메이저 우승을 차지했다. 그리고 런던올림픽 금메달까지 보태며 화려한 재기에 방점을 찍었다.

2013년부터는 다시 꾸준히 타이틀을 수확하며 프랑스오픈과 US오픈에서 우승했고, 2014년 US오픈에서는 통산 18번째 그랜드슬램 타이틀을 추가했다. 2015년에는 호주오픈, 프랑스오픈, 윔블던을 차례로 제패했다.

2016년 호주오픈과 프랑스오픈 결승에서 연달아 패하자, 비평가들은 또다시 기지개를 켜기 시작했다. 그러나 과거와 마찬가지로 그녀는 다시 한번 그들이 틀렸다는 걸 입증했다. 2016년 윔블던에서 통산 7번째 우승을 차지했고, 2017년 호주오픈에서는 첫 아이를 임신한 상태에서 언니 비너스를 꺾고 마지막 메이저 정상에 우뚝 섰다. 통산 23번째 메이저 트로피였다.

부상만 없었다면 동시대 누구도 당해낼 수 없을 만큼 막강했던 세리나 윌리엄스는, 동시에 대기록의 문턱에서 무너지는 '징크스의 아이콘'이기도 했다. 2015년 US오픈에서 세리나는 1988년 슈테피 그라프 이후 처음으로 '캘린더 그랜드슬램'을 달성할 기회를 눈앞에 두고 있었다. 이미 1년 전 US오픈부터 시작해 4대 메이저 대회를 연달아 우승하며 '세리나 슬램 시즌2'를 완성한 상태였다. 이번에는 한 해에 4대 메이저 대회를 모두 석권하겠다는 각오가 확고했다. 4강 상대는 비교적 무명인 이탈리아의 로베르타 빈치였다. 아무도 세리나가 그랜드슬램의 중압감에 짓눌려 경기를 망칠 것이라 예상하지 못했다. 그러나 믿기 어려운 일이 벌어졌다. 메이저 대회 역사상 가장 충격적인 이변 중 하나로 꼽히는 이 경기에서 세리나는 빈치에게 패해, 대기록을 눈앞에 두고 주저앉았다.

세리나의 징크스는 여기서 끝나지 않았다. 커리어 후반인 2018년부터 2년 동안 세리나는 네 차례나 그랜드슬램 결승에 진출했으나, 단 한 번도 우승하지 못했다. 이 가운데 한 번만 우승했어도 그녀는 마가렛 코트의 메이저 통산 최다 우승 기록(24회)과 동률을 이룰 수 있었다. 하지만 세리나는 2018년 이후 윔블던과 US오픈 결승에서 안젤리크 케르버, 나오미 오사카, 시모나 할레프, 비앙카 안드레스쿠에게 연달아 패했고, 그중 어느 경기에서도 한 세트조차 따내지 못했다.

그럼에도 세리나 윌리엄스가 여자 테니스 역사상 가장 위대한 선수라는 의견이 적어도 현재까지는 지배적이다. 2020년, 미국의 테니스 전문 채널인 '테니스 채널'은 세리나를 역대 최고의 여자 선수 1위로 선정했고, 2022년 영국 BBC의 베테랑 해설자 수바커는 "의심의 여지 없이 역사상 가장 위대한 선수"라고 평했다. 물론 세리나의 국적이 세계 스포츠 산업의 중심인 미국이라는 점이 평가에 일정 부분 영향을 미쳤을 수도 있다. 하지만 전문가들이 세리나를 최고 중 최고로 꼽는 이유는 분명하다. 일찍이 세리나처럼 완벽하게 경쟁자들을 압도한 시대가 없었기 때문이다. 나브라틸로바는 오랜 기간 현역으로 뛰면서 많은 업적을 남겼지만, 그에게는 크리스 에버트라는 동시대의 강력한 라이벌이 있었고, 이후에는 슈테피 그라프라는 후배의 도전도 받았다. 그라프 역시 잠시지만 모니카 셀레스라는 천적의 존재로 골치가 아팠다. 반면 세리나는 장장 27년에 걸친 선수 생활 동안 이렇다 할 경쟁자를 찾기 어려웠다. 많은 전문가들이 한목소리로 동의하는 바는, 세리나가 100%의 컨디션으로 코트에 임하면 역사상 그 어떤 여자 선수도 이길 수 없을 것이라는 점이다. 바로 이것이 세리나 윌리엄스를 '역대 최강'으로 평가하는 가장 강력한 근거다.

세리나는 언니 비너스와 함께한 복식에서도 독보적이었다. 14차례 메이저 복식 결승에 올라 단 한 번도 패하지 않고 모두 우승하는 100% 승률을 자랑했다. 그녀의 서브는 시속 200km에 육박하는 위력을 지녔고, 리턴과 그라운드 스트로크에서도 차원이 다른 파워를 앞세워 동시대의 경쟁자들을 압도했다.

한편으로 세리나는 찬란한 커리어만큼이나 크고 작은 논란도 많이 남긴 선수였다. 2009년 US오픈 준결승에서 동양인 선심이 풋폴트를 선언하자, "테니스공을 네 목구멍에 쑤셔 넣어주겠어!"라는 볼썽사나운 협박을 해 경기도 지고, 1만 달러가 넘는 벌금까지 물었다. 2018년 US오픈 결승에서는 주심 카를로스 라모스가 온코트 코칭을 지적하며 경고를 주자, 이에 격분해 선심을 인종차별주의자로 몰고 가는 무리수를 둬 1만 7000달러의 벌금을 부과받았고 우승도 놓쳤다. 세리나는 여성, 그리고 흑인의 권리를 대변하고 인권 문제에 목소리를 낸 운동가이기도 했지만, 언제나 그녀의 주장과 행동이 모두의 지지를 받은 것은 아니었다.

라파엘 나달
Rafael Nadal

'전무후무'란 말 그대로, 이전에도 없었고 앞으로도 없을 무언가를 뜻한다. 그러나 현대 스포츠에서 '전무후무'라는 수식어가 자연스럽게 붙을 수 있는 경우는 극히 드물다. 이제 겨우 100년을 넘긴 스포츠의 역사 속에서 향후 100년, 200년 뒤 무슨 일이 벌어질지 누구도 예단할 수 없기 때문이다. 하지만 라파엘 나달이 프랑스오픈이라는 특정 무대에서 이룬 업적은 이례적으로 '전무후무'라는 표현을 붙여도 무리가 없는 거의 유일한 사례가 아닐까 싶다.

한 선수가 단일 메이저 대회에서 14번이나 우승하는 일이 과연 다시 가능할까? 나달이 프랑스오픈에서 거둔 14회의 우승은, 그의 위대함을 단 하나의 숫자로 요약해 보여주는 기록이다. 이 분야 2위의 기록이 여자 테니스 마가렛 코트의 호주오픈 11회 우승이고, 남자부로 한정 짓자면 노박 조코비치의 호주오픈 10회 우승이다. 아무리 긴 선수 커리어라 해도 보통 20년을 넘기기 어렵다는 점에서, 특정 메이저 대회를 14번 우승하는 건 다시 반복될 수 없는 대기록 중의 대기록이라는 뜻이다. 기록의 독보적 가치 측면에서 가장 위대한 유산을 꼽는다면 나는 주저 없이 나달의 프랑스오픈 우승을 지목할 것이다.

한국 팬들에게는 '흙신'으로 널리 알려진 라파엘 나달의 클레이 코트 관련 기록은 조금 더 자세히 들여다볼 필요가 있다. 2005년 봄부터 2007년 봄까지 나달은 클레이 코트 각종 대회에 출전해 81연승이라는 신기원을 이룩했다. 이는 단일 코트 표면에서의 최다 연승 기록이다. 10회 이상 우승을 기록한 클레이 투어 대회만 4곳이 있다. 몬테카를로(11회), 바르셀로나(12회), 로마(10회), 그리고 프랑스오픈이다. 나달이 프랑스오픈에서 기록한 승률 96.6%도 아마 전무후무한 숫자가 될 것 같다.

나달은 마요르카섬 출신으로, 삼촌이자 오랜 코치인 토니 나달의 지도 아래 테니스에 입문했다. 원래 오른손잡이였지만 9살 무렵 삼촌의 권유로 왼손잡이 플레이를 택했다. 클레이 코트에서 성장했지만, 나달은 풀 코트형 선수로 발전할 자질을 갖추고 있었다. 2002년 주니어 윔블던에서 준결승에 오르며 일찌감치 잔디에서도 경쟁력을 입증했고, 2008년 그의 드라마틱한 우승 직전에도 2006년부터 2년 연속 남자 단식 결승까지 진출했다. 이후

2010년에도 한 차례 더 윔블던을 제패했다. 하드코트에서도 성과는 뚜렷했다. 1965년 마누엘 산타나 이후 US오픈에서 우승한 스페인 남자 선수는 아무도 없었지만, 나달은 2010년 플러싱 메도우에서 우승 트로피를 들어 올리면서 클레이 외의 다른 코트에서도 두루 성공할 수 있다는 걸 입증했다.

나달은 잘생긴 외모로도 주목받았다. 칠부바지와 민소매 셔츠, 타이트하게 두른 머리띠로 그는 수백만 여성들의 우상이 됐고, 그의 툭 튀어나온 이두박근은 뭇 남성의 부러움을 한 몸에 받았다. 나달은 강력한 왼손 스트로크와 탁월한 수비력을 바탕으로 코트를 종횡무진 누볐고, 수비에서 공격으로 전환하는 빠른 판단력과 전술적인 감각 또한 갖추고 있었다. 그의 헤비 톱스핀과 날카로운 각도의 샷은 상대방의 넋을 빼놓았고 관중들을 즐겁게 했다.

2005년 나달은 10대 스페인 선수로는 처음으로 연말 세계 랭킹 2위에 오르며, 당시 전성기를 구가하던 페더러와 같은 수의 타이틀을 거머쥐었다. 다만 페더러는 프랑스오픈을 제외하고 모든 그랜드슬램을 휩쓸었는데, 그 프랑스오픈에서 페더러를 꺾은 것이 바로 나달이었다. 나달은 1982년 매츠 빌랜더 이후 처음으로 롤랑가로스 데뷔 무대에서 우승한 선수가 되었고, 동시에 1990년 샘프러스 이후 최초로 10대 나이에 메이저 우승을 달성한 선수로도 이름을 올렸다. 페더러에게 가려진 측면이 있지만, 사실 2005년은 나달이 세계 테니스계에 10대 센세이션을 일으킨 엄청난 시즌이었다. 나달은 페더러와 똑같이 11개의 타이틀과 4개의 마스터스 타이틀을 획득하며, 빌랜더가 보유하던 10대 시절 최다 타이틀 기록(9개)을 넘어섰다. 그해 로마 마스터스 결승에서는 5시간 12분에 달하는 혈투 끝에 승리를 거두며, 체력과 회복력, 정신력까지 모두 증명해 보였다.

나달이 국제 무대에서 처음으로 존재감을 드러낸 건 그보다 앞선 2004년이었다. 나달은 데이비스컵 결승에서 당시 세계 톱 랭커였던 앤디 로딕을 꺾고, 18세 6개월이라는 나이로 팀을 승리로 이끈 최연소 선수가 됐다.

이후 20대 초반에 접어든 나달은 '황제' 페더러와 본격적인 라이벌 구도를 형성했다. 나달의 20대 시절은 엄밀히 말하면, 황제 페더러에 대한 '안티 테제'에 가까운 역할이었다. 완전무결하고 고결하고 품격 높은 테니스 황제에 거의 유일한 흠결로 여겨졌다고 해야 할까. 하지만 나달의 플레이 스타일은 일부 전문가나 팬들의 열광적인 지지를 받지 못한 것도 사실이다. 나달의 리버스 포핸드는 정석과 거리가 멀었고, 이때까지만 해도 클레이라는, 전체 테니스 시즌의 30%를 넘지 못하는 특수한 코트에서만 특화된 능력을 발휘하는, 또 화려한 기술보다는 끈질긴 수비와

왕성한 체력으로 상대를 질식시키는 수비형 선수로 인식됐다.

하지만 커리어 중반 이후 나달은 '클레이 특화형 이인자'라는 고정관념을 완전히 무너뜨렸다. 그의 테니스는 클레이 코트에만 강한 것이 아니라, 하드와 잔디 코트에서도 충분히 경쟁력이 있다는 사실을 입증했다. US오픈에서 네 차례 우승했고, 윔블던에서도 두 번 정상에 오르고 세 차례 준우승을 기록했다. 나이가 들면서 나달 표 테니스는 위력이 떨어질 것이라는 예측도 불식시켰다. 36세가 넘어 메이저 챔피언에 오른 남자 선수는 나달을 포함해 켄 로즈월, 로저 페더러, 노박 조코비치뿐이다.

말년의 나달이 보여준 테니스는, 초창기와 비교하면 상전벽해라는 표현이 어울릴 정도로 정교하고 완성도 높았다. 왼손잡이 특유의 구질, 지치지 않는 수비력, 강한 회전이 실린 톱스핀 포핸드에 더해 그는 테니스의 모든 기술을 섭렵한 진정한 마스터의 위용을 보여준다. 나달이 2022년 호주오픈 결승에서 메드베데프를 상대로 보여준 서브앤발리, 20대 시절보다 한층 더 강력해진 백핸드 크로스, 10대 후반 프랑스오픈을 처음 정복한 이래 매해 점진적인 발전을 거듭해 '서브+1포핸드' 공식을 최종적으로 완성한 서브, 적재적소에 터트릴 수 있는 감각적인 드롭샷까지, 나달의 테니스는 공격과 수비, 양쪽 영역을 모두 극한까지 끌어올린 완성도를 자랑했다. 30대 중반에 이른 그는, 언제나 인터뷰에서 강조해온 것처럼 '향상되었고', 그 결과 그랜드슬램 통산 22회 우승이라는 금자탑을 쌓을 수 있었다.

하지만 내가 나달의 테니스에서 가장 높게 평가하는 부분은 따로 있다. 나달의 업적과 테크닉보다 어쩌면 더 중요한 것, 바로 감동이다.

나달의 승부에는 감동이 있다. 이는 페더러나 조코비치에게서는 좀처럼 찾아보기 어려운 그만의 매력이며, 철저한 자기관리와 끝없는 노력, 그리고 투지가 빚어낸 산물이다. 특히 2022년, 그의 커리어를 장식할 마지막 두 개의 메이저 타이틀을 획득하는 과정에서 보여준 나달의 감동적인 명승부는 전설로 남을 것이다. 호주오픈에서는 세계 1위를 예약한 메드베데프라는 신흥 강자에게 먼저 두 세트를 내주고도 이를 뒤집는 뒷심과 저력, 그리고 끝까지 포기하지 않는 정신력으로 팬들의 심금을 울렸다. 또 치명적 발 부상을 딛고 8강에서 궁극의 라이벌 조코비치를 물리치는 저력을 발휘하며, 마침내 14번째 프랑스오픈이자 22번째 메이저 우승을 차지한 2022년 롤랑가로스 역시 오래 기억될 투혼의 상징이다.

나달의 메이저 우승 기록은 얼마 안 가 조코비치에게 추월당했다. 하지만 나달의 위대함은 단순히 메이저 트로피 개수에 의존하지 않는다. 포기하지 않는 투혼의 상징으로, 나달은 테니스를 넘어 스포츠 전체에 새로운 이정표를 세웠다. 20세기 이후 현대 스포츠에서 우리는 가장 위대한 선수의 기준을 업적과 성취로 놓고 이를 서열화시켰다. 농구의 마이클 조던, 축구의 펠레와 마라도나, 복싱의 무하마드 알리, 포뮬러원의 미하일 슈마허, 골프의 타이거 우즈가 이 기준점에 따라 각 종목 황제로 꼽히는 선수들이다. 하지만 이렇게 열거한 그 어떤 스포츠 레전드들에게서도, 나는 나달이 그랜드슬램 대회에서 보여준 투지와 끈기, 정신력이 아우러진 감동의 드라마를 느껴본 적이 없다. 그냥 그들은 각 종목에서 '압도적인 재능과 기량을 바탕으로 승리를 독차지한 존재들'일 뿐이다.

만년 이인자의 느낌이 강했던 나달이지만 그는 엄연히 현대 테니스가 낳은 최고의 레전드다. 단순히 테니스를 잘 칠 뿐 아니라 인성과 매너, 품격과 운동을 대하는 자세까지 모든 면에서 가장 위대한 챔피언의 요건을 갖춘 아주 특별한 스포츠 레전드였다. 우아하고 예술적인 테니스의 전형인 페더러, 무결점의 플레이로 모든 기록을 갈아치운 조코비치와는 또 다른 매력을 지닌 위대한 전설이 바로 '흙신'이자 '포기하지 않는 남자' 라파엘 나달이다.

마리아 샤라포바
Maria Sharapova

아마도 마리아 샤라포바는 대한민국 스포츠 신문 1면 헤드라인을 장식한 유일한 글로벌 테니스 스타일 것이다. 2004년 한솔코리아오픈 출전을 위해 방한한 샤라포바의 일거수일투족이 대서특필됐다. 특히 올림픽공원 센터 코트는 1988년 서울올림픽 이후 실로 오랜만에 만원 관중의 뜨거운 열기를 뿜어냈는데, 그 열기를 압도하고도 남을 샤라포바의 괴성도 커다란 화제였다. 이렇게 테니스 변방이던 한국이 러시아 출신의 한 테니스 스타에 열광한 이유는, 2004년이 샤라포바에게 인생 최고의 황금기이자 결정적인 변곡점이었기 때문이다.

    샤라포바는 2004년 윔블던 결승전에서 세리나 윌리엄스를 물리치는 이변을 일으키며 챔피언에 올랐다. 당시 그녀의 나이는 17살. 십 대 시절 샤라포바의 미모는 다른 여자 선수들과 차원을 달리할 정도로 주목받았다. 아름다운 금발의 십 대 천재 테니스 소녀의 등장에 전 세계는 열광했다. 그해 샤라포바는 연말 WTA 파이널에서도 세리나 윌리엄스를 물리치고 왕중왕에 올랐고, 이듬해인 2005년에는 18세의 나이로 세계 랭킹 1위에 등극했다. 바야흐로 미모와 실력을 겸비한 샤라포바의 시대가 활짝 열리는 것처럼 보였다. 슈테피 그라프, 마르티나 힝기스의 뒤를 잇는 대형 스타의 탄생을 예감케 했다.

하지만 샤라포바는 앞선 선배들과 같은 위용을 보여주지는 못했다. 2006년 US오픈에서 생애 두 번째 메이저 트로피를 들어 올릴 때까지만 해도 괜찮았다. 그러나 두 가지 문제가 샤라포바의 앞길을 막았다. 하나는 고질적인 어깨 부상, 그리고 더욱 결정적으로 숙적 세리나 윌리엄스의 존재였다.

여자로는 최장신급에 속하는 188cm의 큰 키를 가진 샤라포바는 강한 서브와 어깨 위로 올라오는 높은 공을 아무렇지 않게 때릴 수 있는 투핸드 백핸드가 강점이었다. 십 대 시절 이 두 가지 기술적 장점을 바탕으로 세계 최정상에 가파르게 올라설 수 있었다. 하지만 샤라포바는 커리어 내내 잦은 어깨 부상에 시달렸고, 수술대에 오르는 일이 다반사였다. 부상에서 자유롭던 초창기 샤라포바와 달리 커리어 중반으로 접어들면서 공격적인 스타일은 점차 위축됐고, 샤라포바가 자랑하던 파워도 약화되었다.

샤라포바는 어릴 때보다 전성기로 볼 수 있는 20대 중반에 이르러 테니스가 진보하지 않고 퇴보한 경우에 가까웠다. 물론 변화하는 신체 조건에 따라 스타일 변화를 시도했고, 이를 통해 꾸준히 정상권에 머물 수 있었다. 어깨 부상 탓에 서브와 스트로크의 파괴력이 약해진 이후에는, 힘과 속도보다는 끈기와 정확성이 요구되는 클레이 코트에서 오히려 두각을 나타냈다. 2012년부터 3년 연속 롤랑가로스 결승 진출에 성공해 두 번 우승을 차지했다. 2012년 프랑스오픈 우승으로 샤라포바는 4대 메이저 대회를 모두 정복한 커리어 그랜드슬래머가 됐다. 여자 테니스 역사상 커리어 그랜드슬램을 달성한 선수는 딱 10명밖에 없다. 샤라포바는 평생 메이저 대회를 5번밖에 우승하지 못했는데 커리어 그랜드슬램을 달성한, 어찌 보면 행운아이기도 했다.

하지만 행운이라 부르기에는 샤라포바의 운명이 가혹한 측면도 있다. 특히 샤라포바의 라이벌로 불리는 세리나 윌리엄스에게는 2004년 윔블던 승리를 제외하면 철저하게 농락당했다. 통산 상대 전적은 2승 20패. 샤라포바는 윔블던과 연말 WTA 파이널에서 세리나를 상대로 2연승을 거뒀지만, 이후 무려 20연패를 당했다. 라이벌이라고 부르기조차 민망할 정도였다.

샤라포바가 세계적인 선수로 성장하는 과정에서 빠질 수 없는 인물이 바로 아버지 유리 샤라포바다. 1994년, 그는 단돈 700달러를 들고 딸과 함께 미국 최고의 테니스 아카데미가 있는 캘리포니아로 건너왔다. 비자 발급이 거절돼 샤라포바의 어머니는 2년 동안 떨어져 있어야 했고, 아버지는 닉 볼리티에리 아카데미에서 온갖 허드렛일을 하며 딸의 레슨비를 충당했다. 볼리티에리는 짐 쿠리어와 안드레 애거시, 모니카 셀레스 등을 키워낸 전설적인 코치로, 9살을 갓 넘긴 샤라포바의 재능과 스타성을 한눈에 알아봤다. 이후 글로벌 스포츠 마케팅 기업 IMG가 그녀의 잠재력에 주목해 아카데미 비용 3만 5000달러를 후원하기 시작했고, 샤라포바의 본격적인 도약이 시작됐다.

2001년, 14세의 나이로 프로 전향을 선언한 샤라포바는 나이 제한으로 그랜드슬램 주니어 대회에 출전했으며, 2002년 호주오픈에서는 역대 최연소인 14세에 여자 단식 결승에 오르는 기록을 세웠다. 2002년까지 주니어 대회를 소화했지만 아쉽게도 주니어 그랜드슬램 단식 타이틀과는 인연을 맺지 못한 채 2003년부터 성인 무대인 WTA 투어에 본격적으로 진출했다. 16세였던 2003년 샤라포바는 도쿄오픈 우승을 비롯한 활약으로 WTA 올해의 신인상을 수상하며 주목받았다.

성장에 급속 페달을 밟은 건 2004년이었다. 2004년은 로저 페더러의 메이저 대회 3회 우승이라는 빛나는 업적이 역사에 기록되어야 마땅하지만, 어떤 면에서 그보다 더 세계적인 스포트라이트를 받은 건 17세 러시아 테니스 요정의 윔블던 챔피언십 우승이었다. 샤라포바는 2005년 세계 1위에 처음 올랐고, 호주오픈과 윔블던, US오픈에서 4강까지 진출했으나 그랜드슬램 타이틀 획득은 2006년 US오픈까지 기다려야 했다. 2008년 호주오픈에서 아나 이바노비치를 물리치고 3번째 메이저 트로피를 힘차게 들어 올렸지만, 이후부터 부상 악재 등이 겹쳐 샤라포바의 지배력은 유지되지 못했다. 다시 메이저 우승을 추가한 건 4년 뒤였다. 2012년 프랑스오픈 결승에서 이탈리아의 세라 에라니를 꺾고 감격스러운 커리어 그랜드슬램을 달성했다. 하지만 이 시기 샤라포바는 라이벌 세리나 윌리엄스에게 철저히 눌려 일인자와 격차가 큰 이인자 신세를 벗어나지 못했다. 샤라포바는 2020년 호주오픈 1회전 탈락을 마지막으로 현역 은퇴를 선언했다.

샤라포바를 언급할 때 빼놓을 수 없는 요소가 있다면, 바로 그녀가 경기 중 내지르는 특유의 괴성이다. 라켓으로 공을 칠 때마다 내뱉는 강력한 외침은 사실 샤라포바가 원조는 아니다. 1970년대 스타 지미 코너스의 발명품으로 널리 알려진 이 괴성은, 여자 스타 모니카 셀레스가 다른 차원으로 격상시킨 데 이어 지구촌 슈퍼스타 샤라포바에 의해 더욱 광범위한 인지도를 얻게 됐다. 실제로 샤라포바의 괴성은 103데시벨 이상으로 측정되는데, 자동차 경적이 100데시벨인 것을 고려하면 얼마나 코트 위에 쩌렁쩌렁 울리는 소리인지를 실감할 수 있다. 사실 테니스에서 소음 논란은 수십 년간 제기되어온 문제이고, 전문가마다 찬반 의견이 분분하다. 마르티나 나브라틸로바는 한 인터뷰에서 "상대방의 스트로크 타격음을 듣고 반응해야 하는 경기 특성상, 과도한 괴성은 분명한 방해 요소가 될 수 있다"고 비판한 바 있다. 그러나 경기 중 괴성으로 인한 반칙이 선언되는 경우는 극히 드물다.

샤라포바의 테니스 기량과 업적만을 보자면, 엄밀히 말해 그녀를 레전드의 반열에 올려놓기는 어렵다. 그녀보다 더 많은 메이저 타이틀을 보유한 선수들은 수없이 많다. 게다가 커리어 내내 세리나 윌리엄스는 물론 쥐스틴 에넹, 린지 데븐포트, 킴 클리스터스 등 쟁쟁한 경쟁자들과의 대결에서 우위를 점하지도 못했다.

그럼에도 불구하고, 샤라포바는 테니스 역사에서 특별한 영역을 차지한다. 대중성과 상업성 면에서 그 어떤 선수도 해내지 못한 경이적인 성공 시대를 열었기 때문이다. 경제지 〈포브스〉가 매년 선정하는 '여자 스포츠 스타 수입 랭킹'에서 샤라포바는 무려 11년 연속 1위에 오르는 기염을 토했다. 심지어 2007년에는 어깨 부상으로 거의 경기에 출전하지 못했음에도 변함없이 1위 자리를 지켰고, 그녀의 상품성이 최고조에 달했던 2012년에는 남녀 통틀어 50인의 스포츠 갑부 리스트에 15번째로 이름을 올렸다. 2004년 윔블던 챔피언십 정상에 오르자마자 당시 세계 최대 휴대폰 기업이던 모토로라의 후원을 받았고, 태그호이어 시계와 보석업체 티파니도 후원사 대열에 합류하는 등 테니스라는 영역을 넘어서는 글로벌 최고 스포츠 스타로 대접받았다. 특히 2010년 나이키와 체결한 8년간 7000만 달러 규모의 계약은, 현재까지도 여성 스포츠 역사상 최고 금액의 스폰서 계약으로 남아 있다. 샤라포바는 로저 페더러, 라파엘 나달 등과 전성기를 함께 했는데, 테니스 외적인 면에서 보면 그들 이상의 상품적 가치를 지닌 스타 플레이어였다.

비록 세리나 윌리엄스라는 거대한 벽에 막혀 선수로서 커다란 성공을 거두는 데에는 실패했지만, 샤라포바는 경기 외적인 면에서 실질적인 21세기 최고의 테니스 스타였다. 그러나 그녀의 핵심 자산이었던 이미지와 브랜드 가치는 선수 생활 말미, 치명적인 타격을 입었다. 2016년 호주오픈에서 금지약물 복용으로 인해 도핑에 적발되며 2년간 자격 정지라는 중징계를 받았기 때문이다. 샤라포바의 스타성이 워낙 컸기 때문에 이 사건이 준 충격은 어마어마했다. 약물 복용 사실이 알려진 이후, 샤라포바는 더 이상 '미녀 스타', '테니스 요정'이라는 이미지를 유지하지 못했다. 징계 이후 복귀했지만 이렇다 할 성적을 내지 못한 채 추락을 거듭했고, 결국 2020년 초 조용히 은퇴를 선언하며 선수 생활을 마감했다. 그 누구보다 화려한 선수 경력을 보낸 샤라포바에게 어울리지 않은 초라한 마무리였다.

노박 조코비치
Novak Djokovic

테니스 역사상 가장 위대한 선수를 뜻하는 '고트 GOAT, The Greatest of All Time' 논쟁에서 2025년 현재 가장 앞서 있는 인물은 노박 조코비치다. 스포츠 종목마다 고트가 있지만, 테니스에서는 권위와 전통의 상징인 메이저 대회 우승 횟수로 고트를 가리는데, 조코비치는 도합 24회 우승을 차지해 라파엘 나달(22회), 로저 페더러(20회)를 제치고 정점에 올라섰다.

메이저 대회 우승 횟수뿐인가. 세계 랭킹 1위에 오른 기간은 무려 428주로, 이 부문 2위인 로저 페더러(310주)에 비해 거의 2년에 가까운 격차를 자랑한다. 메이저 대회 다음으로 권위 있는 마스터스 시리즈에서도 조코비치는 40회로 최다 우승자이며, 연말 왕중왕전 격인 ATP 파이널스에서도 역대 최다인 7회 우승을 기록했다.

사실 이쯤 되면 고트 논쟁은 이미 종결됐어야 한다. 하지만 조코비치와 그의 팬에게는 불행하게도 이 논쟁은 여전히 현재 진행형이다. 어쩌면 테니스 역사가 끝날 때까지도 마침표가 찍히지 않을지 모른다. 조코비치가 이룬 성과를 고려하면 '고트'라는 지위가 정당하게 인정받지 못하는 현실은 다소 불공평하다. 이를테면, 페더러 혹은 나달이 조코비치가 해낸 기록의 보유자라면 어땠을까. 그래도 고트 논쟁이 종결되지 않았을까?

4살부터 라켓을 잡은 조코비치는 6살에 유고슬라비아의 테니스 선수인 옐레나 겐치치의 지도를 받기 시작했다. 조코비치에게 깊은 인상을 받은 그녀는 이렇게 말했다. "모니카 셀레스 이후 최고의 재능일 것입니다." 조코비치는 6년간 그녀에게 테니스를 배운 뒤, 1999년 12살의 나이에 독일로 건너가 니콜라 필리치 아카데미에서 본격적인 훈련을 시작했다.

특출나지는 않았지만 나름의 성과를 거둔 주니어 시절을 마친 그는 2003년 프로로 전향했다. 2005년, 18세 5개월의 조코비치는 당시 톱100 안에서 가장 어린 선수였다. 이듬해 롤랑가로스에서 8강에 진출해 라파엘 나달에게 지긴 했지만, 윔블던에서는 16강에 진출했고 자신의 첫 ATP 투어 타이틀과 연말 랭킹 20위 안에 드는 성과를 올렸다.

2006년 영국과의 데이비스컵 경기를 계기로, 영국 테니스협회가 조코비치에게 귀화를 제안했다는 소문이 돌았다. 하지만 조코비치는 이를 거절했다. 그는 훗날 이렇게 말했다. "저는 세르비아인이고, 그것이 자랑스럽습니다. 더 좋은 조건을 제시했다고 해서 흔들릴 수는 없습니다."

2007년에도 성장은 계속됐다. 조코비치는 롤랑가로스와 윔블던에서 나란히 4강에 진출했지만, 두 번 모두 라파엘 나달에게 패했다. US오픈에서는 결승까지 올라 로저 페더러와 맞붙었고, 두 세트 모두 세트 포인트를 잡고도 타이브레이크에서 아쉽게 내줬다. 이제 젊은 세르비아 선수는 테니스의 거물들을 위협할 만한 위치에 올라선 것이었다.

첫 그랜드슬램 타이틀은 2008년 호주오픈에서 획득했다. 대회 내내 압도적인 경기력을 보인 조코비치는 단 한 세트만 내주고 우승을 차지했는데, 결승에서 조 윌프리드 송가에게 내준 것이 전부였다. 심지어 페더러와의 4강전에서도 한 세트도 잃지 않았다.

그러나 조코비치가 자신의 테니스 인생을 바꿔놓을 중대한 결정을 내린 시점은 2010년 윔블던 직후 열린 데이비스컵 크로아티아와의 경기였다. 그는 세르비아 출신 의사 이고르 세토제비치를 만나게 되었는데, 이 만남이 전환점이 됐다. 세토제비치는 오랫동안 조코비치가 체력 문제로 흔들리는 모습을 지켜봤고, 특히 2010년 호주오픈 8강전에서 드러난 문제를 지적했다. 당시 조코비치는 조-윌프리드 송가를 상대로 세트스코어 2-1로 앞서 있었지만, 극심한 신체적 고통으로 호흡 곤란을 겪으며 남은 두 세트에서 단 두 게임만 따낸 채 역전패했다. 세토제비치는 조코비치가 글루텐에 민감한 체질이라고 진단했다.

조코비치는 글루텐-프리 식단을 선택했는데, 그 효과는 놀라울 정도로 즉각적이었다. 이전에는 지구력이 약하다는 평가를 받았지만, 이후 그는 투어에서 가장 강인하고 민첩한 선수로 거듭났다. 2011년은 조코비치에게 테니스 역사상 가장 위대한 시즌 중 하나였다. 호주오픈, 윔블던, US오픈에서 우승했고, 유일하게 놓친 프랑스오픈에서는 4강에서 로저 페더러에게 패했지만, 그의 생애 첫 세계 1위 등극에는 전혀 문제가 없었다.

2012년 조코비치는 호주오픈 결승에서 나달과 무려 5시간 53분의 혈투 끝에 우승을 차지하며 다시 한번 최강자의 입지를 증명했다. 이는 그의 다섯 번째 메이저 타이틀이었다. 그러나 이후 시즌은 그가 스스로 세운 높은 기준에 비추어볼 때 아쉬움이 남았다. 프랑스오픈 결승에서는 나달에게 4세트 만에 패했고, 윔블던 준결승에서도 페더러에게 졌다. 런던올림픽에서는 앤디 머리와 후안 마르틴 델 포트로에게 잇따라 패해 메달 획득에도 실패했다. US오픈 결승에서는 앤디 머리와 5세트 접전을 벌였으나 또다시 준우승에 머물렀다. ATP 파이널에서는 우승했지만, 2012

년은 '잃어버린 기회의 해'로 평가되기에 충분했다.

이듬해 조코비치는 호주오픈 결승에서 앤디 머리를 꺾고 대회 3연패를 달성했다. 오픈 시대 이후 호주오픈을 3연속으로 제패한 것은 조코비치가 처음이었다. 그러나 프랑스오픈 4강전에서는 나달을 맞아 5세트 4-2까지 앞서고도 결국 9-7로 역전패했다. 윔블던 결승에서도 앤디 머리에게 3-0으로 완패했고, US오픈 결승에서는 나달에게 4세트 접전 끝에 패하면서 또다시 고배를 마셨다. 하지만 시즌 마지막 대회인 ATP 파이널에서는 무실세트로 2년 연속 우승을 차지하며 체면을 살렸다.

조코비치는 2014년 호주오픈 8강에서 스탄 바브링카에게 풀세트 접전 끝에 패하면서 시즌을 시작했다. 이 패배로 조코비치의 그랜드슬램 14회 연속 준결승 진출 기록이 멈춰 섰고, 멜버른에서 이어지던 25연승도 끝이 났다. 프랑스오픈 결승에서는 나달에게 다시 한번 무릎을 꿇었지만, 윔블던 결승에서 로저 페더러를 5세트 접전 끝에 꺾고 값진 우승컵을 들어 올리며 위안을 얻었다.

2015년 조코비치는 용솟음쳤다. 호주오픈, 윔블던, US오픈에서 우승하며 메이저 3관왕에 올랐다. 오직 프랑스오픈 결승에서 바브린카에게 지면서 캘린더 그랜드슬램 달성을 아쉽게 이루지 못했을 뿐이었다. 하지만 그해 그는 로드 레이버, 로저 페더러에 이어 한 해 4개 메이저 결승에 모두 오른 사상 세 번째 선수로 기록되었다.

2016년 조코비치는 호주오픈 우승에 이어 마침내 숙원이던 프랑스오픈에서도 정상에 오르며 커리어 그랜드슬램을 달성했다. 그러나 이후부터는 한동안 메이저 대회에서 우승컵을 들어올리지 못했고, 2017년 후반기에는 팔꿈치 부상 후유증으로 투어를 중단해야 했다. 부상에서 회복하고 복귀한 조코비치는 2018년 윔블던 우승을 시작으로 제2의 전성기를 열어젖혔다. 삼십 대 중반에 접어들어서도 그는 탁월한 기량을 유지하며, 2023년까지 기록적인 메이저 우승 행진을 이어갔다. 그리고 마침내, 그랜드슬램 24회 우승이라는 전인미답의 금자탑을 쌓으며 로저 페더러(20회), 라파엘 나달(22회)을 넘어 역대 최다 우승자가 되었다.

조코비치는 테니스 주류 세계에서 낯선 존재였다. 동유럽, 그것도 비주류 국가인 세르비아 출신이라는 태생적 배경은 서유럽과 북미 중심의 테니스계에서 종종 불편한 시선을 불러일으켰다. 그는 1990년대 코소보 사태 당시 나토 연합군의 무차별 폭격이 이어지던 전시 상황 속에서도 라켓을 놓지 않았다. 조코비치의 성장사는 단순한 스포츠 스타의 서사를 넘어, 혼란과 편견을 뚫고 올라온 투쟁의 서사이기도 하다. 게다가 그는 이미 확립된 페더러-나달 양강 체제에 도전장을 내민 후발주자였다. 전 세계적으로 열광적인 팬덤을 자랑하던 두 거장의 사이에서 조코비치는 상대적으로 환영받지 못하는 제3의 인물이었다. 그래서일까. 그가 이미 수치상으로 '역사상 가장 위대한 테니스 선수'임에도 세상은 여전히 그의 위대함을 인정하는 데 주저한다.

근본적으로 고트는 주관의 영역이다. 위대함의 정의는 사실 막연하다. 가장 잘하는 선수, 가장 강한 선수, 가장 성공한 선수, 가장 우승을 많이 한 선수라고 구체적으로 적시하지 않는다. 따라서 조코비치가 고트인가 아닌가를 계속해서 묻고 따지는 건 현명한 질문이 아니다.

그보다는 조코비치의 위대함은 다른 각도에서 정의 내려야 하지 않겠느냐 생각을 조심스럽게 해본다. 지난 20년간 그의 성공과 실패를 지켜본 나는, 조코비치의 여정이야말로 모든 권위에 대한 도전의 역사라고 말하고 싶다. 세상이 "불가능하다"고 말할 때, 조코비치는 늘 정면으로 맞섰다. 그가 도전한 대상은 테니스 역사상 가장 명성이 높고 뛰어난 성적을 거둔 두 존재, 로저 페더러와 라파엘 나달이었다. 달걀로 바위치기가 될 것 같던 그의 도전은 거짓말처럼 성공했다. 로저 페더러가 2010년 호주오픈 우승으로 메이저 16회 우승을 달성했을 때, 조코비치의 메이저 타이틀은 단 하나에 불과했다. 대부분의 평론가들은 그의 추격이 불가능하다고 단언했다. 하지만 조코비치는 그 모든 전망을 뒤집었다. 그리고 마침내, 정상의 꼭대기에 도달했다.

조코비치는 테니스의 기술적 권위에 의문을 제기하고 이를 넘어선 선수였다. 포핸드가 강하면 백핸드가 약하고, 서브가 강하면 리턴이 약하다는 식의 기존 통설을 그는 하나하나 뒤집었다. 끊임없는 기술 향상을 통해, 한때 백핸드 하나에 국한됐던 강점을 서브, 포핸드, 발리 등 전 영역으로 확장하며 기술 영역에서도 '한계는 없다'라는 걸 증명했다.

그는 상식을 깨는 도전자이기도 했다. 선수 말년, 자신과 동갑이자 필생의 라이벌이던 앤디 머리를 전담 코치로 초빙한 결정은 전례를 찾기 힘든 파격적인 선택이다. 보통 지도자는 선수보다 나이가 많아야 한다는 통념조차 조코비치에게는 우습게 일축해 버릴 수 있는 작은 편견에 불과했다.

기존 질서와 권위에 대한 도전 정신 역시 비교할 대상을 찾기 어렵다. 조코비치는 돈 못 버는 하위 랭커들의 권익을 강화하고, 떼돈 버는 부자 선수들의 이익을 양보하는 노블레스 오블리주 정신에 입각한 선수협회를 결성했다. 이는 페더러, 나달 등 기존의 톱스타들이 공개적인 목소리를 내길 꺼리는 부분이었고, 테니스 기득권 체제와의 마찰이 불가피한 위험한 선택이었지만 조코비치는 좌고우면하지 않았다 자신의 신념을 관철하는 일에 있어서도 그는 한결같았다. 그는 코로나19 시기에 코로나 백신 접종을 끝내 거부했으며, 그 선택으로 수많은 메이저 대회 출전 기회를 잃었다. 그로 인해 놓친 우승 기회를 감안하면 그의 기록은 지금보다 더 경이적인 것이 될 수도 있었지만, 그는 언제나 옳다고 생각하는 일을 뚝심 있게 밀고 나갔고, 그래서 후회도 없다.

조코비치가 역대 가장 위대한 선수이냐 아니냐를 놓고 벌이는 갑론을박은 여전하다. 페더러가 더 우아하고 멋진 교과서적인 테니스를 구사했고, 나달이 전무후무한 프랑스오픈 14회 우승이란 불멸의 기록을 세웠으니 이들 3명의 우열을 가리는 건 쉽지 않다. 심지어 인공지능 챗GPT도 셋 중 누가 고트냐란 질문에 우물쭈물 즉답을 피한다.

결국 최종적인 평가는 시간이라는 냉정한 심판을 거친 뒤에야 내려질 것이다. 조코비치가 세운 온갖 대기록들은 오래오래 레코드 보관소에 남아 시간이 비추는 빛의 세례를 받으며, 점점 더 그 가치를 인정받게 될 것이라고 믿는다. 앞으로 새롭게 등장하는 모든 테니스 스타의 기록 행진은 하나의 절대 기준점, 조코비치와 비교될 것이고 그때마다 조코비치의 전설적 발자취는 조명받을 것이다.

테니스를 읽는 시간
키키홀릭이 들려주는 테니스에 관한 거의 모든 이야기

초판 1쇄 발행	2025년 7월 30일
지은이	김기범
디자인	정은경디자인
펴낸이	김성현
펴낸곳	소우주출판사
등록	2016년 12월 27일 제563-2016-000092호
주소	경기도 용인시 기흥구 보정로 30
전화	010-2508-1532
이메일	sowoojoopub@naver.com
ISBN	979-11-89895-16-7 (04690)

*이 책은 관훈클럽정신영기금의 도움을 받아 저술 출판되었습니다.